群 力 勝 天

戰 前 香 港 碼 頭 苦 力 與 華 人 社 區 的 管 治

姚穎嘉——著

責任編輯　陸蘭芳
書籍設計　陳嬋君
插　　畫　姚穎嘉

書　　名　**群力勝天** —— 戰前香港碼頭苦力與華人社區的管治
著　　者　姚穎嘉
出　　版　三聯書店（香港）有限公司
　　　　　香港北角英皇道 499 號北角工業大廈 20 樓
　　　　　香港浸會大學當代中國研究所
　　　　　香港九龍塘浸會大學道 15 號
　　　　　教學及行政大樓 13 樓 AAB1301 室
香港發行　香港聯合書刊物流有限公司
　　　　　香港新界大埔汀麗路 36 號 3 字樓
印　　刷　中華商務彩色印刷有限公司
　　　　　香港新界大埔汀麗路 36 號 14 字樓
版　　次　2015 年 7 月香港第一版第一次印刷
規　　格　16 開（170 × 230 mm）256 面
國際書號　ISBN 978-962-04-3789-2

© 2015 Joint Publishing (H.K.) Co., Ltd.
Published in Hong Kong

目錄

引言

　　基層華人是殖民地政府制定管治措施的基礎。香港作為貿易港口,長久以來依賴碼頭苦力(粵語中俗稱「咕哩」)的體力勞動而獲得經濟繁榮。碼頭苦力是最多基層華人從事的行業之一,突顯這個群體對華人的代表性。碼頭苦力是活躍的群體,他們多次與殖民地政府抗衡,以爭取較理想的生活和工作條件。這些苦力的歷史體現了在特定時期一些政府措施產生的原因。這研究涵蓋 1844 年至 1945 年,通過認識碼頭苦力的生活和工作,檢討這些華人低下階層如何與政府發生互動,尋找認識華人社會的新角度。

　　以碼頭咕哩群體為研究對象,是基於現存的香港史論著缺乏相關的論述。自開埠以來,海港貨運行業與香港經濟發展的關係密切,且備受重視,可媲美現今物流業的地位。戰前的貨物運輸倚賴人力,是不少缺乏謀生技能的基層華人賴以為生的行業,因此對觀察華人社群在港的情況具相當的代表性。海港貨運行業的基層勞工所付出的勞動力雖造就了社會經濟發展,為香港帶來繁榮,但卻不一定享有發展所帶來的經濟成果。在講求知識和財富的香港社會,他們停留在社會的下層,生活貧困,賺取的薪酬往往趕不上社會的消費,因此他們自嘲「有力做到無力,無力做到乞食」,甚至後悔曾經投身這個行業。

　　香港缺乏基層華人的歷史研究著述,也沒有長時段的本地工人歷史研究,是由於史料方面的局限,低下階層的歷史難以吸引人深入探究。本研究用「碼頭咕哩」稱呼碼頭工人,除了因為不少民間史料曾引用「咕哩」、「苦力」形容他們之外,在進行口述歷史取材時,也發現一些行內人對這些稱謂存有自卑感。故研究希望將「咕哩」重新列入香港人的主體，確認「咕哩」在歷史上的地位。

　　目前已有不少關於不同城市下層民眾歷史的論著，香港作為國際城市，其歷史應與其他地區的研究作比較和對照，發掘不同城市華人社群的普遍性和特殊性。事實上，在本地史研究的領域中也有少數關於下層民眾的研究成果，例如何佩然研究的建造業工人，分析在香港的城市發展過程中，三行工人所產生的推動力。碼頭咕哩群體的歷史體現他們對華人社群的代表性，本屬社會主流民眾的一部分，然而他們被邊緣化，是因為以財富衡量社會地位的價值觀所使然。本研究亦希望將歷史上曾被邊緣化的人物帶回中心，重構更全面的香港社會，反思香港人的價值觀。

前人研究回顧

　　現存與香港工人有關的研究著作，多以工人運動為重心，可粗略分為兩類：一類以結合中國與香港工人的歷史為主，另一類強調工人與政黨的關係。

　　結合中港工人研究的著述有陳明銶的廣東工人運動歷史[01]、馮志明的粵港人力車車夫的研究[02]，以及梁寶霖所著《香港與中國工運回顧》[03]。由於以中國工人、活動和思潮等發展為主導，與民眾史研究的方式不同，較少討論工人的工作、生計與工會組織等；全書的討論重心不在香港，由於粵港兩地在華人人口和工人比例上有相當大的差距，難以突出香港的重要性，除非透過比較香港與中國其他城市，突出香港的特色。但縱觀陳氏和馮氏的著作，對於掌握香港工人的主觀形態仍相當有限。梁寶霖的著作以多個零碎的主題構成，例如介紹工人罷工運動或香港第一個工會的產生等，卻缺乏對勞工的仔細研究。

較重工人與政黨的著作可舉前工會主席何康所憶述和記錄而成的《香港勞工運動簡史》。內容以工人與政黨的關係為主,不是全面的香港華工研究。何康既是集賢工會理事長,也是戰後港九工團聯合總會常務理事,兩個工會都支持國民黨和蔣介石政權。他就本地工會產生的背景、工人參與 1920 年代海員罷工及省港大罷工的經過、工人抗戰及戰後工團聯合總會的會務等,提供扼要的敍述,內容以何氏的個人憶述為主。從何氏的論述不難發現他宣傳工人和工會支持國民黨的意圖,而且對戰前工會的描述基於他對個別工會的認識,稍欠全面。該著作曾刊登於《華僑日報》,篇幅較短,沒有對工人的主觀條件進行詳細的論述。

周奕的《香港工運史》涵蓋 1844 年至 2007 年,按時序抽出個別的工人運動進行論述,可歸類為本地工人運動的編年史,是本地工人史唯一一本同類的著作,以及滙聚大量原始史料與現存香港史研究所得而成的作品。該書能指出碼頭工人和艇夫在 19 世紀工人運動中的主導角色,但較偏重工人運動的經過,對於罷工與工人的關係等背景分析稍缺。另外,該書較重左派工會的資料,較少討論行業內外支持其他政黨的工會。再者,該書論述 19 世紀香港工人只有手工業、店員、洋務和苦力四大類 **04**,略嫌籠統,這種分類在百多年的社會發展過程裏經歷不少改變。隨着社會的轉型,工人群體和工運性質也產生變化,政府如何適應社會的發展和這些勞動階層的改變,也是值得討論的課題。

蔡榮芳所著 *Hong Kong in Chinese History*,包含兩個與香港咕哩有關的章節,第一章 "Coolies in British Colony" 是少數專門討論咕哩的研究成果,組織零碎的原始資料包括政府檔案和報章,描述 1842 年至 1913 年香港咕哩的生活、工作和組織,以及在英國殖民地法制下的咕哩。然而該章節並沒有就那些難得的原始資料進行深入的討論,例如在描述咕哩的生活和工作的困苦時，純粹用零星的數據指出咕哩的酬勞遜於其他行業的工人，而沒有就咕哩生活困苦所反映的社會矛盾進行研究；在討論咕哩的組織時，複述政府報告的推論指咕哩館一類咕哩聚集的地方是咕哩工會，對咕哩凝聚的特色缺乏深入的探討；討論殖民地政府的法制時，較側重政府在裁決上對咕哩的歧視和不公平，或是監獄濫用私刑的不人道；在處理華洋之間的關係時，只歸咎於華人咕哩因要為他們厭惡的「番鬼」（Fankwei）效勞而不甘心，但沒有說明這種華洋之間的隔膜在歷史上的重要性。另一章 "Coolies Unrest and Elitist Nationalism" 極具參考價值，詳細討論咕哩階層與華人精英民族主義的差異。蔡氏認為中國人的民族主義運動是 19 世紀下半期由知識分子展開的，該章可取之處在於引用 1887 年至 1900 年間以咕哩主導的工人運動，與華人精英的救國運動作比較，分析咕哩階層的訴求基於生活、工作和文化因素，然後才判斷他們的訴求與華人精英所講求的救國和改革理想迥異，工人運動並不受華人精英的民族主義影響。不過，蔡氏的研究只集中討論該時段的工人運動，缺乏對社會背景的長時間觀察，也沒有討論一些可能相關的持續現象和改變，例如政府政策、本地華洋及勞資糾紛等因素與罷工的關係。

冼玉儀也曾研究 1884 年本地工人罷工 [05]，該研究強調華人精英在罷工中的主導角色，為爭取自身利益和愛國理想而鼓勵工人罷工。但是，本研究認為如此探討工人運動的背景並不直接，缺乏工人的主觀因素。同時冼氏指來港暫居的中國人與國家相連，國難的危機意識促使他們對殖民地政府支持法國人的立場敏感。冼氏又引用例子包括毒麵包事件、1905 年的反美運動和 1907 年杯葛日本的行為及 1925 年至 1926 年省港大罷工，來證明華人受愛國情緒影響而作出對洋人的反抗，往往令殖民政府有所警惕。本研究認為這種歸納略嫌籠統，引用這些例子來判斷工人運動純粹受愛國、排外的情緒主導，似乎不足以解釋華洋之間的衝突所在，也未能盡顯華人社群的特性。既然在

1884 年主要參與暴動的人都是艇夫和咕哩，便不能忽略工人的主觀因素，例如由開埠以來累積的壓力，歧視和文化差異；洋人的合約和登記制度，對習慣依賴人際網絡和信用來維持主僕關係的華人來說，可能是剝奪了他們既得的利益。本研究認為應運用較貼近工人的資料和數據來進行分析，了解工人的生活條件和待遇，與官民、華洋及勞資之間矛盾產生的關係。

縱觀現存本地工人史的研究，普遍缺乏以下的重要元素。首先是忽略了工人的主觀或內在因素，而較重外在因素例如華洋之間的不相融，以及受愛國情緒的煽動。本研究認為應將工人的內在條件，包括他們在生活和工作等方面的壓力，他們對措施的不滿，以致他們在罷工期間的心理狀況等放到討論的重心去。其次是缺乏對本地工人長時期的觀察，難以掌握工人作為一個廣義的群體或社會階層，在歷史上的發展脈絡，以及這種發展與香港社會之間的關係。最後是忽略香港社會結構的多元性和複雜性，多將本地民眾按社會階級或種族劃分，即商人與工人、或華人與洋人，而事實上無論是按階級還是種族劃分的群體，都存在分群的情況。工人當中至少可再細分為工頭或判頭、或主管和僱工，而就早期的華人社群而言，則以地緣或血緣關係而凝聚成不同的分群，而各分群又有獨特的發展脈絡。本研究認為抽出個別分群研究，可對社會作更深入的了解，集合多個分群的研究成果，可助掌握華人基層歷史的全貌。因此本研究以香港為本位，透過碼頭咕哩的歷史研究社會基層，希望開拓研究的空間和加深對香港社會的認識。

史料及研究方法

緊隨新社會史的發展步伐，重視「自下往上觀看歷史」的研究方法 **06**，以人群為研究的核心，通過發掘民眾的物質（生活）、精神（宗教信仰和心態）和社會範疇，期望達致從民眾歷史看整體歷史 [07]。就如本研究希望用社會史的角度，通過香港碼頭咕哩群體看華人和殖民地政府的歷史，為香港史作補充。作為一項民眾史的研究，須了解群體的工作和生活。因此在內容方面，參考法國歷史學者謝諾（Jean Chesneaux）及亞蘭胡（魯林）（Alain Roux）對中國工人運動的闡述方法 [08]。謝諾關於 1919 年至 1927 年中國工人運動的研究，雖然較偏向馬克思史學派，而且在時間和空間上都有一定的規範；而亞蘭胡的著作也只集中討論 1920 年代末至 1930 年代的上海工廠工人及咕哩的罷工，但兩本著作的特色在於致力搜集大量的資料，重構工人的來源、招工、結構、工作環境、生計和生活條件，以及工人在政治方面的經歷作為背景。重點不在陳述罷工的經過，而在解釋工人罷工與上述各項條件的關係，可更全面認識特定時空下的工人歷史。其可取之處在於通過掌握工人的招工過程與行業運作、凝聚或組織的方式、生計及居住環境等，串連工人與罷工，以及與政府政策的關係，從而説明基層與戰前香港社會的關連。

微觀歷史可有助達致以上的目標。由於低下階層鮮有留下傳記和著述，研究者不得不採用微觀歷史的考察，通過搜集和整理大量零碎的史料重構下層群體的歷史。不少現存民眾史的研究成果都體現這種微觀歷史研究的特質，也必須涉獵多方面的史料。在官方文獻方面有大量政府部門的工作年報、特別調查委員會的報告、港督的施政報告、住戶登記紀錄、條例以及政府與英國殖民地部的往來書信（CO129）；民間資料則包括地方誌、報章、地方組織的年報、工商業指南、年鑑以及洋行的歷史紀錄。以下按本研究所涵蓋的主題，分別説明對史料的篩選和運用。

一、關於貨物運輸工人來港就業、招工及行業運作

香港工人包括早期本地的勞動力和移民到香港的中國工人。關於香港

開埠前後香港社會的研究，只有少數的論著探討工人來源，例如施其樂牧師、許舒博士和羅香林教授的研究，較近期有何佩然教授研究建造業工人的著述。由於在香港各村落早已存在不同的行業（早期的政府文獻紀錄為"trades"），於是要了解早期的貨運行業的形成與發展趨勢，必須透過政府文獻具體掌握當時的人口結構、各行業的所在地，以及海港發展的情況；此外有英國軍官和傳教士的筆記。總登記官的人口統計是必須仔細整理、運用和研究的史料，這些資料分別載於《香港藍皮書》（*Hong Kong Blue Books*）和《政府憲報》（*Hong Kong Government Gazette*）內。早在 1841 年英國人已對香港的人口作粗略的統計，然後從 1845 年開始到 1869 年，每年都有列出港島及九龍半島的人口統計。到 1871 年開始則進行每五年和十年一次的人口普查。

　　1871 年到 1931 年的人口普查有統計從事搬運行業的人數，但這些數據並不能反映所有咕哩。這是由於當時的統計沒有包括艇夫（boatmen）或艇戶中從事貨運的人口統計，或可能已將這些人口概括在其他名目之內如「家庭」、「漁民」或「水上人口」。根據香港法例 1860 年第 15 章，當時政府為有效控制維多利亞港的治安，防止海盜肆虐，於是要求貨艇工人每年一次登記和繳納登記費用，如果查考《香港藍皮書》內所記錄政府通過該條例收納的登記款額，就知道在開始登記貨艇工人時，從事艇夫的人可達數千。又根據工會的紀錄和可兒弘明的研究，過往有不少貨運駁艇由漁艇充任；另外，有口述被訪者指，一艇戶全家十數人從事貨運工作的情況亦很常見 **09**。雖然人口普查的統計可能與現實中從事碼頭貨運的人數有相當的差距，仍能反映低下階層在戰前華人社群中的代表性。

　　載於《香港藍皮書》的船政廳年報可助掌握早期香港港口發展的情況。從這些文獻可知，由開埠到 1866 年，維多利亞港是香港主要的港口，配合早期的勞工數據，可以看到維城內港口貿易的興盛帶動了碼頭和倉庫的發展，並將其他地區的工人吸引到城內工作。到 1866 年政府為增進港口貿易，頒佈了《香港港海及海岸條例》之後，在不同的階段因應港九、新界及離島的地理條件而在維城以外增設港口。1867 年在香港仔、赤柱和筲箕灣增設港口，同時這些港口設置船政廳的辦公室。到 1870 年代又在九龍油麻地及紅磡設置港口，然後到 1898 年《展拓香港界址專條》以後，再將香港的港口擴至長洲和大澳等處。工人的流動和分佈與港口設置的關係值得研究。另一方面，出入口貨物數量的紀錄（imports and exports）亦有助評估貨運行業的發展。由於本地海口貿易的發展情況與工人的就業直接有關，可以將貨物出入口量配合不同的局勢，推論工人在不同階段面對的順境和逆境，以及行業的競爭方式產生的原因。

　　在透過人口統計和港口貿易的紀錄掌握了群體的宏觀描述之後，要了解群體的特性包括招工方法、凝聚方式、工人當中是否存在階級及行業運作等，須從小處着手研究、連貫史料和社會背景進行探究。搬運工人沒有一手著述，在搜集資料的過程中必須掌握群體中的代表人物。現存關於貨運伕役的研究，通常只會提到買辦的招工角色，這是基於華工與洋行之間語言需要的考慮，加上清朝只允許由買辦代洋商招工，似乎通過買辦可以掌握到與工人有關的史料。但是，如果咕哩各籍屬潮州、惠州的歸善、博羅、番禺、四邑及東莞等地，並各有自己的方言，買辦如何處理語言和人際網絡，以至可以為洋行招得少則數百、多則過千的咕哩？而且當工人罷工時，政府官員如總登記官、華民政務司、委員會的人員以至各界人士在調查時，往往希望通過工頭了解工人罷工的原因，例如 1895 年咕哩因為政府登記咕哩館住戶而罷工，各界商人隨即希望向工頭質詢；又 1901 年當政府調查私人伕役的聘用和管理時，亦邀請工頭作供，交代咕哩的招工、工作、薪酬、組織和咕哩館內的運作等詳細的情況。因此本研究相信工頭能代表咕哩，是當時社會的共識，同時是政府掌握基層的情報來源。工頭是咕哩在生計方面投靠的對象，本研究亦可透過工頭去深入了解。

本研究透過政府的差餉記冊（Rate Collection）掌握早期工頭的名單。這份文獻通常用作查考土地地段的擁有者或地租資料，其實差餉記冊所記錄的欄目除了有地主的資料外，還有住戶（occupant）的資料包括人名、地址及用途（各類商店、倉庫、碼頭、公共設施和住宅）。而鑑於政府的登記程序乃根據 1844 年的《人口登記條例》規定，咕哩工頭或是屋主須代登記官員整理住宅住戶或咕哩館住戶的名單，以便政府掌握人口資料和管理華人。本研究判斷「住戶」欄目內所載的住房性質和屋主姓名就是咕哩館館主或館名的名單和地址。現存最早的紀錄是 1860 年，往後至 1885 年都有詳細的紀錄，例如住房（dwelling）被細分為咕哩館（coolies / coolie house）、轎夫住房（chair coolies）、家庭住房（family）、業主住房（owner's dwelling）、石匠住房（masons）和木匠（carpenters）住房等。上述的名單可用來跟進工頭的背景，咕哩館的地址可有助掌握其與相關的行業如碼頭、貨倉、鴉片商、洋貨店及商行所在地的關係，這些行業在維多利亞城內集中在不同的街道，透過整理這些行業的分佈，不但可了解早期香港的城市地貌，同時可了解怎樣的發展趨勢對咕哩具有拉力。

香港政府檔案館所藏總登記官的房屋登記冊（Squatter Licenses），最早的文獻產生於 1867 年，可能是香港政府文獻當中有關九龍居民最早的紀錄。本研究運用政府的房屋登記冊與差餉記冊及廟宇碑文中的名單互相比對，查找早期本地咕哩的來源，發現早期的咕哩館館主不少來自紅磡及土瓜灣李姓的居民。施其樂牧師和許舒博士曾運用相同的方法，研究紅磡的早期發展 [10]，發現一些聚居於九龍的人物，曾經在香港島和油麻地經營不同的商店如雜貨店和建造店，是維多利亞城早期聚落的一部分。本研究運用相同的方法，也發現港島的村落有投身貨物運輸行業的人物，其咕喱館設於渣甸街（Jardine Bazaar）。正如施其樂牧師的另一篇期刊論文指出，東角附近的掃管莆村似乎早有黃姓族人 [11]，本研究所得的工頭名單中亦有來自該村落者。因此這方面的研究成果可確定開埠初期香港工人有不少來自本地的村落，他們因應海港的發展而被吸引到城市核心去從事不同的行業。另一方面，本研究亦透過政府的人口統計觀察勞動力在不同區域的流動情況。

　　進入 19 世紀中後期，中國勞動力的移入促使咕喱的招工制度更形複雜。1901 年，政府就香港僱用私人轎夫的問題成立調查委員會和進行聆訊，該委員會的調查報告書長達 150 頁 [12]，詳細記錄本地伕役僱用的情況，歷史學者包括馮志明和蔡榮芳等都曾在他們的研究中應用這份報告書。馮氏主力探討轎夫的工作情況、蔡氏主要引用報告書所記錄的工資和生活。就筆者的觀察，該報告書雖為針對轎夫而設，但對於研究咕喱亦很有幫助。由於這些非技術勞工在性質相近的行業之間互相流動，年青的轎夫到年老因為體力衰退，便轉行從事貨物運輸工人，所以在聆訊中不乏咕喱和工頭的供詞。而這些咕喱和工頭都在調查委員會成員和總登記官的引導下，所描述的招工、經營方式、咕喱館和行業運作等較少人注意的內容，對本研究的延伸相當有用，使能進一步配合法例和政府檔案探究工人生活，以及工頭的資產、信譽和權力來源等更深入的課題，從而掌握咕喱群體中的階級和招工制度的基礎。

　　1920 年代是香港工人群體重要的轉捩點，除了包括咕喱的工會和工運，因應當時中港工人的潮流，繼而產生了新的求職途徑和運輸方法。本研究又以本地人口結構的發展趨勢為大前提，首先討論 1920 至 1930 年代工人進入本地化的階段。如香港的勞工市場曾經受廣東省的移民主導，流動的人口到甚麼時候才穩定下來呢？這個問題又牽涉到咕喱組織形態的發展。本研究利用香港歷年的人口統計，掌握統計數字的變化，包括成年男女的比例和成年男性的就業情況作出推論。19世紀港英政府重視流動的人口所帶來的疫病和治安問題，同時亦重視男女人數差距太遠導致人口具高流動性。單身男性中最多人從事貨物運輸，這些人不在乎生活習慣和居住環境衛生，又因為他們經常在香港和家鄉兩地之間流動，導致疫病在貧苦華人中傳播。到20世紀初香港社會結構有所改變，成年男女的人數差距大為減少，本研究必須指出，這種發展趨勢與工人的流動性兩者之間的關係。1917年，政府開始進行咕哩館登記，並在華民政務司的年報中刊出登記咕哩館的數目，本研究根據那些數據掌握咕哩館的發展情況。咕哩跟隨香港人口的主要趨勢，由個人為單位發展為以家庭為單位，反映工人再不是以隻身來港的男性為主要組成，他們已在香港成家立室，成為家庭的經濟支柱，但隨之而來的是基層的貧窮和住屋問題。這些是以下討論政府措施的重要基礎。

二、關於貨物運輸工人的組織和結構

在掌握工人的來源和分佈情況之後，會產生一連串關於碼頭咕哩群體的問題，包括在這為數眾多的工人當中有否分成小群體？這些小群體是根據甚麼劃分而成？工人在甚麼情況下產生團結和競爭？他們的勞資關係是怎樣？他們與洋人的關係是怎樣？與其他群體的關係是怎樣？有甚麼因素影響他們的身份認同？都是本研究希望回應的問題。

對於香港早期工人凝聚的方式，需要透過工人和工頭的人物背景去研究。本研究利用掌握到的工頭名單，整理他們的籍貫、人際網絡和他們曾參與的活動，以及他們與其他群體的關係。政府檔案和民間的史料都存有不少人物的記載，其中政府仍保存的遺囑認證文件是研究19世紀人物的有用線索，這些紀錄包含見證人和繼承人的姓名，還有先人生前的住處、遺下的產業、見證人和繼承人的身份、死亡日期和經營過的商號等資料，當中的遺產紀錄可助了解工頭經營咕哩館的資本，本研究看到19世紀的工頭紀錄當中，有資產達數千甚至過萬的人物，與普通碼頭咕哩月賺數元的境況相差甚遠，能幫助本研究更具體明白業內情況；見證人和繼承人的姓名可助了解人際網絡，作為跟進的線索。

差餉記冊亦可幫助本研究討論血緣紐帶關係於咕哩在城市凝聚過程中，所發揮的作用，還有這些工人組織的增長情況。本研究在差餉記冊上所記錄的業主及住戶資料當中，看到擁有多於一幢房屋的業主，將其物業分別租與同姓不同名的工頭；又比較1860年和1880年的工頭名單，看到1880年的工頭人數是1860年工頭人數的三倍，工頭的姓氏亦比過往多樣。意味着這個群體在二十年間已發展得更加複雜，過往以血緣為基礎的同業組織需要有新的組合來擴張和鞏固勢力，以應付同行之間的競爭，這種過程也值得研究。

在民間史料方面，地方志、族譜、碑銘、社團刊物、華僑年鑑和工商業指南都是本研究涉獵的資料。透過參考廣東省各地縣志，可了解清末廣東工人離鄉的主要原因。在碑銘方面，科大衛、陸鴻基及吳倫霓霞教授合編的《香港碑銘彙編》（共三冊）是相當值得仔細研究和應用的史料，廟宇碑銘能代表人物曾參與的活動，可向較多咕哩聚集和活動的區域所置的廟宇入手。例如紅磡觀音廟、北帝廟及天后古廟的碑文、同治戊辰年（1868年）銅鑼灣天后古廟重修碑記、光緒元年（1875年）油麻地天后古廟重修碑記及宣統二年（1910年）紅磡觀音廟重修碑記等，尋找當年咕哩同業的蹤影，以及早期的工人在當地社會的參與情況。

社團和地方組織的刊物包括同鄉組織、街坊會的年報和紀念特刊對於查找工頭或工會領袖的背景相當有用。雖然同鄉組織的年刊或紀念特刊在戰前出版的存本較少，不過在戰後初期出版的年刊中，理事和會員名錄仍有不少戰前工人領袖的痕跡。街坊會是相對於同鄉組織涵蓋面更廣的機構，可以用來研究工人的活動。在戰後初期出版的街坊會年刊中載有工會領袖的資料，這些在 1920、1930 年代已打算在香港落地生根的人們，到戰後回到香港，一方面重組他們的工會，另一方面組織街坊會或成為街坊會的幹事，又或只作為街坊會的成員，他們主要集中在西區和油麻地的街坊會當中，反映碼頭咕喱在戰前已經與他們工作和生活的社區建立了一種身份認同。戰前的工商指南或人名錄有中、英、日文的資料，當中記錄香港貨運的程序如租用貨船、招聘工人的途徑及價格、咕喱館等紀錄和行業中的代表人物可作不少的補充。

在工會史料方面，由於碼頭咕喱的同業組織與其他大多數的行業不同，在工會（Union）產生之前，各行的同業組織中文以「堂」命名、英文以 "Guild" 命名，而在各種工人的文獻紀錄上從來沒有搬運工人的「堂」或是 "Guild"。1902 年，總登記官仍在一個關於伕役的調查委員會聆訊中，向工頭和工人重複追問是否行會組織成員，好像連最熟悉華人事務的官員都不了解碼頭咕喱組織的情況。到 1911 年政府通過香港第一則《社團條例》，內附的工會名單沒有一個代表碼頭咕喱，之後至 1919 年《香港政府憲報》每年刊憲的行會名單仍沒有相關的工會紀錄。1912 年由總登記官整理的香港華工工會報告當中，雖然能將本地工人組織進行分類，同樣亦無碼頭咕喱組織。這些現象雖然對查找史料帶來一定的困難，卻又體現了咕喱凝聚的特色。事實上，碼頭咕喱不是沒有同業組織，而是他們的凝聚方式與其他行業不同。雖然缺乏行會的原始史料，本研究仍可透過當時社會上的共通語言獲得線索。戰前報章描述碼頭咕喱的方式具有獨特之處，尤其是當報導罷工或各幫工人發生爭執時，常以工人籍屬例如「潮州苦力」、「惠州苦力」、「東莞苦力」作標籤，這是戰前社會識別碼頭咕喱群體的方式。這種推論也可結合政府的文件如殖民地部的檔案和洋行的史料印證。例如 CO129 中詳細交代工人的情況，雖然不是全面的敍述，但至少可以了解個別籍屬的咕哩劃分的勢力範圍，或不同籍屬之間的合作與競爭關係。

此外報章可補充政府文獻的空缺。由於貨物運輸行業的兩個主要工會都成立於 1920 年代初，香港歷史檔案館只保存了工會在戰後的檔案。同德工會的檔案涵蓋年份最早在 1946 年，即工會在戰後重新成立那一年起。集賢工會的檔案將會於 2022 年公開。不過，戰後初期的檔案紀錄也保存了戰前工會的特質，有助本研究掌握工會的運作情況。又由於工會有國民黨黨員的身份，又在廣東省各地設有支會，加上工會在 1920 及 1930 年代活躍於罷工及為工人爭取權益，不乏報章的記載。另外，貨運行業與商務發展息息相關，工頭和工會與華商總會之間亦有往來，在華商總會的會議紀錄當中包含不少工人與商人之間關於貨運行規和罷工等討論。本研究根據報章、華僑年鑑、工商業年鑑、華商總會的會議紀錄、政府檔案和黨史文獻，輯錄成工會的行事曆，再配合政府檔案和口述歷史進行研究，尤其是工會的成立背景、工會領袖的資料、工會的運作、在同行中的角色、在省港大罷工的參與情況，以及在大罷工之後到戰前的發展。

工人與辛亥革命的關係是本研究必須觸及的，首先因為史料反映 1920 年代工會與國民黨及廣東革命政權的關係密切，本研究需要找出這種關係的前奏；其次是現存的香港史研究中較少討論民眾參與革命的途徑。關於工人參與革命的著述如陳明銶的《中國與香港工運縱橫》，較重孫中山與海員工會成立的關係，以及華人的民族意識，陳氏又將地緣關係理解為珠江三角洲的工人、以及孫中山與籍屬中山的人物之間的連繫，但這些研究沒有討論工人投身革命的途徑。本研究以工人組織的特性為基礎，推論革命黨在香港招募的方法，並根據馮自由《革命逸史》記載興中會和同盟會等革命人物名單，與工頭名單核對，可找到革命黨人的名單中亦有身為碼頭咕哩工頭者。本研究結合革命歷史與本地工人的特色，補充香港在革命中的角色和具體情形。至於工會與廣東政權的關係主要基於工會領導人物的背景。本研究運用工會慶典的人物名單，研究這些人物與國民黨的關係。同時查考在廣州廣東省檔案館內「黨團」類的文獻，國民黨 1928 至 1929 年的會員登記「廣東省港澳輪船公司海員特別黨部」的紀錄內，包含與工會相關的資料，除了領袖人物外，更有會員籍貫和職業的統計，當中咕哩佔會員人數頗眾。這些資料都有助掌握工會成立的背景和性質。

口述資料也是本研究重視的史料，年長而父親曾從事碼頭咕哩的被訪者有助掌握行業發展的源流、審視關於戰前的研究所得、甚至沒有文獻記述的歷史，例如不同籍屬工人在社區劃分的勢力範圍（俗稱「地盤」），搬運的方法和技巧的傳承等，可擴闊研究的眼界。香港大學於 2001 年開始進行的「香港口述歷史檔案計劃」，其被訪者當中有不少年長而曾經從事貨物運輸工人或盂蘭勝會的組織者，可助了解戰前的行業運作。2010 年盂蘭勝會的理事「十一哥」，是潮州人，從父親一代已經在三角碼頭經營咕哩館，對貨物運輸程序和咕哩館架構等相當熟悉，其叔父是西環三所「最有名」的咕哩館中，其中一所的館主，在戰前已在西環一帶從事貨運行業，為本研究提供了不少有用的線索；搬運工人的同德工會在戰後曾因內地政局的改變而產生成員之間的政見分歧，而分出新的工會名為倉庫碼頭運輸業職工會。該工會至今仍存，可透過口述歷史了解新舊工會的狀況，為本研究提供了不少資料，例如「抽頭」制度在工人當中的認受性、工會所保留的地縣色彩，戰前曾以新會與東莞各屬選一人代表出任正、副主席的形式，到戰後仍以東莞人為代表。現任主席梁榮佳是退休的搬運工人，祖籍新會，父親於戰前來港從事碼頭運輸行業，父親身故後，梁主席輟學投身貨物運輸行業維持生計，其憶述與數十名新會同鄉聚居於天台屋和從事貨運行業的經歷，都是沒有文獻記載的寶貴資料。

三、貨物運輸工人與殖民地政府的管治

至於工人與政府管治華人的各種措施之間的關係，條例是本研究相當重視的史料。現存的香港社會史著述中，以條例為素材的研究方法並不普遍。研究條例與工人運動的關係，可以了解工人組織的形態，行業的運作，以至工人運動的特色。政府在不同的時期針對工人訂定不同的條例，正好反映在特定時間管治的着眼點，不同群體在何時有甚麼特質引起政府的關注，都能透過條例起草和修訂的過程、定例局（現今的立法會）的會議紀錄，配合報章的描述、調查委員的報告和執行的政府部門，包括總登記官或華民政務司和醫務官的年報中看出端倪。本研究將與搬運工人有關的條例抽出、分類，觀察有哪些條例曾經導致罷工、有哪些條例曾因罷工取消或延期執行、有哪些條例順利通過、條例在何時修改、為何修改，都可以用作研究工人與政策之間的互動關係，也有助研究政府措施對碼頭貨運行業的影響。

四、日佔時期的史料

日佔時期的研究除了倚賴本地報章包括《南華日報》和《香港日報》，搜集與貨物運輸和工人有關的報導，然後分類和整理成為勞工組織、工人的登記制度和規格、日軍對貨運價格和運輸程序的管制等紀錄之外，關於日人在港執行的措施，可配合日本國立公文書館（National Archives of Japan）的檔案資料討論。該館存有昭和 16 年至 20 年（1941 年至 1945 年）間關於香港的檔案。日佔前夕（1941 年 11 月）日本陸軍省南支那派遣波第 8111 部隊調查香港下階小市民及勞動（働）者狀況的報告，有助解釋日佔時期控制香

港市面的措施，可以配合報章資料研究碼頭咕哩群體和貨物運輸對日人管治香港的意義。

架構

本研究將碼頭咕哩從開埠到 1945 年的歷史，按時序分五個階段進行研究。仔細對照在不同時期群體的特色、工作和生活與政府措施的相融與衝突之處，探討基層華人與殖民地政府之間關係演變的過程。

第一章關於開埠初期（1841 年至 1844 年）香港轉口港的誕生與碼頭貨運行業、需依賴人力的貨運行業帶動咕哩行業和群體的形成，作為研究主題的背景。咕哩代表低下階層的華人，洋人對華人的評價和認知如何造成往後近半世紀的管治方針。同時為香港殖民地管治的歷程中，展開了華洋之間長時期在文化和習慣上並存而不相融的狀態。

第二章串連 1844 年至 1880 年代碼頭咕哩所主導或參與的罷工事件，檢討本地人口登記措施產生的背景，以及與碼頭咕哩的衝突因何而起。透過研究碼頭咕哩群體的特色包括群體成員具流動性、工作和生活條件，以及由工頭主導的同鄉同業組織，與當時的社會和各項登記措施的關係。

第三章針對 1880 年代至 1910 年代碼頭咕哩的生活條件和社會秩序，他們與疫病和秘密會社的關係密切，如何導致政府推行針對華人衛生和社團的措施。本章亦總結自開埠到 1920 年代初，碼頭咕哩對傳統行會組織的繼承、這些社會基層人物的身份認同，反映早期大部分華人社群的特色，及其如何影響華人社群與殖民地政府的關係。

第四章顯示 1920、1930 年代碼頭咕哩群體的結構、同業組織的轉型和職能、工運性質的改變，與本地勞工政策萌芽的關係。就香港工人而言，在

1920 年代最值得關注的是參與或主導海員罷工和省港大罷工，導致工人與殖民地政府之間的關係幾乎破裂。然而到 1930 年代，本地工人組織與政府之間的關係產生改變，兩者之間有較過去緊密的合作和聯繫，本章亦將透過碼頭咕哩工會的例子討論這種關係。

　　第五章探討中國抗戰至日佔時期，碼頭咕哩和工會的出路，以及日人如何管理香港的工人組織及貨物運輸，藉以比較日本軍政府及殖民地政府對香港的管治模式，補充殖民地管治的特色。

重要詞彙

　　碼頭咕哩在不同時代的華文歷史文獻，尤其是民間史料，曾出現不同的稱謂，主導本研究的用語 [13]。這些稱謂出現的時序能反映群體身份的改變，尤其是碼頭咕哩在 1920 年代開始自稱為「工人」。19 世紀末至 20 世紀初本地華文報章多稱「咕哩」或「咕喱」，20 世紀初亦開始採用「苦力」。到 1920 年代或以後多用「起卸工人」、「運輸工人」及「碼頭工人」，這些稱謂沒有互相取代。因此本研究在與各時期相應的篇章中引用以上稱謂，以求更清楚地反映工人與本地歷史發展的關係。至於對各行各業勞工的總稱，為求歸一易明，本研究採用「工人」代表。

注釋

01. Chan Ming Kou, *Labor and Empire: the Chinese Labor Movement in the Canton Delta, 1895-1927 (Microfilm)*, Stanford, Stanford University, 1975.

02. Fung Chi Ming, *Reluctant Heroes: Rickshaw Pullers in Hong Kong and Canton, 1874-1954*, Hong Kong, Hong Kong University Press, 2005.

03. 梁寶霖，《香港與中國工運回顧》，香港，香港基督教工業委員會，1982 年。

04. 周奕，《香港工運史》，香港，利訊出版社，2009 年，頁 ix。

05. Elizabeth Sinn, "The Strike and Riot in 1884 – A Hong Kong Perspective", in *Journal of the Royal Asiatic Society Hong Kong Branch*, Vol. 22, (1982), pp.65-98.

06. 王心揚，〈美國新社會史的興起及其走向〉，《新史學》，第六卷第三期，1995 年 9 月，頁 157。

07. 杜正勝，〈什麼是新社會史〉，《新史學》，第三卷第四期，1992 年 12 月，頁 95-116。

08. Chesneaux, Jean, translated by H. M. Wright, *The Chinese Labour Movement 1919-1927*, California, Stanford University Press, 1968; Roux, Alain, *Le Shanghai Ouvrier Des Annees Trente: Coolies, Gangsters et Syndicalistes*, Paris, Editions L'Harmattan, 1993.

09. 口述歷史：梁榮佳先生（倉庫碼頭運輸業職工會主席），海港運輸業總工會會址（九龍佐敦渡船街 28 號 5 樓），2012 年 3 月 30 日。

10. Carl Smith and James Hayes, "Hung Hom: An Early Industrial Village in Old British Kowloon", in *Journal of the Royal Asiatic Society Hong Kong Branch*, Vol. 15 (1975), pp.318-324.

11. Carl Smith, "Revd. Carl T. Smith's Notes on the So Kon Po Valley and Village", in *Journal of the Royal Asiatic Society Hong Kong Branch*, Vol. 23, (1983), pp.12-17.

12. "Report of the Commission Appointed by His Excellency the Governor to Enquire into and Report on the Question of the Existing Difficulty of Procuring and Retaining Reliable Chair and Jinricksha Coolies for Private Chairs and Jinrickshas", *Hong Kong Sessional Papers*, N. 47 of 1901, Hong Kong, Noronha & Co., 1901.

13. 英文文獻主要是官方史料，多以 Coolies 或 Cargo coolies 稱之。由於艇夫亦在海港運輸中發揮重要功能，本研究也採用官方文獻中關於 Boatmen 的史料。

第一章

自由貿易港的設立
與碼頭咕哩群體的形成

1841 年 1 月，英國商務總監查理‧義律（Sir Charles Elliot）代表英國接管香港，並宣告以英國法律展開管治，吸引了不少英國及其他海外商人由澳門轉到香港，或將原設在廣州十三行的總部移來尋找貿易契機。英人登陸香港開拓了轉口港，產生貨運行業。在 1970 年代貨櫃碼頭成為香港貨運主流之前，碼頭貨物在沒有運輸機器的時代，需依賴人力進行運輸。因此在開埠初期，在碼頭貨倉的貨物亦只能依賴大量的勞工，碼頭咕哩也成為香港轉口港裏的主要行業。

參考 1841 年隨義律登岸的軍醫登勤（Duncan McPherson）形容，香港的港灣有不少發展商貿的優勢，難以被取代。那些優勢包括港口可容納大量輪船，相對於很多其他中國城市，香港是良好的避風港，沿岸水深可供停泊船隻。香港又盛產花崗岩，既足夠供應在沿岸建造大規模貨倉有餘，又可供興建碼頭作上落貨之用 [01]。同年 6 月，政府宣告香港為自由貿易海港，設立船政廳為負責管理海港的政府部門，為開拓海港貿易鋪路。政府首先進行賣地 [02]，將 404 幅土地售予多間洋行，其中 39 幅屬位於港島北岸的海旁地段 [03]。在 1867 年船政廳增設港島其他港口包括筲箕灣、香港仔及赤柱之前，維多利亞港是香港唯一的港口地帶 [04]。政府除了透過賣地獲取庫房收入之外，還提出每個售出的地段，要在六個月內落成至少一座估值 1000 元的建築物作為賣地的條件 [05]。政府已出售的土地主要用來興建貨倉，其次是民房 [06]。

碼頭咕哩是洋人極需的勞動力，尤其是洋商希望通過鴉片貿易獲利。根據政府行政年報所述，在開埠之初，香港還沒有大規模的商貿活動，部分往廣東的輪船稍停頓在香港。輪船所運載的貨物以鴉片為主，包括怡和的輪船 "Hormanjee-Bomanjee" 及寶順洋行的 "John Barry" 也是用來運送鴉片的，除此之外還有四間兼營鴉片貿易的公司，這些鴉片在英國當地生產後由貨船運到香港。香港更是販賣和吸食鴉片的勝地，維多利亞城內的鴉片煙館數目迅速增長 **07**。在開埠的第二年，港島北岸的 237 所房屋中已有 24 所為鴉片煙館，佔總數超過百分之十。因此，鴉片也可能是早期的咕哩所搬運的主要貨物，而且受洋人重視。參考 1860 年的差餉記冊，不少鴉片商販都位於鄰近海岸的地方，與咕哩館毗鄰。除了鴉片之外還有其他重要的商品，入港的如棉料、木材、煤、茶、香料和白米等，以及由香港輸出至廣州、上海、新加坡、馬尼拉、孟買、利物浦及倫敦等地的貨物。

碼頭咕哩的招攬

在 1845 年之前，《香港藍皮書》（*Hong Kong Blue Book*）所載的維城內住房沒有咕哩館的紀錄。1841 年怡和洋行在東角（今銅鑼灣）建立香港第一個貨倉，其他洋行也陸續在港島北岸興建碼頭和貨倉，並且需要僱用在碼頭和貨倉運輸貨物的勞動力。而從 1842 年璞鼎查地圖亦可見，當時已在港島北部沿岸興建的碼頭，有位於灣仔的勒建士和麥域卡公司的碼頭，及位於中環寶順洋行的碼頭。貨倉所在的地段主要集中在沿皇后大道的兩側，從地圖看貨倉的分佈像有兩個群組，一組分佈在上市場即鴨巴甸街、歌賦街及荷李活道一帶、另一組分佈在灣仔皇后大道東 **08**。這種分佈情況有兩個主要特徵，首先是位於沿海和鄰近碼頭的位置，第二個特徵是這些所在地也是後來咕哩聚居之處。參考 1860 年的差餉記冊，是關於咕哩館最早的紀錄，荷李活道和皇后大道東仍是咕哩館集中的地域。除了打石等與房屋建造相關的行業之外，在碼頭貨倉搬運的咕哩是最吸引華人勞工的行業，這些勞工被吸引到這些區域，奠定了香港碼頭咕哩群體聚集的範圍。

咕哩的來源與華人聚居地之間的關係值得討論。現存的史料並沒有關於開埠初期碼頭咕哩的具體統計，不過仍可從零碎的人口資料推論分析。1841年政府估計港島人口 7,450 人，其中居住在船艇上的人口估計有 2,000 人，另 300 名來自九龍的勞工，其他較值得注意的人口分佈包括黃泥涌的 300 名人口，是除了赤柱和市場（Bazaar）之外較多人口的區域（見圖 1）。非官方的資料所描述的香港人口，與官方所估計的情況相當吻合。1844 年，牛津大學研究生威廉柏納（William Dallas Bernard）根據英國第一次鴉片戰爭海軍上將賀威廉（Sir William Hutcheon Hall）的筆記，所整理關於中國和香港的資料，包含英人在香港登陸後的見聞。在描述香港的人口時，賀威廉形容，由於香港的人口流動性高，難以推算，不過就他的觀察，若不包括艇戶和從對岸（九龍）到港島的勞工及其他流動的人口，估計當時約有 5,000 人居住在島上。在英人登陸之後，不少華人被吸引到香港去，從事零售商或店主、技工、歐洲人的僕人、勞動工人、艇夫和市場販子，另外還有一小群維持治安的華人守衛。在洋商所建的貨倉僱用了大量咕哩，所有房屋都由中國工人建造，政府工務也僱用了大量華工，除了從事低下階層的工作之外，還有在廣州和澳門等地被吸引來的商人，香港的人口估計已增至約三萬人（本研究估計指 1843 年）[09]。另一份文獻則是在中國任領事的洋人，在描述 1841 年的香港時，指出由中國被吸引到香港的人口，主要從事零售商或店主、技工、建造商、木匠、僕人、艇夫、市場販子和勞動工人，這些人從事與政府和貿易相關的工作獲利 [10]。

從以上三份史料的描述可見，在開埠之初，除了供應日常生活的商販之外，在香港最吸引和最需要的勞動力主要是從事建造行業的工匠和建造商，還有從事運輸的艇夫和勞動工人。1843 年 2 月，第一艘在本地建造、排水量達 80 噸的遠洋輪船在東角正式下水 [11]，意味維多利亞城的城市和海口發展帶動相關的行業如造船、修船、煤炭、運輸、買辦和建造行業的興起。在

圖 1

The following list comprises all the places on the island of Hongkong; the names being written as they are pronounced on the spot. The patois spoken on the island is for the most part like the Canton dialect, but approximating in no small degree to the Fuhkeën dialect.

Chek-chu' 赤柱 the capital, a large town. *pop.* 2000

Heong-kong, 香港 A large fishing village. 200

Wong-nei-chung, 黄坭涌 An agricultural village. 300

Kung-lam, 公岩 Stone-quarry.—Poor village. 200

Shek-lup, 石凹 Do. Do. 150

Soo-ke-wan, 掃箕灣 Do. Large village.* 1200

Tai-shek-ha, 大石下 Stone quarry, a hamlet, 20

Kwun-tai-loo, 群大路 Fishing village. 50

Soo-koon poo, 掃竿浦 A hamlet. 10

Hung-heong-loo, 紅香炉 Hamlet. 50

Sai-wan, 柴灣 Hamlet. 30

Tai-long, 大浪 Fishing hamlet. 5

Too-te-wan, 土地灣 Stone quarry, a hamlet. 60

Tai-tam, 大潭 Hamlet, near Tytam bay. 20

Soo-koo-wan, 索鼓灣 Hamlet. 30

Shek-tong-chuy, 石塘嘴 Stone-quarry. Hamlet 25

Chun-hum, 春坎 Deserted fishing hamlet. 00

Tseen-suy-wan, 淺水灣 Do. 00

Sum-suy-wan, 深水灣 Do. 00

Shek-pae, 石牌 Do. 00

	4350
In the Bazaar.	800
In the Boats.	2000
Laborers from Kowlung	300
Actual present population.	7,450

The Isthmus of Kowlung, or Tseemshatsuy, 尖沙嘴 contains about 800 people.

Kowlung 九龍, Taipang 大鵬, and Lye moon 鯉魚門, are villages and places near the isthmus.

* The population of this place is migratory : the place is often completely deserted, and the present influx of inhabitants depends upon the great demand for stone.

1841 年政府估計港島人口 7,450 人，其中居住在船艇上的人口估計有 2,000 人，另 300 名來自九龍的勞工，可能是經常往返港九兩地的咕哩及打石工人。
（CO129/10, p.14）

1843 年維多利亞城內已有 6 所屬造船工人的屋宇，以及 100 名買辦。買辦的
興起意味着華洋商貿活動的繁盛促進貨物流通。海港貿易的發展吸引了中國
的移民前來就業，並促使在黃泥涌等市郊地區，和九龍的人口到香港去從事
這些行業謀生。

　　1842 年的人口統計對華人從事的行業和房屋作較具體的記錄，主要統
計港島北岸由東至西的人口和房屋；赤柱、黃泥涌、石排灣、香港仔、掃桿
莆及其他小村落的人口則分開列出。人口統計方面，除艇戶的 2,000 人口之
外，從事建造業的人數最多，有約 1,400 餘人 [12]；其次是咕哩，有 1,366 人。
由於貨物搬運工作只需依賴人力，年青力壯、願意出賣勞力的人都可從事搬
運謀生，在貨運的過程如「担」、「抬」、「托」、「打麻」（用麻繩網包
裹貨物）、「起膊」（將重物放到臂膊上去）和「堆起」（將貨物堆疊），
每趟用膊頭托米一百斤、炭二百斤、一籮冬瓜一百多斤，全靠體力。咕哩不
需特定的技能才受僱，可以在工作時由資歷較深者指導，於是成為不少低下
階層的出路。其他人口除了分佈在鴉片煙館及妓寨之外，還有售賣香燭的、
屠夫、裁縫及剃頭師等，以經營日常生活所需為主。與 1841 年的人口統計
比較，只有黃泥涌的人口出現負增長，減少三分之一（由 300 人減至 200 人）；
另外，該人口統計有人數及房屋數的欄目，卻沒有咕哩館的統計，但是到
1845 年《香港藍皮書》所載的屋宇統計中，只有黃泥涌和西營盤分別有 16
所及 4 所咕哩館的統計紀錄，似乎難以單憑 1842 和 1845 年的數據解釋這些
咕哩館的來歷。本研究推斷在 1842 年，政府並未掌握具體的人口和咕哩館
的情形，而統計所顯示減少了的黃泥涌人口，可能是到維多利亞城從事散工
咕哩等臨時工作的人。正如亨利・查爾斯（Henry Charles Sirr）記錄，早期
維多利亞城內華人人口的主要構成是僕人、咕哩、打石的人和石匠，他們從
事臨時的工作 [13]。至於《香港藍皮書》所載四所位於西營盤的咕哩館，其成

圖 2

在碼頭托運的咕哩，在沒有運輸器械的情況下，貨物運輸依賴人力。每名咕哩的肩膀可支撐
過百斤貨物，並須經過狹長的跳板將貨物從貨船運至岸邊的碼頭。
（香港政府檔案處）

員可能來自四面八方，他們到維多利亞城內選擇較接近碼頭和貨倉的集中地聚居。因此推斷，在咕哩館還未成為搬運工人業內的主流之前，不少咕哩從事散工或臨時搬運工，生活並不穩定。

如華工具流動性，初來乍到的洋商通過甚麼途徑招聘華人咕哩搬貨？可能需要通過一些人物或組織介紹和招聚勞工。而另一方面，分散在不同地區，以及從中國移到香港的咕哩如何獲得就業的途徑，也是需要研究的課題。1844 年，政府頒佈《人口登記條例》（1844 年第 17 章），規定由咕哩工頭（headmen）負責登記咕哩，意味着政府已知道當時的頭目已掌控一定數目的咕哩，並且期望這些華人工頭可助解決政府管理低下階層預期需要面對的困難。因此本研究推論，在 1844 年以前，香港碼頭咕哩群體已存在工頭制度，這些工頭是迅速通過洋行買辦獲得就業資訊的人物，並且在他們所屬的村落中招集同族人，到維多利亞城內為洋行提供搬運貨物所需的勞動力。碼頭咕哩的工頭制或包工制在中國的城市普遍存在，而且由來已久。黎霞寫上海碼頭工人指乾隆《上海縣誌》記載搬運貨物的籮扛和腳夫，即碼頭工人的前身，有腳頭，即包工頭。包工頭操縱貨物裝卸和搬運工作，由買辦轉包給包工頭，包工頭再層層轉包[14]；羅威廉（William Rowe）所描寫 19 世紀鄰近長江流域的漢口搬運工人，也由工頭負責指揮工人工作，具有相當的權威，而且扮演招募工人的角色[15]。移到香港工作的咕哩，似乎沿襲了中國咕哩的運作模式，除了工頭制度之外，用竹籤計算薪酬的方法也有相當久遠的淵源。著名的北宋時期畫作《清明上河圖》，描繪河邊咕哩握着竹籤搬貨的情形，與香港碼頭咕哩的做法相同[16]。雖然沒有資料顯示，在開埠初期的碼頭咕哩行業中曾否存在就業競爭。但可以想像當海港貨物的流量趨於頻繁，而從中國來港的勞動力愈來愈多，就會產生分群和就業競爭，所以咕哩需要因應不同的條件如方言或地緣關係凝聚起來，並且由掌握一定權力的人物領導和協助新入行者適應和生存。這種制度對招工亦相當有利，第二章將會討論碼頭咕哩招工和求職的情況。

艇戶也是碼頭貨物運輸的成員。按照 1841 年艇戶人數與總人數的比例計算，如假設二千名艇戶是純粹的漁民，供應其餘五千人漁穫，即每名漁民為兩至三名港島的居民供應漁穫，在供求關係上並不合理。而且這些艇戶可能不斷來回於港島與九龍兩岸之間，而不是固定停留在港島。他們同時從事貨物搬運，運輸來往港島與九龍之間的物資和勞動工人，甚至在海面進行搶掠。港督戴維斯委托的觀察員馬田（R. M. Martin）描述，艇戶是在海面上飄泊的家庭，並且盡他們所能去掠奪[17]。賀威廉的筆記記錄在風暴之下，船艇橫越維多利亞港到對岸的九龍去尋求避風港的情形。在暴風中每艘船艇上都站着一人，打着鑼指揮船上其他人操作船隻，這些人同時燒起爆竹祈求神明庇佑。在逃生之後，艇戶會搶劫其他因暴風毀壞船隻而失去家園的人[18]。這種集體應付暴風雨的情形，反映他們熟悉船隻在港島和九龍之間的航行，和因習以為常而產生的合作模式。

華人生活習慣與殖民地政府的管理

在洋人初到香港之時，似乎沒有在事前掌握本地的人口和市面情況，及作相關的詳細紀錄。因此研究開埠之初的華人社會，需依賴在坊間流傳的觀察和紀錄，例如前文所引用登勤和賀威廉的筆記；其後港督又委派觀察員，協助政府掌握市面和華人的特性。另外，來華傳教士的紀錄也值得參考，他們因為傳教的需要而將華人社會的特徵記錄下來。雖然礙於人口不穩定，不少人居於臨時的房屋，以致這些紀錄的內容詳略不一，但這些資料仍有助於了解開埠初期的社會，尤其是不同的紀錄者對香港低下階層的描述所顯示的共通之處，反映資料的可信性。這些文獻除了不約而同指出華人社群流動的情況之外，還針對一些洋人不接受的習慣。開埠初期香港華人以低下階層為主，無論在官方與非官方的文獻紀錄，洋人對華人居民都有以下相似的描述。

傳教士史密夫佐治（George Smith）的評述傾向負面。據他記錄，華人當中只有少數從事店員的人屬質素較好的階層，其餘大部分新到的華人都屬條件和品格較差者。他們主要是從事臨時工作的僕人、咕哩、打石工人和石匠。香港甚至是海盜和賊子的勝地，公然蔑視警隊的規條。這個流動且「掠奪成性」的民族，只為微小的希望而到香港去，當他們得不到收穫，就會毫不猶豫地遷往其他地方[19]。在 1844 年政府的年報內，觀察員引述曾任香港政府中文秘書的傳教士郭士立（Karl Friedrich August Gützlaff）形容，大多數中國人都是由黃埔（廣州）移入的。他們具有最壞的個性，而且隨時有暴行，沒有原則和自制。中國人的道德水準甚低，在開埠首三年經常發生謀殺、強盜、爆竊和搶掠，犯罪的人卻逍遙法外。他們組織秘密會社，威脅洋人的安全，甚至要在枕頭下藏着已上膛的手槍作保護。鑑於洋人認為從中國和九龍蜂擁而至到香港謀生的人，都帶有以上的不良個性，必須在香港通過登記措施加強控制。[20]

自 1841 年，整體的華人社群已具有不穩定的特性，咕哩和艇夫等被洋人形容為劣品的低下階層群體，在維多利亞城與九龍及村落之間頻繁流動，還有在中國打算來改善生活的勞工。如史密夫所言，賺錢糊口是這些群體到香港的唯一目的，不能達到目的者會選擇轉往別處。這種心態可能是令華人社群長期處於不穩定狀態的主要因素，這種狀態反映了群體的身份認同，離鄉別井的咕哩不以香港為久居之地，而以所屬的鄉土為家，在香港只能與同鄉或語言相通的人聚集起來，產生咕哩群體中的分群和每個小群體內的身份認同。

洋人要管理華人的秩序，除了可能要考慮種族因素之外，必須解決語言的困難。史密夫記錄在開埠初年，華人的多種方言令洋人難與他們溝通。1844 年，香港人口有 19,000 人，其中 3,500 華人來自廣東省東北，操客家語；來自香港鄰近地區如澳門的華人操本地話，當中又有少部分操新安語；來自廣州的操番禺話和南海語；還有操鶴佬語和其他少數人操的各種中國地方方言[21]。殖民地政府面對陌生而且難以估計的群體，而群體中又包括零碎的小群體，在管治華人面對一定的困難。加上香港在 1843 年曾爆發的疫病，導致大量軍人染病死亡[22]，治安問題和疾病威脅洋人，政府的行政架構未完善確立，而這個地方又極待開發和建設，在社會秩序的管理方面不得不嚴陣以待。

　　總括而言，在開埠初期，碼頭咕哩給洋人的印象是藏污納垢、難以掌握的群體，但他們卻是華人當中較大的群體。群體中又有操不同方言的人，要讓他們明白洋人政府和洋行大班的規條相當困難。從本地歷史看，殖民地政府曾通過保甲制、華人精英及團防局等管理華人低下階層，進行以華治華的方式，以加強對社區的管治。但在推行這些管治方式之前，英人還能通過誰去管理維多利亞城內的秩序？通過華人工頭和更練一類較能掌握基層群體的人，去進行管理可能是唯一能疏導壓力的途徑。由華人推行類似社區自治的管理方式，至少可解決種族和語言所帶來的困難。可是，1844 年政府通過《人口登記條例》，實行由工頭和更練進行登記的管理方式，卻引起出乎意料的抨擊。下一章將會透過政府措施的推行過程，檢視這種措施的效果。

注釋

01. McPherson, Duncan (1812-1867) 是曾隨英人到中國的蘇聯軍醫，在英國登陸時參與其中，他在書中形容初在香港登陸時所見景象。*Two years in China, Narrative of Chinese expeditions from its formation in April, 1840, to the treaty of peace in August, 1842, with an appendix, containing the most important of the general orders & despatches published during the above period*, London, Saunders and Otley, 1843, p.79.

02. *Historical and Statistical Abstract of the Colony of Hong Kong 1841-1930 (Third Edition)*, Hong Kong, Noronha & Co., 1932, p.1.

03. 何佩然，《地換山移：香港海港及土地發展一百六十年》，香港，商務印書館，2004 年，頁 26。

04. "Imports and Exports", *Hong Kong Blue Books v. 1845-1867*, Hong Kong, Noronha & Co., 1845-1867.

05. "Hong Kong Annual Administrative Reports 1844" in R. L. Jarman, *Hong Kong Annual Administrative Reports, v. 1841-1941*, Slough, England, Archive Editions, 1996, p.9.

06. 何佩然，《地換山移：香港海港及土地發展一百六十年》，香港，商務印書館，2004 年，頁 28-29。

07. R. L. Jarman, *Hong Kong Annual Administrative Reports, v. 1841-1941*, pp.9-10.

08. 在地圖上部分地段編號重複，但因為位置接近，不造成分析的誤差。參考資料：何佩然，《地換山移：香港海港及土地發展一百六十年》，頁 28-29 所整理的土地拍賣紀錄；1842 年璞鼎查地圖。

09. "It is extremely difficult to form any tolerable estimate of the Chinese population on the island. It varies continually, a great part of the people being migratory. When we first took the island there were probably about five thousand Chinese upon it, exclusive of the boat people, casual labourers from the opposite coast, and others of a migratory description. Since we have held possession of the island, the Chinese have naturally been attracted to it in great numbers. The tradesmen, mechanics, servants to English residents, labourers, boatmen, and market-people, are all Chinese. Add to these, also, a small body of Chinese police, and we shall find that the population must be considerable. In all the warehouses of the merchants a vast number of porters and attendants are employed; all the houses are built by Chinese workmen, and a vast number are also employed by government upon the public roads and works. The number of migratory, or trading people,

who come down from Canton, Macao, and other parts, is also large; so that, upon the whole, the high estimate of 30,000, which has been given, may not be much overrated." in William Dallas Bernard, *Narrative of the Voyage and Services of the Nemesis, from 1840 to 1843: and of the Combined Naval and Military Operations in China: Comprising a Complete Account of the Colony of Hong Kong, and Remarks on the Characters and Habits of the Chinese from Notes of W. H. Hall; with Personal Observations*, London, Colburn, 1844, pp.79-80, 125.

10. "The Chinese were attracted to it in great numbers. Tradesmen, mechanics, builders, carpenters, servants, boatmen, market-people, and common labourers flocked into the island, where one and all found profitable employment both under the British Government and in connection with the commercial establishment which had already been set up there." in *The Beginnings of Hong Kong, the Englishman in China during the Victorian Era as Illustrated in the Career of Sir Rutherford Alcock, K.C.B., D.C.L. Many Years Consul and Minister in China and Japan by Alexander Michie, Author of 'The Siberian Overland Route' 'Missionaries in China' etc.*, Vol. 1, Edinburgh and London, William Blackwood and Sons, 1900, p.73.

11. *Historical and Statistical Abstract of the Colony of Hong Kong 1841-1930*, p.3.

12. 1842 年從事建造業的華人共有 1,476 名，包括木匠（566 人）、石匠（380 人）、坭水即結磚工人（500 人）及油漆工人（30 人）。*The Friend of China and Hong Kong Gazette*, 24 March 1842.

13. "Although a few of the better class of shopkeepers are beginning to settle in the colony, the great majority of the new comers are of the lowest condition and character. The principal part of the Chinese population in the town consists of servants; coolies, stone-cutters, and masons; engaged in temporary works." in Henry Charles Sirr, *China and the Chinese: Their Religion, Character, Customs and Manufactures*, London, Orr, 1849.

14. 黎霞，〈近代上海的碼頭工人〉，《周口師範學院學報》，第 27 卷第 6 期，2010 年 11 月，頁 84-85。

15. 羅威廉著，魯西奇、羅杜芳譯，《漢口：一個中國城市的沖突和社區（1876-1895）》，北京，中國人民大學出版社，2008 年，頁 281-283。

16. 阮小清、蔡慶添，《同鑑上河圖》，香港電視廣播有限公司新聞及資訊部公共事務科製作，2010 年 11 月 7 日播放。

17. R. L. Jarman, *Hong Kong Annual Administrative Reports, v. 1841-1941*, p.9.

18. William Dallas Bernard, pp.100-101.

19. "Although a few of the better classes of shopkeepers are beginning to settle in the colony, the

great majority of the new comers are of the lowest condition and character. The principal part of the Chinese population in the town consists of servants, coolies, stone-cutters, and masons engaged in temporary works. About one-third of the population live in boats on the water. The colony has been for some time also the resort of pirates and thieves, so protected by secret compact as to defy the ordinary regulations of police for detection or prevention. In short, there are but faint prospects at present of any other than either a migratory or a predatory race being attracted to Hong Kong, who, when their hopes of gain or pilfering vanish, without hesitation or difficulty remove elsewhere." in George Smith, *A narrative of an exploratory visit to each of the consular cities of China, and to the islands of Hong Kong and Chusan, in behalf of the Church Missionary Society, in the years 1844, 1845, 1846,* London, Seeley, Burnside & Seeley [etc.], 1846.

20. R. L. Jarman, *Hong Kong Annual Administrative Reports, v. 1841-1941*, p.9; Alexander Wylie, *Memorials of Protestant Missionaries to the Chinese: Giving A List of Their Publications, and Obituary Notices of the Deceased, with Copious Indexes,* Shanghae, American Presbyterian Mission Press, 1867, p.55.

21. George Smith, *A narrative of an exploratory visit to each of the consular cities of China, and to the islands of Hong Kong and Chusan, in behalf of the Church Missionary Society, in the years 1844, 1845, 1846,* pp.510-512.

22. R. L. Jarman, *Hong Kong Annual Administrative Reports, v. 1841-1941*, p.7.

第二章

碼頭咕哩的凝聚特色與人口登記制度

（1844 年至 1880 年代）

自開埠之初，政府積極建設和擴充港島北岸的港口設施和修築海旁 [01]，
務求為港口貿易營造完備的環境。除了港口設施之外，充足的勞動力是必須
具備的條件。由於貨物運輸並不大需要特別技能或知識，吸引了不少從中國
到香港的廉價勞動力投身碼頭咕哩的行列。在依賴人力進行貨物運輸的年
代，廉價勞動力固然為香港海港貿易帶來益處，但必須有完備的措施妥善管
理這個群體，方可維持社會秩序安定。由於流動的人口令政府難以控制社會
秩序，加上未能清晰了解華人社群的狀況，政府只能透過人口登記力求掌握
華人人口、加強監察，當中的障礙也反映在管理碼頭咕哩群體的過程中。

碼頭咕哩凝聚成多個小分群，每個分群各有領袖人物，對這些下層小人
物的活動具有相當的影響力，甚至與政府抗衡。同時，不理想的工作和生活
條件是基層主要面對的困難，貧窮與社會治安問題息息相關，英國官員在進
行管治時不熟悉華人社群的特質和這些社群所發生的變化，而用強硬的條例
和措施去控制。然而這種管治方法不見成效，反引起基層華人對政府的不滿。
政府經歷多次的挫敗，一方面與民眾角力，另一方面尋求有效的管治措施。

本章的研究時期起始於 1844 年，因香港在這一年發生了自開埠以來首
次的官民衝突，而且展開了政府與低下階層華人之間的對立，為殖民地政府
的管治帶來了不理想的開始。自此之後到 19 世紀末，在 1858 年、1862 年、
1872 年、1884 年、1888 年及 1895 年的罷工甚至暴動，每次騷動之間只相距
十年左右，而這些騷動的主要成因之一是基層華人不願意服從政府的措施，
其中大部分由碼頭咕哩主導。政府要建立對管治香港的信心和地位，以及華
人對政府的服從，面對了不少障礙。本章討論從開埠至 1880 年代碼頭咕哩
群體的特色，包括群體的結構、生活和工作條件；檢討政府政策與這些特色
之間的矛盾所在，以及政府在這時期管治華人的過程中，所遇到的主要困難。

1. 以單身男性為主的群體結構和就業情況

以男性為主的群體

碼頭咕哩群體以隻身來港的男性為主，他們經常往返中港兩地，這種群體特色呼應華人社群的結構。根據 1844 年《香港藍皮書》的人口調查報告，連維多利亞城內、村落和水上人口，香港有 19,463 人，其中只有 454 名歐洲人，其他是華人。維城內有 5,783 人，其中有 4,991 名成年男性，當中為人父者只有 205 人；女性共 792 人，當中為人母者有 539 人 [02]。這些統計數字反映當時的人口，以單身男性為主，男女人數相差很遠，4,991 名男性與 792 名女性的比例是 6.3:1。而且為人父者只佔維城整體男性的 4.1%，兒童並不佔人口的明顯比例。

從政府的人口普查紀錄中抽取成年男女（15 歲以上）的人口進行比較，可發現成年男性不但是華人社群的主要構成，而且主導了男女的比例差距（參考表 1），在開埠初期每 4.21 位男性才有 1 位女性，到 1871 年至 1881 年男女比例維持在 3 比 1 以上。

男性的人口增長來自移民，是本地勞工群體的構成部分。1841 年，政府估計香港人口只有七千餘人，三年後增至近二萬人，兒童比例少，即人口增長的動力是中國移民而非自然增長。這些新增的人口主要是來自廣東省的男性，參考 1845 年的海港船隻出入口紀錄，來往中港兩地的船隻由番禺（廣州）、東莞、南頭（深圳）、江門（新會港口）、漳州、海豐、歸善（惠州）和潮州各地來港 [03]，是廣東籍人口的主要來源地。

表 1：香港成人的男女人口比例（1853 至 1881 年）

年份	成年男子（人）	成年女子（人）	男女比例
1853	25,751	6,114	4.21 : 1
1871	72,185	22,695	3.18 : 1
1872	73,971	22,076	3.35 : 1
1876	81,025	24,387	3.32 : 1
1881	91,452	28,041	3.26 : 1

（"Census of Hong Kong 31st December 1853", *Hong Kong Government Gazette*, 11 Mar 1854, p.89; "Census Return of the Populations of the Colony for 1870-71", *Hong Kong Government Gazette*, No. 68, 6 May 1871; "Census Returns of the Population of the Colony for the Year 1872", *Hong Kong Government Gazette*, No. 20, 15 February 1873; "Census Returns of the Population of the Colony, for the year 1876", *Hong Kong Government Gazette*, No. 40, 24 February 1877; "Census Return of the Population of the Colony on 3 April 1881", *Hong Kong Government Gazette*, 8 June 1881.）

　　從中國移入的人口直接影響本地的人口結構，同時造成本地人口的流動。這些人在維多利亞城內居無定所，而且經常往返香港與中國大陸。官員曾在政府工作報告中指出從事勞動行業的華人沒有固定的住處，只在受僱的工作地點附近搭建棚屋，並在棚屋裏面進行起居飲食 [04]。所以當工作完成後，他們另覓工作，然後又在附近搭建棚屋。華人勞工的生活方式為政府帶來難以控制的社會秩序。

　　人口移入香港是受中國的動盪形勢和海外的發展帶動。在 19 世紀下半期，全球經濟發展的趨勢如澳洲發現金礦、北美興建鐵路和美國開發礦業等，加上歐美黑奴制度的取消，中國的勞動力吸引了歐洲人到各通商口岸進行苦力貿易。有中國人被掯客誘騙成為苦力貿易中的勞動力商品，飄洋到三藩市、南洋等離家鄉遙遠的地方。但有不少中國人在苦力貿易中因種種惡劣的待遇而喪命，掯客在中國的名聲極壞 [05]。中國在晚清時期，人口壓力令土地難以平均分配，加上頻仍的自然災害，無田耕者須尋求出路，使中國尤其是沿海閩粵兩省的人移民海外 [06]，部分華人選擇較接近家鄉的香港或澳門尋找工作機會。廣東各地有土匪和亂黨的滋擾，還有土客之爭等種種促使人口外移的因素，參考《東莞縣志》前事略，縣內多有天旱或大水或三合會黨、海盜、山寇的滋擾[07]；《開平縣志》記載咸同年間縣內客匪猖獗，民間需自購洋槍、訓鄉勇作保衛[08]。而中國對英法聯軍失敗後，咸豐十年（1860年）與兩國簽訂條約，其中續增條約的第五款和第九款分別要求中國允許華工到英屬和法屬地區[09]，清朝不能再如以往視出洋的百姓為奸民，可能導致更多人口離開中國移到香港。

從中國移入香港的男性，多為農村的貧窮戶，因為在鄉間耕地不足而離鄉。在不識字，只有一身力氣的有限條件之下，到港之後也只能從事勞動行業。如上一章所述，他們從事建造業和咕哩等基層工作，碼頭咕哩是依賴力氣的行業，因此成為基層勞工求職的選擇。自1870年政府的華工就業以人為單位（1870年之前以咕哩館等房屋為單位）進行統計，其中咕哩人數在1870和1880年代維持上升的趨勢（參考表2），在華人中是最多人選擇的行業。

表2：咕哩與華工就業統計（1870至1881年）

行業	1870/1871	1872	1876	1881
咕哩人數 （佔華工就業比例）	4,976 （12.4%）	6,170 （13.5%）	5,757 （11.5%）	6,935 （10%）
華工就業人數排行	第二位	第二位	第三位	第二位
華工總數	39,987	45,720	50,198	69,220
華人人口	115,444	115,564	130,168	150,690
全港人口	124,198	121,985	139,144	160,402

（何佩然，《築景思城：香港建造業發展史 1840-2010》，香港，商務印書館，2010年。）

男性主導的就業

在碼頭的貨運工作除了有負責把貨物由岸邊運往倉庫或商號的咕哩之外，還有在貨輪和駁艇上搬運貨物的咕哩。因為靠近維多利亞港的沿岸水深不足以承托貨輪的吃水量，所以貨輪須停在離岸邊較遠的海面，咕哩將貨輪上的貨物卸到駁艇（或稱「貨艇」）上，再由駁艇將貨物運送到岸邊。貨物運輸有起和卸的步驟，貨輪的船艙內須有咕哩負責將貨物提起，交予駁艇中的咕哩將貨物卸下，當駁艇靠岸後則由駁艇的咕哩起貨，交予岸上的咕哩卸貨。所有步驟都屬碼頭貨運的程序，所以無論是岸上、駁艇抑或貨輪的搬運工作停頓，都會令整個貨運程序無法進行。

初來乍到的咕哩必須透過同鄉的咕哩和工頭幫助，才能找到落腳的地方和工作機會。在咕哩行業裏，工頭的身份是很特殊的。一所咕哩館館主往往就是工頭，工頭是與咕哩同族或同鄉的判頭。透過1844年《人口登記條例》，可知當時的政府意圖借助這些人物管理社會基層。維多利亞城的城市和海口發展，一方面帶動相關的行業如造船、修船、煤炭、運輸和建造業的興起和發展，同時吸引了中國的移民前來就業，也促使維城邊緣地區如石塘咀、西營盤和掃桿埔的人口轉投這些行業謀生，對於初來乍到的工人來說，需要有投靠的對象，判頭或工頭成為他們求助的對象。但在1860年代之前，咕哩館並未成為固定的組織，有些工頭可能只隨機聚集足夠的咕哩，完成指定的貨物搬運。隨着咕哩人數增加，貨運行業日益繁盛，更需有穩定的勞動力來源和招工系統，經營咕哩館估計是一盤受歡迎的生意，因此產生了咕哩與工頭之間的依存關係。

咕哩館館主的權力從何而來？根據曾任九龍倉工頭和渣甸糖房工頭的顏氏所述，他在鄉間招得工人之後，工人要遵守與他所立的合約。同一咕哩

圖 3

停泊在九龍倉碼頭的舢舨（攝於約 1919 年）。由於大型貨輪吃水受到碼頭一帶海床深度限制，
須由咕哩將貨物起卸到舢舨，然後運送貨物到海岸，再由咕哩起卸並運往貨倉。
（香港政府檔案處）

館內的成員共同分擔生活所需的費用，包括屋租和食物。館主墊付工人的生活費用後，負責分配工人的薪金，一般會在薪金內扣除一半代匯返鄉，再扣除生活費後，才發給工人 **10**。由此可見，咕哩館館主既是工頭，又是工人的代理人，他掌握了工人的生計，而工人既來港只為生計，彼此之間又有同鄉之誼，工頭自然對工人有很大的影響力。經營咕哩館可以賺取大額金錢。據 1866 的報章所載，一名位於灣仔咕哩館館主以每月 3 元租下物業，然後向每名咕哩收取每晚 5 仙的住宿費 **11**，當時的咕哩館一般容納 30 至 50 人，以 30 人的咕哩館計算，即館主一個月共收 45 元，扣除每年向政府繳納 5 元的戶口登記費用 **12**，每月所賺的利潤仍然豐厚，等於他所墊付租金的十多倍。若住在咕哩館內的人數愈多，其所賺利潤愈可觀。可能由於這種情況，咕哩館的居住環境相當稠密，在 1894 年發生大規模鼠疫之後，政府官員歸咎咕哩館人煙稠密與衛生條件惡劣，因而修訂了《公共衛生條例》，要求咕哩館住戶登記及繳付登記費用，結果引發咕哩罷工 **13**，關於咕哩館的居住環境，將在下一章詳細討論。

以上資料可說明這些低下階層華人的群體與咕哩館在本地擴張的關係。參考《香港藍皮書》內的房屋統計，在 1862 年之前，有不少咕哩館設於維城以外的村落，1845 年只有 22 所，到 1850 年增至 40 所；1845 年維城內的咕哩館數目是零，到 1850 年增至 57 所，城鄉之間的咕哩館數相距不遠。但到 1850 年代開始，情況開始扭轉，1851 年維城內的咕哩館有 89 所，而村落內有 48 所；1853 年維城內有 93 所，村落內只剩 20 所。若每所咕哩館內住有 50 名咕哩，即從 1845 至 1853 年，從事咕哩的人數從千餘人增至五千至六千人，數年內升幅達五倍以上。在 1862 年之後咕哩館的統計維持穩定上升的趨勢至過百，而且聚集的重心明顯移到維城內，村落中的咕哩館數目仍停留在個位或雙位數 **14**。而進入 1860 年代，咕哩館在多種用途的華人居所中佔重要比例（參考表 3）。1867 年，咕哩館更排名首三個主要的房屋種類，可見愈來愈多中國人離鄉到香港，並投身於碼頭咕哩的行業。因此，工頭在咕哩階層中的地位也由 1860 年代開始確立，到 1870 年代，當愈來愈多新人需要依靠工頭安排就業和食宿時，工頭就能獲得更多操控工人的權力。

工頭的角色與咕哩館的性質

工頭的角色與咕哩館的運作是不能分割的。關於咕哩館的性質和在群體中的角色，在過去的香港社會史研究中幾乎沒有觸及，但咕哩館在華人社群中甚具代表性，必須加以説明。咕哩館是咕哩共住的地方，但並不是純粹的集體住房，而是同族或同鄉的同行組織。雖然在目前所掌握 19 世紀碼頭咕哩的文獻資料中，沒有個別碼頭咕哩同業組織的記載，即使到 1912 年，華民政務司所整理的社團名冊中都未能掌握咕哩會館的資料 [15]。本研究借助早期政府的差餉記冊（Rate Collection）掌握早期工頭的名單，差餉記冊所記錄的欄目除了有地主的資料外，還有住戶（occupant）的資料包括人名、地址及用途（各類商店、倉庫、碼頭、公共設施和住宅）。鑑於政府的登記程序以 1844 年《人口登記條例》為基礎，咕哩工頭或是屋主須代登記官員整理住宅住戶或咕哩館住戶的名單，以便政府掌握人口資料和管理華人，所以「住戶」欄目內所載的姓名就是咕哩館館主或館名的名單。本研究抽取與碼頭咕哩相關行業的房屋資料，與咕哩館資料作比對，查證兩者之間的關係。

表 3：維多利亞城和村落的房屋用途排名（1857 至 1867 年）

排名	1857 維城	1857 村落	1858 維城	1858 村落	1863 維城	1863 村落	1864 維城
1	造蠟燭 262	農戶 162	造蠟燭 219	農戶 106	造蠟燭 263	農戶 296	造蠟燭 285
2	木匠行 132	造蠟燭 70	妓寨 102	造蠟燭 68	木匠 125	除草工人 198	木匠 111
3	妓寨 99	除草 55	木匠行 83	石匠 32	妓寨 116	造蠟燭 130	醫館/藥房 103
4	裁縫 72	漁民 32	布商/服裝 57	剃頭店 24	水菓店 115	石匠 98	鐵匠 97
5	布商/服裝 59	洋貨店 22	裁縫 54	造船棚 14	布商/服裝 98	漁戶 77	米行 95
6	百貨店 57	造船棚/咕哩館 19	剃頭 53	布商/服裝店 11	醫館/藥房 85	剃頭店 45	水菓店 92
7	剃頭 55	咸魚店 18	米商 51	金、銀匠/木匠 9	洋貨店 82	石灰商 37	咕哩館 83
8	洗衣店/洋貨店 51	裁縫 17	藥房 50	香燭店/地保戶 8	鐵匠 80	造船 34	布商/服裝 79
9	水菓店 48	剃頭店 16	洋貨店 49	漁戶/水菓店/糖菓店 7	咕哩館 78；石匠 78	木匠 20	妓寨 75
10	米商 46	紙紮/石匠 14	水菓店/鐵匠 45	除草/裁縫 6	米行 73	鐵匠 19	洋貨店 71
11	鴉片店 42	糖菓店 12	鴉片店 43	藥房/豆腐店 5	商行 68	造繩索及帆布 18	鴉片販賣 68
商店總數	2,607	601	1,856	368	2,771	1,208	2,345

備註：統計不包括自住及空置房屋
（*Hong Kong Government Gazette*, 6 March 1858, p.1, 5 March 1859, p.172; *Hong Kong Blue Book v. 1863-1867,* 1863-1867.）

1864	1865		1866		1867	
村落	維城	村落	維城	村落	維城	村落
農戶 180	造蠟燭 285	農戶 208	商行 304	農戶 280	造蠟燭 241	農戶 189
除草工人 137	水菓店 158	造蠟燭 142	造蠟燭 275	造蠟燭；石匠 139	妓寨 168	石匠 128
造蠟燭 126	木匠 127	造船 68	木匠 143	漁戶 126	咕哩館 143	除草 116
漁戶 105	咕哩館 114	漁戶 64	妓寨 127	剪草 120	貨幣兌換店 140	漁戶 113
石匠 78	醫館/藥房 103	園丁 61	咕哩館 107	造船 64	裁縫 138	造蠟燭 105
造船 33	鐵匠 100	剪草 58	洋貨店 106	剃頭店；園藝店 42	木匠 128	造船 48
剃頭店 27	米行 96	石匠 43	米行 101	咕哩館 36	洋貨店 108	園藝 37
咸魚欄 24	包裝工廠 94	剃頭店 35	醫館/藥房 99	鐵匠 27	剃頭店 90	剃頭店 35
布商/服裝 20	洋貨店 84	鐵匠 25	裁縫 90	造繩索及帆布 18	鐵匠 89	咸魚欄 24
木匠；香店 19	妓寨 72	醫館/藥房 18	剃頭店 84	木匠 17	鞋匠（西式） 85	醫館/藥房 18
糖菓糕點；鐵匠 16	棚業店 63	咸魚欄 17	水菓店 68	布商/服裝；咸魚欄 15	米行 82	香店 17
944	2,663	946	2,935	1,261	3,147	1,024

在政府的差餉記冊中，現存最早紀錄是 1860 年（參考附錄 1），當時的咕哩館主要集中在東角、西環的後街（West Point back street）、荷李活道、摩囉廟附近、皇后大道東、Webster's Crescent（2nd Alley）、另有數間咕哩館散落於太平山街、Markwick's Alley、機利文新街（Gilman's Bazaar）和 Old Chinam's Lane。至於分佈在維城以外的咕哩館主要在香港仔，以及一所位於石塘咀。有咕哩館集中的位置不但在碼頭倉庫集中的範圍，而且鄰近有輪船買辦辦館、貨倉和鴉片商販。1870 年的咕哩館集中地則擴至必烈啫士街和高街。到 1880 年，咕哩館的集中範圍進一步擴展至渣甸市場、薄扶林道、街市街、皇后大道西、第二街、第三街、常豐里（Sheong Foong Lane）、石水渠街、水池巷、灣仔道及餘樂里；九龍方面有差館里。以上資料明顯顯示出咕哩館的範圍由本來集中於東角及中上環一帶，延伸到西環多條主要的街道及九龍，緊隨香港港口發展的趨勢。同樣重要的是，咕哩館所在的區域是 19 世紀華人聚居的地方，如果政府希望有效監管華人社會的秩序，咕哩住房的資料是重要的線索。

咕哩群體雖以移民為主，但在開埠初期至 1860 年代的咕哩館館主和工人也有源自九龍或港島市郊的居民。這些資料可透過比對上述館主姓名，與總登記官的房屋登記冊（Squatter Licenses）和廟宇碑文查考。施其樂牧師和許舒博士曾運用相同的方法研究紅磡早期的發展 [16]，發現一些聚居於九龍的人物，曾經在香港島和油麻地經營不同的商店如雜貨店和建造店，是維多利亞城早期聚落的一部分。本研究亦發現 1860 年至 1880 年的咕哩館館主不少來自鶴園、土瓜灣和大環山的居民，三個區域合稱為紅磡三約，居民分別姓李、姓吳及姓黎，在三約所立觀音廟的碑銘中可找到這些人物捐獻的紀錄 [17]。其他來自九龍的館主有九龍城、油麻地和馬頭涌，這些館主的咕哩館設於上環及西環。在港島的村落方面則以來自掃管莆或新掃管莆村的人物最為明顯，當中有姓劉和姓黃的居民在東角和上環經營咕哩館。以上發現正符合施其樂牧師所指有黃姓族人聚居於掃管莆村 [18]。這些來自不同村落的人物因應海港的發展而被吸引到城市核心去經營咕哩館，自 1841 年政府拍賣東角沿海的土地，洋人如怡和洋行和顛地洋行等購得土地發展碼頭和貨倉，其聘用的碼頭咕哩可能就是來自這些村落，館主透過同族的兄弟招聘工人。

　　至於由中國移民到香港的人，部分投靠同鄉的咕哩館，部分透過同鄉返鄉招工而獲得在香港工作的機會。最詳細的情況記錄於 1901 年政府就香港僱用私人轎夫的問題而成立調查委員會的報告書 [19]。報告書所附的聆訊紀錄包括碼頭咕哩工頭的供詞，當中有潮州籍工頭顏氏所描述的招工情況。他一人負責管理九龍倉四所咕哩館裏合共 500 名咕哩，他又將該四所咕哩館分別交予四名下屬負責。這些咕哩都是由他的兄弟每年一次從潮州和汕頭帶來香港做貨物運輸工作的 [20]。在招得工人之後，顏氏又有按照工人勤逸而決定工人薪酬多少的權力，若工人中途離職，顏氏可按合約要求工人賠償離鄉前顏氏墊付給其親人的工錢 [21]，顏氏又述同鄉可自行來港之後親自聯絡他物色工作機會，反映顏氏在同鄉心目中，能幫助他們在香港謀生，然後讓他們賺取生計之餘，還能將一半的薪酬由顏氏代匯返鄉作贍養親人的費用 [22]。從這種關係上看，工頭實為搬運工人的代理人。在報告中的另一個人物「李貴」（Li Kwai），據他所說初從汕頭來港時，由於叔父是九龍倉的「第二掌權人（No.2）」，所以帶他到九龍倉去做咕哩，後來叔父回鄉，他自己亦轉行從事人力車夫 [23]。根據該調查報告中警官的描述，香港沒有咕哩會館（Guilds），但咕哩館確實是咕哩往聚集的會所（Clubs）。咕哩按他們所來自的區域，在註冊為合法寓所的咕哩館建立這種會所。咕哩館的館主對會所的成員有很大的影響力 [24]，當時一位律師指出，來自中國不同省或地區的咕哩有屬於他們的咕哩館，他們在咕哩館內進行家鄉的宗教儀式，若有同鄉咕哩找不到工作會到咕哩館去，所以咕哩館的功能與會館相若。咕哩館的成員可團結起來決定受僱於何人或杯葛其他咕哩館[25]。參考1897年《華字日報》，載有鴨巴甸街各屬兩所咕哩館的三四十名咕哩連日毆鬥的報導，工人實以咕哩館劃分黨派並互相排斥[26]。從以上的陳述可見，咕哩館是同鄉咕哩聚集之地，具有一定的內聚性。在這些咕哩館成員要與所屬的咕哩館持有一致的立場，而咕哩館館主在成員當中又有一定的權力，可以操縱華工的就業和人身安全。

　　19世紀出洋到香港謀生的咕哩，在異鄉當中要尋求協助，自然需要加入同鄉組織或同業組織。而基於語言的需要，又要選擇在異鄉中可信賴的人物，他們要投靠在香港有經驗的同鄉或叔伯兄弟。這些被投靠的同鄉，久而久之建立了一套個人的經營模式，在累積資本之後，可以回鄉擔保同鄉出洋工作，和購置物業經營咕哩館。因此這種以地緣關係建立的權力和信任，同時也成為碼頭貨物運輸行業的招工和管理模式的重要元素，同時亦培養了工頭在群體之中的操控權力，透過咕哩館凝聚和體現。

圖 4

NGAN WING CHI declared:—

The Chairman.—What do you do ?

A.—Formerly, I was head coolie to the Kowloon Godown Company.

Q.—And what do you do now ?

A.—I am head coolie to Jardine's Sugar Refinery, head coolie to the Tsimshatsui Godowns and headman of the Kowloon licensed ricksha coolies.

Mr. Badeley.—Do you mean that you hold the licences ?

A.—Yes.

The Chairman.—You are licensee of the Kowloon rickshas ?

A.—Kwai Fuk and I are the joint licensees of the Kowloon rickshas.

Q.—And in addition to that you are head coolie at Jardine's Sugar Refinery ?

A.—Yes.

Q.—And you are also head coolie to the Hongkong and Kowloon Wharf and Godown Company ?

A.—Yes.

Q.—What do you mean by being head coolie ; what are your duties ?

A.—My master asks me to go to Chu-chau to engage men to come to the Colony to work.

Q.—That is for Jardine's and the Godowns ?

A.—The manager of Messrs. Jardine & Matheson, and Mr. Osborne, of the Godowns, ask me to do this.

Q.—I take it that your principal business is to engage coolies for the Godown Company and for the Sugar Refinery ?

A.—Yes.

Q.—How many coolies are employed at Jardine's Sugar Refinery ?

A.—There are many coolies employed there—Chu-chau men 1,000.

1901 年政府關於人力車夫的調查報告，內附工頭顏氏的供詞（節錄）
("Report of the Commission Appointed by His Excellency the Governor to Enquire into and Report on the Question of the Existing Difficulty of Procuring and Retaining Reliable Chair and Jinricksha Coolies for Private Chairs and Jinrickshas", *Hong Kong Sessional Papers*, No.47 of 1901, Hong Kong, Noronha & Co., 1901.)

圖 5 至圖 8

咕哩按地緣扭帶關係分群的特色在中、英文報章上亦頗常見，群體內外都以地域或所屬的咕哩館識別咕哩的身份。

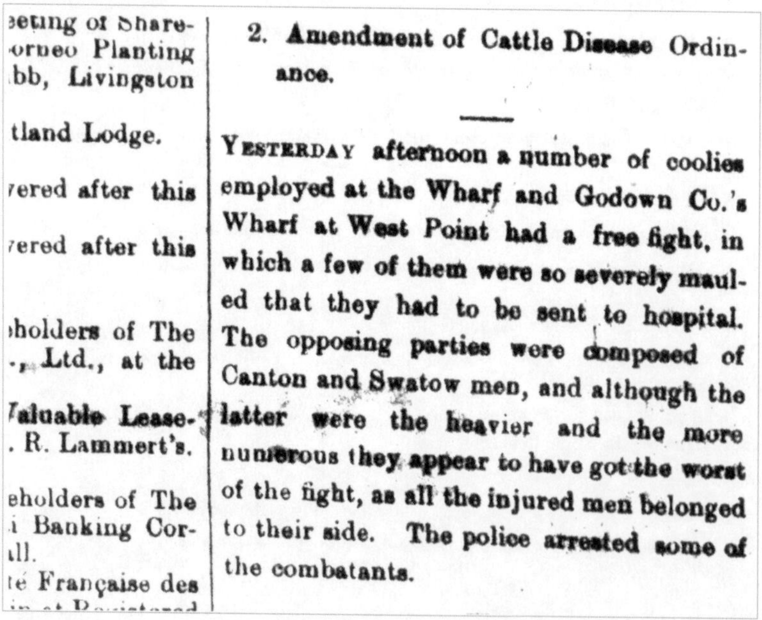

eeting of Share-
orneo Planting
bb, Livingston

tland Lodge.

vered after this

vered after this

holders of The
., Ltd., at the

Valuable Lease-
. R. Lammert's.

eholders of The
i Banking Cor-
ll.

te Française des

2. Amendment of Cattle Disease Ordinance.

YESTERDAY afternoon a number of coolies employed at the Wharf and Godown Co.'s Wharf at West Point had a free fight, in which a few of them were so severely mauled that they had to be sent to hospital. The opposing parties were composed of Canton and Swatow men, and although the latter were the heavier and the more numerous they appear to have got the worst of the fight, as all the injured men belonged to their side. The police arrested some of the combatants.

(*The China Mail*, 15 May 1890.)

圖 6

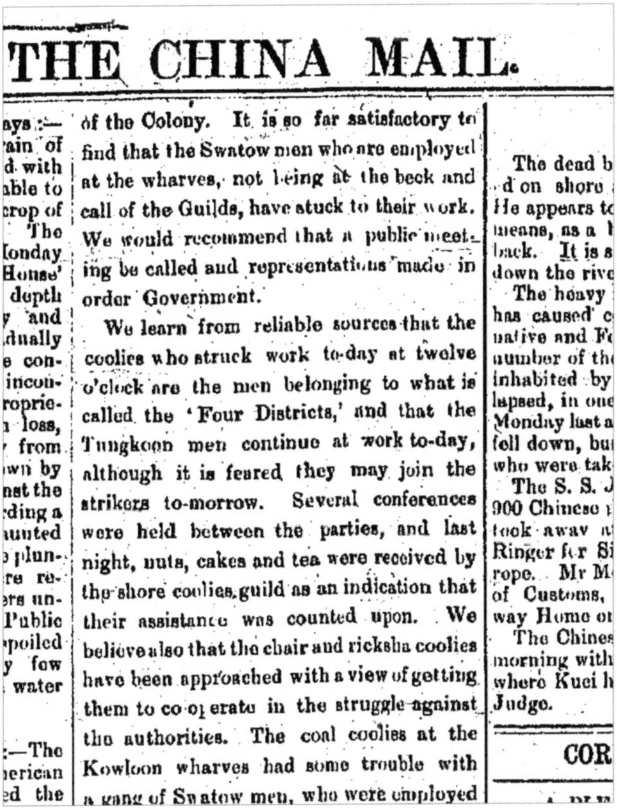

THE CHINA MAIL.

ays :— ... of the Colony. It is so far satisfactory to
ain of ... find that the Swatow men who are employed
d with ... at the wharves, not being at the beck and
able to ... call of the Guilds, have stuck to their work.
crop of ... We would recommend that a public meet-
The ... ing be called and representations made in
londay ... order Government.
House' ...
depth ... We learn from reliable sources that the
y and ... coolies who struck work to-day at twelve
dually ... o'clock are the men belonging to what is
e con- ... called the 'Four Districts,' and that the
incon- ... Tungkoon men continue at work to-day,
roprie- ... although it is feared they may join the
1 loss, ... strikers to-morrow. Several conferences
r from ... were held between the parties, and last
wn by ... night, nuts, cakes and tea were received by
nst the ... the shore coolies guild as an indication that
ding a ... their assistance was counted upon. We
uunted ... believe also that the chair and ricksha coolies
e plun- ... have been approached with a view of getting
re re- ... them to co-operate in the struggle against
ers un- ... the authorities. The coal coolies at the
Public ... Kowloon wharves had some trouble with
poiled ... a gang of Swatow men, who were employed
y few
water

:—The
erican
ed the

The dead b
d on shore
He appears to
means, as a l
back. It is s
down the rive
The heavy
has caused c
native and Fo
number of the
inhabited by
lapsed, in one
Monday last a
fell down, bu
who were tak
The S. S. J
900 Chinese
took away n
Ringer for Si
rope. Mr M
of Customs,
way Home o
The Chines
morning with
where Kuei h
Judge.

COR

(*The China Mail*, 28 April 1888.)

圖 7

WHARF COOLIES IN FIGHT

POLICE CALLED TO SCENE

Bamboo poles were used by two gangs of coolies in a fight on the Douglas Wharf yesterday afternoon, shortly after the arrival of the s.s. Haiyang from Swatow.

It appears that a passenger had some furniture to be taken ashore and had engaged a gang of Cantonese coolies, when a gang of Hoklos took objection and a heated argument ensued.

A call was sent through to Central Police Station, but when the police arrived on the scene the disturbance had by that time been quelled.

Four coolies, two Cantonese and two Hoklos, were taken into custody and were brought before Mr. Macfadyen in the Central Police Court this morning.

Det-Sergt. Hemsley, for the prosecution, stated there was no evidence against the two Hoklos and they were discharged. The Cantonese defendants were fined $1 or one day's gaol each.

"There are too many of these gang fights" said the Magistrate.

(*Hong Kong Telegraph*, 26 July 1934.)

圖 8

▲起貨苦力打架

昨有苦力多人、在干諾道西均益貨倉、紛紛起落貨物、中有賴記苦力館影伴、與新會人苦力、因爭起埠互相打架、結果將一人毆傷、因此各人科合黨徒眾多、意欲打架、工會職員聞耗、即派人前往禁止、因而打架不成、後由同德職員調解、議決補回藥費九元與傷者作爲了事

（《香港華字日報》，1927 年 8 月 12 日。）

2. 碼頭咕哩與殖民地政府的人口登記措施

華洋之間的語言和文化差異，是殖民地政府在管治華人時必然面對的阻礙。加上流動的人口，大多數華人不懂洋人的語言和法律，令政府更難掌握有效的管治方針。面對不熟悉而複雜的華人社群，政府嘗試透過統計人數和登記人口去掌握群體的基本資料，以提高政府對社會監察的能力。但出乎意料之外，單純的登記措施竟引起軒然大波，勾起低層華人對殖民地政府的反感。另一方面，內地局勢亦往往引發住港華人的社會運動。在 1856 年亞羅號事件和 1884 年中法戰爭期間，姑勿論華人是因為民族情緒抑或受清朝政府煽動而對抗洋人[27]，對於殖民地政府來說，在管治華人時必須採取謹慎的態度。

2.1 登記措施與貧苦階層之間的矛盾

1844 年 11 月，即香港成為英國殖民地之後約三年，爆發了開埠以來第一次的官民衝突。在 1844 年 8 月定例局通過《人口登記條例》（1844 年第 16 章），並於 10 月 19 日在《政府憲報》公佈條例將於同年 11 月 1 日實施之後，隨即引起社會各方面的激烈回應。

人口登記為所有年滿 21 歲或已有能力賺取生活費的男性居民登記，以防止狂妄和無所事事的人破壞社會秩序[28]。不過，政府卻沒有估計條例會激發大量華工離港和罷工，同時亦引起了洋商在事件之中介入。著名洋商包括怡和洋行、渣甸洋行和仁記洋行等大班共 104 名，聯署抗議政府在條例實施前短時間內公佈，令他們束手無策，批評該條例「無效用」和「不切實際」。

但政府回覆時竟將着眼點放諸洋人的用字；洋商再登報講述罷工帶來的損害和危機，由於當時大部分華人準備離港，尤其是碼頭咕哩，所有商業活動癱瘓，無法聘用貨艇起卸貨物，粵港之間的交通停頓，市場關閉，糧食供應亦停止。政府為維持威信，拒絕在洋商收回對政府的抗議之前作任何回應，在報章上刊登聲明和表達堅決的態度 [29]。報章亦有與洋商相似的描述，11 月 1 日，所有受僱於政府和商人的咕哩和建造業工人罷工，令進行中的建造工程陷於停頓。買辦亦召開會議並議決，如果政府不取消條例便會離開香港。到翌日，除了所有商店和市集都關閉，艇夫亦準備離開維多利亞港拒絕運輸貨物，洋人不能租得貨艇起卸貨物，粵港兩地之間的物資流通癱瘓。

另一方面，有些洋人在報章批評政府的態度不夠強硬，認為政府的猶豫會鼓勵華人日後反抗一切他們不滿的法律，政府不應受理華人的反對，必須要通過該法例，並將之刊憲成華文，然後切實推行，更認為香港必須有登記人口的系統 [30]。又有洋人直言不滿政府將洋人歸入登記和稅收的範圍，有違英國的法制，因為洋人應有自由進出英國各殖民地的權利，香港作為英國殖民地亦應遵從這種制度 [31]。

社會不同的階層提出不同的理由向政府表達反對通過該條例，洋人的意見主要以英人的商業利益和不願繳納人頭稅為出發點，以管治威信為反對理由的呼聲不及前者大。面對種種的爭議，政府如何決定？擾攘了近兩星期，11 月 13 日，定例局決議通過《人口登記條例》為 1844 年法例第 16 章，並在 11 月 20 日刊憲。重申的《人口登記條例》的條文明顯作出了修改，尤其是取消收取登記費用 [32]。換言之，修訂的條例回應了民間的訴求，既可平息華工的不滿，又回應了洋人對政府施加的壓力。該條例還具有另一特色，更確切反映咕哩針對的不是登記制度本身，他們能接受特定的登記方式：透過他們所信任的工頭進行登記。參考條例的內容，所有無論是否原居於香港的工人，其姓名、職業和住處須由工頭記錄[33]。總登記官不保存工人的名單，至有需要時向工頭收取。這種透過上司登記工人的制度與廣東省的做法相似，道光十一年准買辦代洋行僱人，但因怕買辦等通曉外語的人與洋人勾結，要由「管行商」代官府記錄工人資料後，呈交縣官[34]，以鞏固清朝對洋行的監視。雖然清朝和殖民地政府的動機不同，但對於低下階層來說，條例要求的登記程序類似他們在中國的習慣，所以較容易接受，而不會導致罷工。而對於政府管治華人來說，既然咕哩佔低下階層人口的大部分，最好就是透過他們當中有權勢而又能與他們溝通的工頭，去控制他們所屬的社群。

政府忽略貧苦階層的景況

058

　　1844 年罷工反映政府未能掌握華人低下階層的狀況，更無法估計他們可能的反應。根據原定的登記條例內容，所有香港居民須每年向撫華道（即後來的總登記官）申請登記證明，華人須有登記證明才可在香港居住，登記證明每年要更新一次，而每年更新都須向撫華道繳交登記費用。條例列明每月賺取不同數額工資的人須繳納不同數額的登記費用，包括（括弧內為登記費用佔年收入的百分比）：

　　商人、店員、買辦及月入 20 元或以上者須繳付登記費 5 銀元（2.08%）

　　家僕、文員及月入不少於 10 元而不夠 20 元者須繳付登記費 3 銀元（1.26% 至 2.5%）

　　咕哩、艇夫等勞工月入少於 10 元者須繳付登記費 1 銀元（0.83%）[35]

　　條例所列賺取不同收入與須繳付的費用，收入愈豐厚的人士所繳付的登記費用愈多，而富者所付的費用所佔其收入的比例比其他貧苦大眾的大，在邏輯上好像合理。但是，政府卻未能預算咕哩和艇夫等勞動階層可能面臨入不敷支，因而引起低下階層極大的反對。參考 1844 年《香港藍皮書》所列各類工人的工資，咕哩一類散工的每日工資是 7.5 便士（約 15 先士 [36]）。藍皮書又記錄在監獄中每名中國囚犯以鹹魚和米飯作膳食，每週所需的成本是 35 先士 [37]，即每日 5 先士，估計咕哩的膳食相若，每日 5 先士的費用相等於日薪的三分之一。除了膳食的支出之外，咕哩可能要用一半薪金供養鄉間的家人，又要向工頭支付住宿費，所餘無幾，儘管是一元的登記費用也是經濟負擔，因此貧窮是引發激烈反應的主要原因。倫敦傳道會檔案內存有一份洋人在 1850 年對香港的描述，當中亦提及港督戴維斯上任後不久所發生的罷工。作者法蘭西 · 史葛（Francis Scott）指政府當時需要尋求增加庫房收入，除了通過稅收別無他法。但稅收會導致華人的工作被剝奪，然後就是生存的困難，固然會導致罪案發生。他還指出當時有一種說法，謂捱餓的華人往往故意犯一些小罪，希望被關進牢，至少可得溫飽 [38]。

在政府文獻中雖無記載罷工在經濟方面造成的嚴重損失，但足以引起當局的關注。首先，洋人仍然非常重視這些南來男性提供的廉價勞動力，在中國的通商口岸都有洋人領事盛讚華工的辛勤，形容他們雖然有時脾氣急躁，而且情緒很剛烈，但勤懇令他們即使在不舒適的環境都可完成工作 [39]。洋人亦很欣賞移民來的中國勞動力，並認為「客家人」比「本地人」更有活力和勤力，大部分咕哩等勞動階層都是這些「客家人」。洋人所指的客家人，其實指從中國廣東和北方移民到香港的華人，他們常遭「本地人」欺負，「本地人」多從事小生意，與買辦和家僕周旋 [40]。

1844 年的官民衝突可以說引發了政府與華人、甚至政府與洋人之間的對立和角力的開端。對華人而言，洋人的登記收費與他們的生計存在嚴重的衝突，況且當時華人來港工作多是短期的，他們穿梭於廣東的家鄉和香港兩地，但戶籍在家鄉，根本與香港政府的登記沒有關係。是次罷工和政府取消登記收費的事件，令人感到只要能威脅社會的秩序和經濟發展，就可逼使政府退讓。對於政府來說，洋人的反應是基於利益蒙受損失，卻不能接受他們不站在政府的立場，何況在 1844 年香港的人口當中只有 454 名洋人 [41]，其他人口主要是華人，面對大眾的壓力，唯有取消登記收費，罷工亦可平息，不滿要繳稅和生意受損的洋人亦不會再作任何反對。港督藉辭華人激烈反對只因誤會登記費用是每月繳納而非每年繳納，只為取得一處下台階，甚至辯稱事件與華人敵視洋人無關 [42]。不過，事情至少反映政府在草擬條例時未能掌握低下階層的特質。這次罷工事件只是華洋之間矛盾的開始，官民衝突接踵而至，華人社群與政府之間的不相融，不能純粹看作種族矛盾，也源自政府措施與基層生計兩者之間的對立，政府仍須透過這種衝突一點一滴地汲取經驗和教訓。

2.2　船艇註冊措施引發咕哩罷工

1862 年的咕哩罷工

碼頭咕哩群體在香港擴張，同時碼頭貨物運輸需大量在貨船上、駁艇上和岸上的咕哩合力起卸貨物，環環相連，而勞動力也在當中流轉。政府雖可透過工頭登記住在咕哩館的人口以進行監察，卻難以控制在船上工作的咕哩。如上一章所述，艇戶來往港九兩岸，且往往在海上進行搶掠，為維持海港的秩序，需加強登記措施以作監察。另一方面，香港水域或鄰近水域內的海上劫案相當嚴重，根據非正式的統計，單在 1857 年年初，一個月內已有 10 宗海上劫案，到六月底至七月中旬，短短兩星期左右便有不少於 7 宗，到九至十月仍有 8 宗。在海上劫案中甚至有船長和船員被殺，被劫或被偷的通常是船上貨物。1857年10月，海上劫案累積的財物損失價值高達21,000元[43]。於是，定例局在1859年決議通過《船艇註冊及管理條例》（香港法例1860年第15章），1860年公佈，規定1861年1月1日實施透過登記貨船僱工，透過規範艇主僱用已登記僱工的措施，以維持海上秩序和防止不法之徒假借搬貨為名，在香港海域肆虐[44]。不過，條例在實施一年之後引發貨船工人罷工，反對政府執行該條例[45]。沒有更多文獻記載1862年艇夫罷工的詳細情況，不過從條例的落實執行可知，這次罷工並不能成功令政府取消註冊條例，而屬該條例所收取的登記費用，自1861年開始就成為政府的收入來源之一。如果以每名貨艇僱工收取25先士的費用計算，1862年政府透過該條例所收登記費用共英鎊286鎊13先令2便士（約1,430港元）[46]，即當時登記的貨艇僱工有約5,720人。1870年透過該條例所收登記費用與1862年相若，共英鎊286鎊16先令2.5便士[47]，可見登記措施能為政府帶來一項穩定的收入。

船艇註冊措施阻礙貨運行業的運作

《船艇註冊及管理條例》與咕哩的衝突仍在於登記收費。根據該法例，每名已登記貨艇上的人都須往總登記官署辦理登記手續，並記錄姓名及住址，登記的人要向總登記官繳付費用25先士，然後才可獲發登記證，而證件的有效期只有一年[48]。參考1857年《政府憲報》「大小船艇載貨送客開埋工費限價程式」，運貨的咕哩（即當時所稱的「挑夫」）每日工資20先士或三百文錢（每日早上6時到晚上6時為一日），散工時薪4先士或六十文錢[49]，而事實上，挑夫的薪酬比車夫還低（日薪33先士、時薪6先士），可說是收入最微薄的一群華工，對於收入不穩定的散工咕哩而言，25先士的

圖 9a

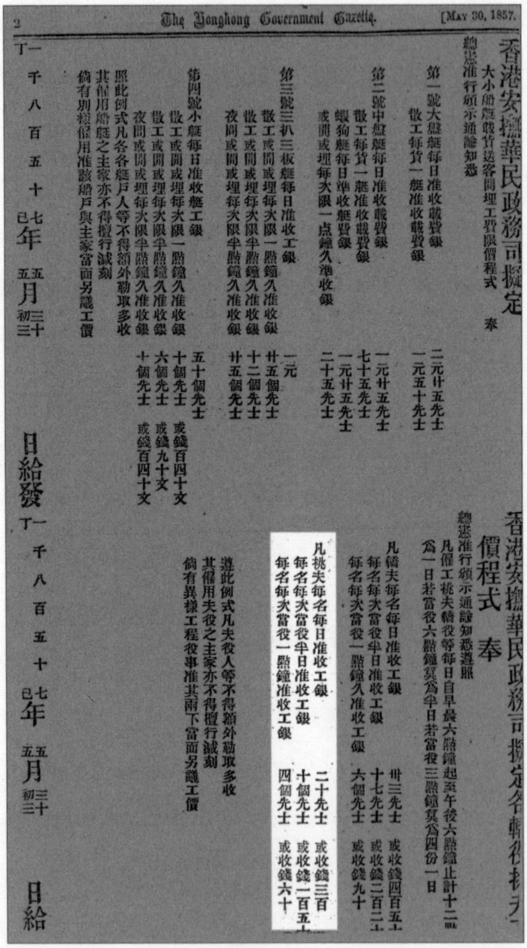

2 The Hongkong Government Gazette. [MAY 30, 1857.

香港安撫華民政務司擬定
大小船艇載貨送客開埋工費限價程式　奉
總憲准行頒示通諭知悉
第一號大盤艇每日准收載費銀　二元廿五先士
散工每貨一艇准收載費銀　一元五十先士
第二號中盤艇每日准收載費銀　一元廿五先士
散工每貨一艇准收載費銀　七十五先士
蝦狗艇每日準收艇費銀　一元廿五先士
或開或埋每次限一点鐘久準收銀　二十五先士
第三號三扒三板艇每日准收工銀　一元
散工或開或埋每次限一點鐘久准收銀　廿五個先士
散工或開或埋每次限半點鐘久准收銀　十二個先士
夜間或開或埋每次限半點鐘久准收銀　廿五個先士
第四號小艇每日准收艇工銀　五十個先士
散工或開或埋每次限一點鐘久准收銀　十個先士　或錢百四十文
散工或開或埋每次限半點鐘久准收銀　六個先士　或錢九十文
夜間或開或埋每次限半點鐘久准收銀　十個先士　或錢百四十文
照此例式凡各各艇戶人等不得額外勒取多收
其僱用船艇之主家亦不得擅行減刻
倘有別樣僱用准該船戶與主家當面另議工價
一千八百五十七年五月三十日給發
丁巳年五月初三日

香港安撫華民政務司擬定各轎役挑夫
價程式　奉
總憲准行頒示通諭知悉遵照
凡僱工挑夫轎役等每日自早晨六點鐘起至午後六點鐘止計十二點
爲一日若當役六點鐘算爲半日若當役三點鐘算爲四份一日
凡轎夫每名每日准收工銀　卅三先士　或收錢四百五十
每名每次當役半日准收工銀　十七先士　或收錢二百二十
每名每次當役一點鐘久准收工銀　六個先士　或收錢九十
凡挑夫每名每日准收工銀　二十先士　或收錢三百
每名每次當役半日准收工銀　十個先士　或收錢一百五十
每名每次當役一點鐘准收工銀　四個先士　或收錢六十
遵此例式凡夫役人等不得額外勒取多收
其僱用夫役之主家亦不得擅行減刻
倘有異樣工程役事准其雨下當面另議工價
一千八百五十七年五月三十日給
丁巳年五月初三日

圖 9a 及 9b
1857 年《政府憲報》刊載中英文版「大小船艇載貨送客開埋工費限價程式」，運貨的咕哩（即當時所稱的「挑夫」）每日工資 20 先士或三百文錢，散工時薪 4 先士或六十文錢，而事實上，挑夫的薪酬比車夫還低（日薪 33 先士、時薪 6 先士），可説是收入最微薄的一群華工，難怪有同業人士自嘲是「社會的最低層」。
（“Government Notification No. 85”, *Hong Kong Government Gazette*, 30 May 1857, pp. 1-2.）

圖 9b

THE
Hongkong Government
GAZETTE.

NEW SERIES.   VICTORIA, SATURDAY, 30TH MAY, 1857.   VOL. II. No. 100.

GOVERNMENT NOTIFICATION.

The Contract for publishing this *Gazette*, entered into on the 24th September, 1853, was terminated on the 30th ultimo; and notice is hereby given, that a NEW SERIES of this *Gazette* will be published hereafter, to commence from the 7th instant, under a New Contract, and that

"THE HONGKONG GOVERNMENT GAZETTE"

will, as before, be the only Official Organ for PROCLAMATIONS, NOTIFICATIONS, and PUBLIC PAPERS, of this Government.

By Order,

W. T. MERCER, *Colonial Secretary.*

Colonial Secretary's Office, Victoria, Hongkong, 28 July, 1853.

No. 84.

GOVERNMENT NOTIFICATION.

Major General SIR ROBERT GARRETT, K.C.B., having assumed the Command of the Troops at Hongkong, has this day, by virtue of his Office, been sworn in a Member of the Executive Council.

The Honourable Major General SIR ROBERT GARRETT, K.C.B., took his Seat accordingly at the Council Board.

By Order,

W. T. BRIDGES,
Acting Colonial Secretary.

Colonial Secretary's Office, Victoria, Hongkong, 25th May, 1857.

No. 85.

GOVERNMENT NOTIFICATION.

The following Scales of Fares for all Licensed Boats in the Harbour of this Colony, and for the Hire of Coolies and Labourers, have been drawn up by the Registrar General, and having been sanctioned by his Excellency the Governor in Council, are published for general information.

By Order,

W. T. BRIDGES,
Acting Colonial Secretary.

Colonial Secretary's Office, Victoria, Hongkong, 25th May, 1857.

SCALE OF BOAT FARES.

1st Class, or Cargo Boats, per Day,			$2.25
Do.,	Do.,	„ Trip,	1.50
2d Class, or Cargo Boats, per Day,			1.25
Do.,	Do.,	„ Trip,	.75
Do., or Hakows,	„ Day,		1.25
Do.,	Do.,	„ Trip, not exceeding One Hour,	.25
3d Class, or Pulling Boats, per Day,			1.00
Do.,	Do.,	„ Trip, not exceeding One Hour,	.25
Do.,	Do.,	½-Trip, from Shore to Ship, or *vice versa*, not to exceed ½ an Hour,	.12
Do.,	Do.,	„ Night Trip,	.25
4th Class, or Sampans,	per Day,		.50
Do.,	Do.,	„ Trip, not exceeding One Hour,	Cents 10, or 140 Copper Cash.
Do.,	Do.,	½-Trip, from Shore to Ship, or *vice versa*, not exceeding ½ an Hour,	„ 6, or 90 „
Do.,	Do.,	„ Night Trip, not exceeding ½ an Hour,	„ 10, or 140 „

SCALE OF COOLIE HIRE.

Chair Coolie,	per Day each,		Cents 33, or 450 Copper Cash.
Do.,	½-Day each,		„ 17, or 225 „
Do.,	„ Trip, not exceeding One Hour,		„ 6, or 90 „
Street Coolie, or Labourer, per Day,			„ 20, or 300 „
Do.,	Do.,	½-Day,	„ 10, or 150 „
Do.,	Do.,	„ Job, not exceeding One Hour,	„ 4, or 60 „

NOTE.—The Day is not to exceed 12 Hours, ending at 6 P.M.

     ½-Day   „   6   „

     ¼-Day   „   3   „

D. R. CALDWELL,
Registrar General.

登記費用可能等於一天的薪酬。

再者，條文的罰則亦未免強人於難。條例訂明必須申報住處，如需搬遷者要向總登記官申報，否則罰款 20 元監禁三個月。自開埠以來，咕哩有隨工頭尋求工作的，也有以散工維生的咕哩。前者有隨工頭居於咕哩館，有固定居所者；後者多經同鄉或同族兄弟介紹從事相同的行業，這些散工不屬任何咕哩館，散工難以向政府官員申報住處，很容易被定罪罰款或關進監牢。有些條文對僱主或艇主來說也是難以接受的，當中要求艇主為無領牌者負責罰款，而款額達 20 元。參考 1857 年租用貨艇的收費，租用大型貨艇每日最多只能收取 2.25 銀元、每程不可多於 1.5 銀元；中型貨艇每日只能收取 1.25 銀元、每程不可多於 75 先士[50]，20 銀元罰款是以上收費的多倍。政府的出發點是希望打擊僱用不良分子，以免海盜等渾水摸魚。但對於艇主是難以控制和不合理的，尤其是在僱用散工時，艇主須經常花費資源去確定工人曾否通過政府登記。加上若有散工是渾水摸魚之徒，艇主也不一定知道，條例令船主冒被罰之險。由於損害僱主和僱工的利益，實施這項條例卻引發 1862 年的罷工。

由於現存有關罷工過程的資料並不豐富，暫難評估政府的立場。但當時沒有大篇幅的文獻記載，而在僅有的文獻中亦無提及洋人對罷工的回應，故可推論罷工的規模有限。誠然政府在是次罷工因為採取堅定的立場而成功推行措施，藉以摸索工人的底線和評估措施帶來的風險，兩次罷工對於政府來說就是重要的經驗。可解釋為何在往後的兩次罷工，都沒有逼使政府因為群眾的反對而退讓。

2.3　工頭的領導角色

碼頭咕哩反對人口普查

　　由開埠到 1870 年近三十年，政府仍在人口監察方面尋求有效的途徑，雖然在 1870 年港督曾進行全面的人口普查，但礙於華人每逢時節都離港回鄉，到接近冬天時人口才穩定下來，令普查難以收集準確的數據。故此政府希望在 1872 年 10 月重做普查。另外，當時又考慮到庫房在 1860 年代常處於入不敷支的狀態，難以應付進行人口普查所需的資源，故除了希望透過條例強制所有人通過戶主登記之外，還要求繳納登記費用，以求在收支平衡的條件下完成全港性的人口普查 [51]。

　　1872 年 7 月 26 日，由於登記措施要求每人每月繳納 10 仙費用，導致咕哩罷工。停泊在海港的貨船無人搬貨，有洋商要到村落去招來多名村婦充當挑夫，但村婦卻害怕咕哩們會集結起來懲罰她們 [52]。兩日後報章指罷工令市面幾乎無可能招得咕哩運貨，有些貧窮的咕哩要充當車夫謀生，以免受罷工者折磨 [53]。有咕哩的同業組織通過署理總登記官向政府請願，同時宣佈在市面受罷工影響時，耗資 5,000 港元購買米糧轉售予同行，免他們受罷市的困擾，但政府仍表明請願不會受理。不過政府後來又將登記費用改為規定每 10 名住戶收取 5 港元，並要求由屋主包括咕哩館館主繳納費用，若未能繳納費用者則遭罰款 [54]，無疑將繳納登記費用的責任轉嫁到館主身上去。

　　雖然所擬費用減半，但卻令每人額外增加開支 50 仙。若一所咕哩館住有 50 名咕哩，即館主年內要向政府繳納 25 港元費用，這筆款項足以向政府繳納一年的地租。館主既又是工頭，他掌握工人的薪酬和攤分住宿開支，按理亦可在工人的薪酬扣除該登記費用，然而館主與工人之間又有同鄉之誼，50仙對工人來說又確不是少額金錢，條例將館主陷於兩難。因此對館主而言，既然過往曾成功透過罷工迫使政府取消條例收費，而工人素來對殖民地政府不滿，要在兩難中尋求出路，最好就是聯合工人罷工，希望可以迫使政府取消條例。不過，政府經歷過多次因為收納登記費用而引起的罷工，掌握到只要持堅定的態度實行擬訂的措施，就不受罷工威脅，人口普查得以如期實行。因此在1870年的人口普查之後，到1873年2月政府刊憲1872年重新進行的人口普查的調查結果[55]。

繳交登記照片激起碼頭咕哩不滿

重新進行的人口普查和經過修訂的人口登記方法，能協助政府掌握認為比以往更準確的人口數據。但在管治華人方面，完整的姓名、住址和職業名單對洋人不一定有幫助。尤其低下階層的華人不懂英語，用來登記的英文姓名由執行的政府官員代為拼音，同一人的姓名可有幾種拼法，加上中文多同音字，相同的英文拼音可代表多個同音不同字的姓名。若有華人犯案在逃，特別是在貨船上工作的咕哩，政府官員根本難以準確查辦。於是政府官員希望將個人照片加入工人的登記牌照內，可作辨認的用途，藉以加強監察華人社會的秩序。

1888年4月中旬，政府新訂《華僑管理條例》（1888年第13章）規定所有貨艇工人必須在申辦登記牌照時繳交個人照片以作識別，以及每年額外繳付25仙費用。措施引致四千名貨艇工人率先罷工。報章敍述如工人認為執行條例將為艇夫帶來的難處，因為艇夫所處於工作的貨艇並不固定，而是每星期都被安排到不同的貨艇上搬貨，若如條例所要求，每次轉換工作地點都須向總登記官申報、更改牌照資料和繳納 4 仙費用，對月賺 3 元的工人來說是不合理的。

　　當時的政府官員在工作報告內描述罷工事件時，首要指出罷工嚴重窒礙海港貿易和引致嚴重的恐慌 [56]。無論是報章抑或官方文獻，都用「大罷工」（Great strike ／ General strike）形容該罷工事件。在數日內其他咕哩加入罷工行列，艇夫恐嚇其他在舢舨和客船工作的咕哩要求罷工，或勸誘負責岸上運輸的咕哩加入，九龍倉的咕哩甚至冒被解僱的風險參與罷工，他們曾逼使煤炭業的咕哩參加。參考 1888 年的文獻紀錄，當年罷工中最活躍的是四邑咕哩，而各屬九龍倉和 P ＆ O 的汕頭咕哩和數千東莞籍碼頭咕哩原希望繼續工作，但因為怕受到四邑咕哩暴力威迫而不敢復工，因而要求警方保護 [57]。報章指同業組織所擁有的權力在罷工中起不可忽略的作用，各組織連夜舉行會議，並以堅果、餅和茶慰勞參與罷工的咕哩，罷工更號召車夫加入 [58]。一些本來不大拒絕復工的咕哩也被捲入罷工風潮，政府雖承認條例包含一些會引致咕哩罷工的條文，但同時警告咕哩如拒絕返回工作崗位，政府也不會理會任何申訴。

　　《華僑管理條例》所引發的罷工更可反映工頭在罷工中的主導角色。報章曾引述工頭或主管表示不反對向政府繳交照片，反令人覺得，如果工頭願意勸解艇夫返回工作崗位，應能阻止罷工 [59]。另有人批評政府應向工頭着手，因為他們是導致激進行動的重要人物。根據港督呈交給英殖民地部的報告，是次罷工由個別同業組織用各種威逼利誘的方式推動，形式包括向其他會館各支 400 元利誘參加，和威嚇其他籍貫的咕哩會館 [60]，甚至其他行業如人力車夫加入罷工 [61]。如前文分析，若咕哩館是工人會館，會館領袖便是咕哩館館主亦即咕哩工頭，即工頭在罷工中扮演一定的推動角色。因為以工人賺取的薪酬來說，除非一整所咕哩館的工人都願犧牲多個月的薪水，否則在工人當中只有工頭才有足夠的經濟能力向每間咕哩館支付 400 元，以利誘同業參加罷工。而若罷工能成功威嚇政府取消呈交工人照片和註冊費的要求，工頭可繼續享有自由調配工人的方便，儘管政府最後決定只收取工頭的照片，對他們來說實也無礙。正如當時的報章評論，咕哩的頭目是將工人運動推至激烈的人物，政府要考慮驅逐工頭，並建議社會應由商人成立專門提供貨物運輸的公司，以致工人不會受這些頭目煽動而發生社會動盪 [62]。由此可知當時的貨物運輸工作沒有由運輸公司承辦，工頭是運輸工作的承辦者，所以政府要擺脫多年來罷工的威脅，便要改變貨物運輸行業的運作，削弱工頭在行業中的支配能力。

1844 年的條例反映在開埠之初，工頭已獲得法律所賦予作為領袖的角色，政府在面對零散的華人分群，加上人口不穩定，須借助咕哩較信任的工頭或地保等人物，使登記措施順利推行。咕哩與工頭之間的同鄉情誼和信任可被政府利用，採取以華制華的管治手段。但是，1866 年的登記條例由不引致罷工，到 1888 年修例後變成引致罷工，反映這些措施都損害咕哩群體的經濟利益。工頭無論在法律上、人情上都掌握操控咕哩的權力，加上咕哩群體的地緣紐帶關係，工頭在罷工中發揮主導和動員的作用。這時期的罷工並不是因為勞資糾紛而引起的，而是因為基層華人不能理解和接受洋人意圖加諸他們身上的各種法制。條例對咕哩來說，最不能接受的是登記費用所帶來的經濟負擔；對工頭而言，當條例損害生意的利益時，他們可以利用龐大的咕哩群體去威脅政府放棄條例。隨着華人人口不斷增加，社會上的分群比過去複雜，政府仍需借助分群中具有勢力的人物去控制下層的社群，通過工頭代辦登記的措施繼續施行，讓工頭的地位得以鞏固。到 1895 年，政府因為登記制度而與民眾再起衝突，坊間仍指望能透過工頭改變難以收拾的殘局。

2.4 研究可順利推行的措施

　　人口主導政府在公共設施和城市發展的規劃，對維持社會秩序同樣重要，所以人口調查和登記制度是維持有效管治所依賴的方法。值得注意的是，在 1860 年代初，接二連三的騷動促使政府更關注社會秩序，1860 年《當押業條例》引起典當店罷市、同年《船艇註冊及管理條例》引起 1861 年艇夫罷工及 1863 年《車馬轎管理條例》引發轎夫罷工 [63]。然而政府的堅定立場雖然令這些條例在紛擾之後都得以施行，卻令華人感到政府漠視他們的訴求，加上亞羅號事件激起華人的敵視，華洋之間處於蹦緊狀態，洋人的人身安全受威脅，政府更須作出防範。

　　另一方面，隨着低下階層的人口增加，而以單身男性主導的人口維持其流動的特色，男女人口的比例仍維持在 3:1 至 4:1（參考表 4），具相當的流動性。加上自 1860 年，政府管理華人的範圍由港島擴至九龍，須有一套完善的方法協助政府官員掌握港九的人口數據。

　　於是政府頒佈 1866 年《維多利亞城戶口登記條例》[64]，將港島北岸劃分成 9 個區域，按住戶為單位登記的僱工包括家僮、廚子、保姆（Amah）、咕哩、更夫（Watchman）、園丁、馬車夫、馬僮（Horse boy）及艇夫等，

表 4：居港華人人口統計

年份	維多利亞城		村落		兒童	總數
	男	女	男	女		
1854	19,036	4,701	3,329	985	4,832	32,883
1857	27,967	7,542	2,518	728	7,586	47,341
1862	43,063	11,448	7,390	2,487	11,289	75,677

（"Trade and Population of the Colony", *Hong Kong Government Gazette*, 24 March 1855, pp.301-303, 6 March 1858, pp.1-3; *Hong Kong Blue Book v.1862*, Hong Kong, Noronha & Co., 1862.）

登記的內容包括姓名、年齡、受僱的技能（Particular capacity in which employed）、僱主姓名和地址，還有原居地。華工不能在未登記和獲發證明文件前受僱於任何住戶。這項措施要排斥長期居無定所的下層勞工，令政府容易掌握華人的人口資料，以監察社會秩序。為何同樣要執行登記的條例沒有導致咕哩罷工？除了因為登記措施只收納一次的 25 仙登記費用，而不需每年重新登記和繳納費用外，還因為條例仍然將登記的角色交予戶主，在咕哩館的戶主即咕哩工頭（householder）[65]。

在 1860 年代，來港投身碼頭咕哩行業的中國男子人數大幅增長，促使維多利亞城內聚集愈來愈多咕哩群體，而這些咕哩又須投靠在香港的同鄉工頭。這種趨勢可解釋為何政府在 1866 年實施針對維多利亞城的戶口登記措施。政府規定只能僱用已登記的僱工，如果咕哩工頭希望聘用散工，就要先確保僱工有固定的住址，最直接的途徑是將僱工帶到自己的咕哩館裏。於是政府要透過戶主統計人口和掌握華人資料，比開埠初期咕哩流動性較高的時候更為可行。

3. 小結

碼頭咕哩群體以地緣為基礎，凝聚成為多個互相融入和排斥的同業組織，產生了零碎的分群，令華人社群成為包含具有不同語言和身份認同的族群，結構複雜。這種群體特色增加了殖民地政府管治華人的困難，唯有期望通過硬性的登記措施掌握華人人口的資料。政府亦不能改變華人社會的狀況，只能借助華人群體的代表代政府推行現代法治，產生了民間傳統制度與現代法制並存但不相融的狀態，直至 20 世紀上半期，華人社群的凝聚基礎改變才有轉機。

由於咕哩流落異鄉的根本目的就是賺取工錢養活在本鄉的家人，所以貧窮是碼頭咕哩與政府之間發生衝突的主因。不過他們的抗爭缺乏號召的核心，所以最早的兩次罷工說不上是非常激烈，而他們為着抗爭的目標，只是一般人認為不着眼的幾十仙。隨着愈來愈多華工來港加入碼頭咕哩的行列，承包貨物搬運的生意更有前景。到 1860、1870 年代工頭和咕哩館成為行業的主流，這些行業中的領袖憑着掌握咕哩工作和生活的代理權，而得到操控的權力。從上文可見，當政府與咕哩發生衝突時，工頭或許為兩個原因而聯同咕哩以罷工作為抗爭，逼使政府收回成命。第一，他們可能為了維護直接的經濟利益；第二，可能基於他們與咕哩之間的同鄉身份，他們以擔保的方式把咕哩帶到香港，如果能扮演保護同鄉的角色既可鞏固同鄉對自己的信任，又可維持在鄉間更好的聲譽，以便將來招攬更多同鄉到其所經營的咕哩館，是一種生意上的投資。另一方面，洋商亦可利用這種形勢，借助罷工游說政府取消損害他們的經濟利益的措施，以鞏固貨物運輸生意，和作為與政府角力的籌碼。於是在此後，當政府與華人發生衝突時，要應付的除了有工頭和他們組織的咕哩群體之外，還有一班為了自身利益而立場搖擺不定的商人。

雖然洋人、政府官員和港督 [66] 都認為，政府在咕哩罷工時不應因為怕海港貿易停頓而作出讓步，反而要持更堅定的立場。港督甚至向殖民地部要求出動軍隊鎮壓罷工，但殖民地部始終沒有選擇採取強硬的手段去制止罷工，相信是考慮到洋人管治華人所潛在的種族矛盾和衝突，威脅洋人的人身安全和香港的聲譽。政府要應付的不但包括管治以華人為大多數的社群，還有中國局勢的不明朗可能所引發的排外情緒。1856 年亞羅號事件後，各階層的住港華人表現激烈，大量撤離返鄉，導致香港市面癱瘓 **67**，更有不少的衝擊洋人行動，除了著名的毒麵包案之外，還有其他放火傷人，甚至導致洋人命喪的案例 **68**。

縱觀以上措施的性質，在本章研究的時期，政府對管治華人的側重點在於維持社會秩序穩定，而達到此目的的途徑，就是不斷改善人口登記的方法和準確掌握人口資料。但政府似乎沒有準確預計低下階層的反應。從政府的角度看，咕哩罷工既造成經濟損失和社會動盪，亦令政府面對洋人的壓力，同樣重要的是政府面對激烈的罷工和騷亂時束手無策，並且未能預防和遏止謠言或煽動民族情緒的言論。所以到 19 世紀末，當政府要處理與碼頭咕哩有關的措施時，表現出比過往更保守的態度。不過，由於碼頭咕哩群體的複雜結構，包括工頭的操控權、鄉情所建立咕哩間的緊密凝聚和號召力，再加大了群體與政府之間的張力。加上秘密會社在華人社會中醞釀勢力，令政府在周詳的考慮下，仍不能避免官民之間的強烈衝突。到 20 世紀初政府仍在如此的困局中，下一章將繼續探討。

注釋

01. 何佩然，《地換山移：香港海港及土地發展一百六十年》，香港，商務印書館，2004 年，頁 34-36。

02. "Population", *Hong Kong Blue Book v. 1844*, Hong Kong, Noronha & Co., 1844, pp.101-102.

03. "Imports and Exports", *Hong Kong Blue Book v. 1845*, Hong Kong, Noronha & Co., 1845, pp.185-186.

04. "The stonemasons and other common labourers, composing the migratory population of the colony, have no fixed residences, but construct mat-houses in which they pass the nights and

cook their food near to the works upon which they are employed..." in S. G. Bonham, "No. 38, 12 March, 1849", in R. L. Jarman, *Hong Kong Annual Administrative Reports*, Slough, England, Archive Editions, 1996, p.95.

05. 陳翰笙，《華工出國史料匯編》，第二輯（英國議會文件選譯），北京，中華書局，1981 年，頁 20。

06. 顏清湟，《出國華工與清朝官員：晚清時期中國對海外華人的保護（1851- 1911 年）》，北京，中國友誼出版社，1990 年，頁 36-37。

07. 陳伯陶等纂修，《民國東莞縣志》，卷三十四、三十五（前事略），上海，上海書店，1933 年。

08. 余棨謀等修，《開平縣志》，卷三十四（人物），出版地不詳，出版者不詳，1933 年。

09. 陳翰笙，《華工出國史料匯編》，第一輯（中國官文書選輯），北京，中華書局，1981 年，頁 13。

10. "Report of the Commission Appointed by His Excellency the Governor to Enquire into and Report on the Question of the Existing Difficulty of Procuring and Retaining Reliable Chair and Jinricksha Coolies for Private Chairs and Jinrickshas", *Hong Kong Sessional Papers*, No. 47 of 1901, Hong Kong, Noronha & Co., 1901.

11. *The China Mail*, 1 November 1866.

12. "An Ordinance for Regulation of the Chinese People, and for the Population Census, and for other purposes of Police. (Ordinance No. 8 of 1858)", *Hong Kong Government Gazette*, 15 May 1858, Hong Kong, Noronha & Co., pp.2-5. 政府以戶口為單位，規定每幢樓房的業主或每艘船的船主，向總登記官申報住客資料並繳納稅款。

13. "Strike of Coolies", *CO129/ 206*, 25 March 1895, pp.536-553.

14. "Native Population in Hong Kong – Queen's Town", *Hong Kong Government Gazette and Friend of China*, 1842; "Population", *Hong Kong Blue Book v. 1845-1867*, Hong Kong, Noronha & Co., 1845-1867.

15. A. E. Wood, *Report on the Chinese Guilds of Hong Kong Compiled from Material Collected by the Registrar General*, Hong Kong, Noronha & Co., 1912.

16. Carl Smith and James Hayes, "Hung Hom: An Early Industrial Village in Old British Kowloon", in *Journal of the Royal Asiatic Society Hong Kong Branch*, Vol. 15 (1975), pp.318-324.

17. "Register of Squatters Licenses, 10 May 1867 to 17 January 1882", HKRS181-15, HKGRS; *Rates Assessment, Valuation and Collection Books*, Hong Kong, Public Record Office, HKRS38-2; 科大衛、陸鴻基、吳倫霓霞，《香港碑銘彙編》，第一至三冊，香港，香港市政局，1986 年。

18. Carl Smith, "Revd. Carl T. Smith's Notes on the So Kon Po Valley and Village", in *Journal of the Royal Asiatic Society Hong Kong Branch*, Vol. 23 (1983), pp.12-17.

19. "Report of the Commission Appointed by His Excellency the Governor to Enquire into and Report on the Question of the Existing Difficulty of Procuring and Retaining Reliable Chair and Jinricksha Coolies for Private Chairs and Jinrickshas", *Hong Kong Sessional Papers*, No. 47 of 1901, Hong Kong, Noronha & Co., 1901.（下文引用此項資料時簡稱 *"Report 1901"*）

20. *Report 1901*, p.81.

21. *Report 1901*, p.82.

22. *Report 1901*, p.89.

23. *Report 1901*, p.101.

24. *Report 1901*, Appendix B, pp.1-2.

25. *Report 1901*, p.31.

26. 《香港華字日報》，1897 年 7 月 6 日。

27. 有紀錄指廣東官員命團練威嚇鄉村的長老，要他們停止對香港的糧食供應，以及吩咐住港的鄉親離開香港，否則將淪為叛賊。E. J. Eitel, *Europe in China: The History of Hong Kong from the Beginning to the Year 1882*, Taipei, Cheng-wen Publishing Company, 1968 (Original edition published in 1895), p.319。

28. "Whereas to secure tranquility and good order in the Colony of Hongkong and its dependencies, and to prevent the resort thereto of abandoned characters and of persons without any ostensible means of subsistence it is expedient that a Registry be established of persons resident therein. Be it therefore enacted..." in *The Friend of China and Hong Kong Government Gazette*, 19 October 1844, p.544.

29. "Hong Kong", *CO129/7*, 6 November 1844, pp.198-217.

30. "We regret extremely that on this occasion, the Executive have not shown more firmness and determination. They have allowed themselves to be intimidated by the passive resistance of the Chinese to an obmxious act and they talk of a "seditious riot" as if there had been a bold attempt at an insurrection. Right or wrong the Ordinance was once passed and published in the Chinese language, and it ought to have been enforced. We fear that, the lack of firmness, which is in this instance so observable in our Rulers will only encourage the Chinese to other attempts at opposition to laws which do not happen to meet their approval, and supremacy of British authority will suffer in their estimation." in *The Friend of China and Hong Kong Government Gazette*, 2 November 1844, p.561.

31. *The Friend of China and Hong Kong Government Gazette*, 23 October 1844, p.548.

32. *The Friend of China and Hong Kong Government Gazette*, 20 November 1844, p.544.

33. "...if any person being Headman Contractor or other shall hire any or other persons Coolies or workmen not being previously resident in the Colony for the purpose of executing any work or service in the said Colony he shall be bound and is hereby required as soon as the said Coolies or workmen are landed in the said Colony to cause them to proceed to the said Office (Registrar General)" & "... all headmen or Tepos shall be bound to give a return when called upon by the said registering officer of the names and occupation together with the particulars hereinbefore set forth of all person residing in their respective villages or districts and shall specify in the said return the number of persons residing in each house..." in *The Friend of China and Hong Kong Government Gazette*, 19 October 1844.

34. 見梁廷枏（清）纂，袁鐘仁校注：《粵海關志校注本》，頁 565。原文：「道光十一年，奏准夷館看守門戶及挑水、挑貨人等，均由買辦代僱民人。惟愚民驚利鮮恥，且附近省城多暗曉夷語之人，若聽夷人任意僱用，難免勾串作奸，自應定以限制，並宜專以責成。嗣後每夷館一間，無論住居夷人多寡，只准用看門人兩名，挑水夫四名。夷商一人僱看貨夫一名，不許額名多用。其人夫責成夷館買辦代僱，買辦責成通事保充，通事責成洋商保充，層遞箝制，如有勾串不法，唯代僱、保充之人是問。仍令該管行商按月造具各夷商名下買辦人夫名籍清冊，送縣存案……」

35. *The Friend of China and Hong Kong Government Gazette*, 19 October 1844, p.544.

36. 根據《香港藍皮書》，1844 年英鎊與銀元的兌換率約為 4 先令 1 便士至 4 先令 2 便士兌 1 銀元（1 銀元等於 100 先士）。*Hong Kong Blue Book v. 1844*, p.120.

37. *Hong Kong Blue Book v. 1844*, Hong Kong, Noronha & Co., 1844, p.165.

38. Francis Scott, *Statements and Suggestions regarding Hong Kong, from the collection The Taeping Rebellion in China: it's origin, progress, and present condition: in a series of letters addressed to the "Aberdeen Free Press" and the "London Daily News"*, School of Oriental and African Studies (Reproduced from London Missionary Society/Council for World Mission Archives), 1850, p.31.

39. 陳翰笙，《華工出國史料匯編》，第二輯，北京，中華書局，1981 年，頁 24。

40. N. B. Dennys, *The Treaty Ports of China and Japan: A complete guide to the open ports of those countries, together with Peking, Yedo, Hongkong and Macao*, Cambridge, Cambridge University Library, 1867. http://www.china.amdigital.co.uk/collections/transcript.aspx?documentid=195797&sectionid=194274&imageid=195815&previous=1&searchmode=true.

41. "Population", *Hong Kong Blue Book v. 1844*, Hong Kong, Noronha & Co., 1844, p.102.

42. *The Friend of China and Hong Kong Government Gazette*, 6 November 1844.

43. N. B. Dennys, *The Treaty Ports of China and Japan: A Complete Guide to the Open Ports of those Countries, together with Peking, Yedo, Hongkong and Macao*, Cambridge, Cambridge University Library, 1867, pp.74-76.

44. "Government Dispatch No. 137", *CO129/78*, 28 November 1860, pp.325-329.

45. *Historical and Statistical Abstract of the Colony of Hong Kong, 1841-1930*, Hong Kong, Noronha & Co., Government Printers, 1932, p.13.

46. 參考《香港藍皮書》，每 1 英鎊 10 便士相等於 5 元。*Hong Kong Blue Book v. 1862*, Hong Kong, Noronha & Co., 1862, p.11.

47. *Hong Kong Blue Book v. 1862*, p.4; *Hong Kong Blue Book v. 1863*, p.4, Hong Kong, Noronha & Co., 1862, 1863.

48. "An Ordinance for the Registration and Regulation of Boatmen and others employed in Licensed Cargo Boats, and for the Survey of such Boats" *Hong Kong Government Gazette*, No. 47, 24 November 1860, Hong Kong, Noronha & Co., pp.251-253. . 條例名稱的中文譯本「大英香港總督同議事官一千八百六十年第十五叚律例議定是本港領牌貨艇人口註冊並開列在貨艇僱工人等遵依及司理人員隨時到艇查驗各則條款」。

49. 參考《政府憲報》登的中文及英文版通告。"Government Notification No. 85", *Hong Kong Government Gazette*, 30 May 1857, pp.1-2.

50. "Government Notification No. 85", *Hong Kong Government Gazette*, 30 May 1857, pp.1-2.

51. "8986 Hong Kong", *CO129/148*, 22 August 1870, pp.242-244; "7078 Hong Kong Circular", *CO129/150*, 17 July 1871, pp.64-73.

52. *Hong Kong Daily Press*, 26 July 1872.

53. *Hong Kong Daily Press*, 28 July 1872.

54. *Hong Kong Daily Press*, 31 July 1872.

55. "Census Returns of the Population of the Colony for the year 1872", *Hong Kong Government Gazette*, 15 February 1873, Hong Kong, Noronha & Co., 1873, pp.54-60.

56. "Hong Kong Annual Administrative Reports 1888" in R. L. Jarman, *Hong Kong Annual Administrative Reports, 1841-1941*, Slough, England, Archive Editions, 1996.

57. *The China Mail*, 25 April 1888, 26 April 1888; "Government Dispatch No. 158", *CO129/237*, 31 May 1888, p.534.

58. *The China Mail*, 25 April 1888.

59. *The China Mail*, 17 April 1888.

60. "Dispatch No. 158", *CO129/237*, 31 May 1888, p.22.

61. 同上註，p.27。

62. "Boatmen strike in spring (a great strike) on the part of some 4,000 cargo-boatmen, which caused much interference with the trade of the port and at one time threatened serious disturbance. The cause was a regulation, passed before my arrival in the colony, according to which each cargo-boatman, as the condition of obtaining a license, was compelled to provide (in addition to the fee of 25 cents per annum) a photograph of himself for the purpose of identification". in *The China Mail*, 25 April 1888.

63. E. J. Eitel, *Europe in China, the History of Hong Kong from the Beginning to the Year 1882*, London, Luzac & Company; Hong Kong, Kelly & Walsh, 1895; Republished by Taipei, Cheng-wen Publishing Company, 1968, pp.368-369.

64. "An Ordinance enacted by the Governor of Hongkong, with the Advice of the Legislative Council thereof, dividing the City of Victoria into Districts, and for the better Registration of Householders and Chinese Servants in the Colony of Hong Kong. (Ordinance No. 7 of 1866)", *Hong Kong Government Gazette*, 25 August 1866, Hong Kong, Noronha & Co., 1866, pp.336- 340.

65. "Every person being a Householder...furnish to the Registrar General the following Particulars to be kept in the Register of such district:...3rd The name, condition or occupation of any person renting any portion of the said House for any period not less than One Month...", in "Ordinance No. 7 of 1866", *Hong Kong Government Gazette*, 25 August 1866, pp.336-340.

66. 1888 年 10 月，剛上任的港督德輔在他的施政報告中批評，在香港如此的一個社區，政府在人們未修正他們以阻礙貿易威脅政府的態度之前，而修改條例是不智的。"... in a community of this kind, it would be unwise to amend the regulation until they had modified their attitude of combined obstruction to trade" in "Hong Kong Report on the Condition and Prospects of Hong Kong, by His Excellency Sir G. William Des Voeux, Governor, & C", *Hong Kong Sessional Papers*, No. 20 of 1889, 31 October 1889, Hong Kong, Noronha & Co., p.299.

67. N. B. Dennys, *The Treaty Ports of China and Japan: A complete guide to the open ports of those countries, together with Peking, Yedo, Hongkong and Macao*, Cambridge, Cambridge University Library, 1867.

68. 根據漢學家歐德里所述，1857 年洋人遇害的案件有被槍殺，有被在食物放毒和被發現斬首伏屍，甚至有 11 名輪船上的洋人和多名華人被假扮乘客的中國士兵謀殺，連他們所在的輪船都被縱火焚燒。E. J. Eitel, *Europe in China: the History of Hongkong from the Beginning to the Year 1882*, pp.310-311.

第三章

碼頭咕哩的生活環境與政府的防疫和反罪案措施

（1880 年代至 1900 年代）

到 1880 年代，碼頭咕哩群體仍處於不穩定的狀態，工作和生活條件惡劣仍引起不少社會問題。政府需要處理的問題比過去四十年更複雜，一方面難以控制和監察的人口引起社會動盪，另一方面持續增加的勞動人口直接造成居住環境擠逼和嚴重的衛生問題。在政府仍未就管治華人掌握有效方針的同時，又要面對新增而且急速惡化的社會問題，從 1880 年代至 1900 年代的多項修訂和新增的條例可見，政府像在就治安和衛生兩方面探索完善的方案。

上一章的研究顯示，由 1844 年開始至 1880 年代，政府透過不同的登記制度，希望藉掌握人口數據、住房登記和職業登記，監察低下階層的華人以維持社會秩序。這些措施大部分經歷過民間大大小小的抗議之後才能落實執行。觀察 1880 年代中至 1910 年代在香港出現的社會問題，卻反映政府在前四十年曾付出的努力，好像仍未達到預期的效果。儘管政府能執行登記措施，卻不能阻止日益嚴重的罪案，秘密會社在本地低下階層中滋長，也活躍於碼頭咕哩群體中，被洋人視為對人身安全的莫大威脅。

另一方面，19 世紀香港疫病頻生，先後有 1888 年的熱病和 1894 年的鼠疫，政府多歸咎於華人的生活方式，尤其是咕哩等低下階層的住房擠逼和衛生習慣。一方面在公共建設方面包括通風、供水和排污系統等，以洋人認為科學的方法改善公眾的居住環境；另一方面透過條例去控制住屋的規格和每所住房的居住人數。然而對於華人來說，洋人的衛生管理和住房規格等與他們習慣的生活方式格格不入，加上基層華人社群以來港謀生的勞工為主，他們並沒考慮久居於港，住房的質素並不是要這些人關注的問題。咕哩與洋人對住屋環境衛生持不同的準則，也成為衝突發生的導火線。

本章旨在探討 19 世紀末至 20 世紀初，仍以咕哩為主的基層華人社群，其生活環境所引致政府關注的問題、應對措施及其所引起的社會矛盾，以及總結 19 世紀香港政府在管治華人社群時所面對的主要困難。

1.　19 世紀延續的群體特色與就業情況

　　人口結構直接影響就業、住房、家庭和社會結構、社會秩序、衛生條件，甚至城市的規劃。19 世紀香港華人的人口結構，延續自開埠以來的特色，男女人口比例不平均，人口在中港兩地之間持續地流動。基層華人就業集中在某些行業，這種情況在碼頭咕哩群體相當明顯。而這些人口又因為職業的分佈而集中在港內一些區域，引伸更多在 19 世紀末至 20 世紀初不同的社會問題。

以男性主導的社群及就業情況

　　香港的人口結構經過近四十年之後，整體男女比例不平均的現象仍持續，大部分碼頭咕哩都是隻身來港的男性。在上一章的分析提到，香港的人口結構由開埠初期到 1880 年代維持男女人數差距很大的現象，這種現象在 19 世紀末仍然持續，並延續至 1900 年代。參考 1881 年至 1906 年政府的人口普查報告，適婚男女人口比例差距很大，差距最小為 2.96:1；最大為 3.42:1（參考表 5），即全港有三分之二左右的男性單身住港。1888 年港督德輔在施政報告中交代香港的人口時，首要關注男女比例不平均，尤其重視這種人口結構對香港預防疫症所帶來的障礙[1]。

表 5：成年男女比例（1881 至 1911 年）

年份	成年男子（人）	成年女子（人）	男：女
1881	91,452	28,041	3.26：1
1891	127,690	40,492	3.15：1
1897	144,858	46,247	3.13：1
1901	175,838	51,489	3.42：1
1906	188,853	63,764	2.96：1
1911	240,861	109,485	2.2：1

（"Census Return of the Population of the Colony on 3 April 1881", *Hong Kong Government Gazette*, Hong Kong Government, 8 June 1881; "Returns of the Census taken in Hong Kong on 20 May last from the Honourable the Registrar General", *Hong Kong Government Gazette*, Government Notification — No. 361, 22 August 1891; "Report on the Census of the Colony for 1897", *Supplement to Hong Kong Government Gazette 1897*, Hong Kong, Noronha & Co., 1897; "Report on the Census of the Colony for 1906", *Supplement to Hong Kong Government Gazette, of Friday, the 10th of May, 1907*, Hong Kong, Noronha & Co., 1907; "Hongkong Report on the Census of the Colony for 1911", *Hong Kong Sessional Papers*, No. 17 of 1911, Hong Kong, Noronha & Co., 1911.）

　　碼頭咕哩在香港沒有配偶，除了可以解釋為他們未婚之外，另一個可能在於他們沒有帶同配偶來港，形成港內家庭結構主要仍以單身男人為單位。但因為經濟條件所限，他們不能獨居一屋，只在工作地點附近尋求容身之處，與其他隻身來港的同鄉或同業聚居在同一屋簷下，同住於咕哩館內。由於這些到香港謀生的華人並非以港為家，在工作完成後便離港返鄉，成為早期香港人口具流動性的主要原因。這種現象使政府難以透過登記制度和人口普查等掌握人口的發展趨勢，而且對維持社會秩序和進行城市規劃方面都帶來阻礙。政府在 19 世紀末最重防疫和抗疫工作，政府官員在人口普查報告中討論香港人口時，亦將之與疾病的傳播相提並論 [2]。碼頭咕哩群體體現這種香港華人人口的特色，他們的生活環境與疫症的蔓延直接有關。

　　華工來自廣東省等地，其中最大部分人來自東莞、惠州、番禺、南海、新安及新會，咕哩也主要來自這些地區，另外還有來自潮州的咕哩。參考

1897 年與 1901 年人口普查的紀錄，這些居民在短時間內有明顯的增長。比較兩份年報所顯示廣東省各地來港的人數（參考表 6），雖然相距只有三至四年，但增長的幅度明顯。其中出生於惠州、新會和南海的人，來港人數的增長較大，而從這些地區來港的人口當中，男女人數相距甚遠，而又以男性的增長比女性的增長幅度為大；後者甚至出現負增長，其中包括東莞、番禺和新安。因此這些在 19 世紀末陸續遷移到香港的人口，並非舉家移民到香港，而主要是來港就業的男性。

表 6：原籍廣東省的居港人口（1897 年及 1901 年）〔單位：人（人數增長百分比）〕

籍貫	1897 年			1901 年		
	男	女	合計	男	女	合計
潮州	3,986	293	4,278	4,299 (8%)	332 (13%)	4,631 (8%)
東莞	17,724	9,366	27,090	20,235 (14%)	8,609 (-8%)	28,844 (6%)
惠州	12,617	3,442	16,059	15,290 (21%)	3,852 (12%)	19,142 (19%)
福建	未詳	未詳	未詳	841 (--)	247 (--)	1,088 (--)
番禺	16,894	10,527	27,421	18,271 (8%)	10,316 (-2%)	28,587 (4%)
南海	16,348	6,122	22,470	20,397 (25%)	6,824 (11%)	27,221 (21%)
新安	14,471	7,226	21,697	15,331 (6%)	7,081 (-2%)	22,412 (3%)
新會	15,251	3,034	18,285	18,074 (19%)	3,468 (14%)	24,542 (34%)
開平	4,004	773	4,777	5,358 (34%)	829 (7%)	6,187 (30%)
恩平	1,592	217	1,809	1,733 (9%)	180 (-17%)	1,913 (6%)
新寧（台山）	4,670	805	5,475	6,734 (44%)	1,049 (30%)	7,783 (42%)

（"Report on the Census of the Colony for 1897", *Supplement to Hong Kong Government Gazette 1897*, Hong Kong, Noronha & Co., 1897; "Report on the Census of the Colony for 1901", *Hong Kong Sessional Papers*, Hong Kong, Noronha & Co., 1901, No.39 /1901.）

另一方面，香港港口的擴充反映本地對碼頭咕哩勞動力的需求必有所增，與本地華人就業有直接的關係。《香港港海及海岸條例》（1866 年第 6 章）實施後 [3]，改變了以往港口只設於維多利亞城內的面貌 [4]，令香港海港的貨物流量有所增加。從 1867 年分別在香港仔、赤柱和筲箕灣增設港口之後，1874 年和 1888 年又分別在九龍增設港口於油麻地和紅磡，1899 年再增設深水埗及離島包括長洲及大澳的港口 [5]。綜觀 1860 年代至 1900 年代的趨勢（參考表 7），雖然進出維多利亞港的船隻數量減少，但在整體上總噸數維持增長，意味船隻噸位增加，帶動貨物的流量。同時，位於維多利亞城內的港口仍是本地主要的輪船進出港。

本地海港貨物出入口量持續增加，能吸引和吸納運輸貨物的工人，帶動從事貨物搬運行業工人數目的上升。從咕哩館的發展和華工就業的情況，可顯示海港貿易帶動兩者的增長和分佈。1880 年，在差餉記冊上記錄的咕哩工頭名單有 117 人；到 1885 年增至 123 人。原來的咕哩館主要集中在維多利亞城內灣仔至上環一帶；1885 年咕哩館的集中範圍向東延伸至皇后大道東及怡和街，咕哩館的業權主要由渣甸洋行擁有，並由不同的館主經營；灣仔道一帶的咕哩館由七所增至十一所；在中上環方面，中環德己笠街和上環鴨巴甸街是咕哩館的集中範圍。九龍的咕哩館由油麻地延伸至紅磡和深水埗。咕哩館所在的位置都是設置港口的區域，碼頭咕哩所聚居的地點多集中在工作地點附近。

另一方面，咕哩行業在華人的就業中，由 1870 年代開始居首三位，到 1891 年成為最多華人投身的行業（參考表 8），而且由 1881 年至 1891 年的十年間，從事咕哩的人數增加一倍半，由 6,935 人增至 17,531 人；其他的居首三位的行業分別是僕人和店員。意味持續移入香港的華人，主要從事非技術性的行業，到 1880 至 1890 年代初，更多華人從事咕哩一類較偏重勞動力

的行業，咕哩在華人的生計方面有相當的代表性。而他們的生活環境還直接
影響政府管治華人的政策。

表 7：進出維多利亞城內外的貨船統計〔單位：艘（總噸數）〕*

年份	維多利亞城內		維多利亞城外	
	入港	出港	入港	出港
1862	1,390 (600,029)	1,330 (655,281)	--	--
1865	1,778 (873,243)	1,141 (568,908)	--	--
1870	20,037 (2,362,578)	20,221 (2,202,457)	528 (25,100)	970 (37,982)
1875	18,260 (3,064,334)	18,478 (2,892,095)	1,530 (78,070)	1,522 (91,898)
1880	18,017 (3,602,323)	18,117 (3,467,861)	1,404 (122,270)	2,062 (157,275)
1885	16,307 (4,820,312)	17,534 (4,710,802)	1,667 (137,778)	2,962 (154,236)
1890	14,141 (5,620,329)	15,900 (5,519,029)	2,754 (214,464)	3,658 (255,109)
1895	14,919 (6,075,061)	18,927 (6,420,326)	4,455 (292,641)	3,871 (326,408)
1900	13,116 (7,400,268)	13,788 (7,286,091)	3,819 (281,551)	3,670 (285,699)
1905	15,738 (10,013,524)	16,078 (9,802,336)	4,236 (287,254)	2,338 (156,095)
1910	13,308 (10,378,890)	14,559 (10,147,930)	1,946 (110,362)	1,779 (105,770)

* 以上統計不包括壓艙物

（"Shipping", *Hong Kong Blue Books*, Hong Kong, Noronha & Co., 1862, 1865, 1870, 1875, 1880, 1885, 1890, 1895, 1900, 1905, 1910）

表 8：咕哩與華工就業統計（1876 至 1881 年）

年份 行業	1876	1881	1891
咕哩人數 （佔華工就業比例）	5,757 （11.5%）	6,935 （10%）	17,531 （16.9%）
華工就業人數排行	第三位	第二位	第一位
華工總數	50,198	69,220	130,194
華人人口	130,168	150,690	210,995
全港人口	139,144	160,402	221,441

（何佩然，《築景思城：香港建造業發展史 1840-2010》，香港，商務印書館，2010 年，頁 107。）

2. 碼頭咕哩群體引起新舊的社會問題

2.1 貧窮造成居住環境惡劣

對咕哩群體而言，經濟能力直接影響他們的生活條件，貧窮是疫症在這個群體中蔓延的重要原因。在 19 世紀的《政府憲報》曾刊載法庭判決的案件，其中涉及咕哩盜竊的案例屢見不鮮，然而有關的失物往往並非價值連城，例如執鐵條一枝、手巾一條、褲一條、墨魚些許、生薑、公用鐵喉一條、鉛管一枝、衣服一箱、香爐一個、大杉一條、青磚兩籮、竹帽四件、衣服一件、腰帶一條、銀叉一隻、銀匙兩隻、明褲一條、腰帶一條及扇刀一把等……[6]而被拘捕的咕哩會被判監禁入獄做苦工三個月；重犯入獄則服苦役六個月、囚於幽牢十四天，並監期滿前一天示眾六小時。這些例子在現代社會雖然並不合理，但對生活在 19 世紀香港社會的貧苦華人而言，卻是他們在監獄中取得溫飽的途徑。維多利亞監獄的主管甚至在工作報告形容，獄中的衣、食和住宿的條件比咕哩還要好[7]。由此可想像他們生活艱巨的程度。

圖 10

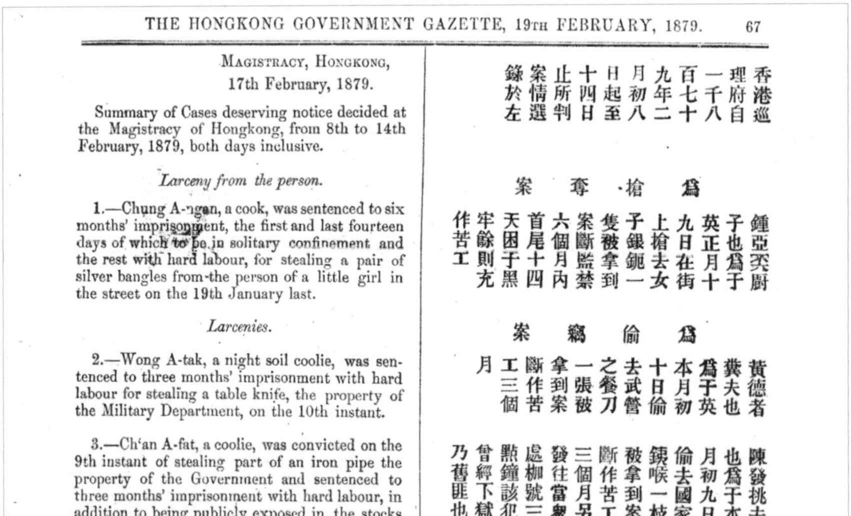

THE HONGKONG GOVERNMENT GAZETTE, 19TH FEBRUARY, 1879. 67

MAGISTRACY, HONGKONG,
17th February, 1879.

Summary of Cases deserving notice decided at the Magistracy of Hongkong, from 8th to 14th February, 1879, both days inclusive.

Larceny from the person.

1.—Chung A-ngan, a cook, was sentenced to six months' imprisonment, the first and last fourteen days of which to be in solitary confinement and the rest with hard labour, for stealing a pair of silver bangles from the person of a little girl in the street on the 19th January last.

Larcenies.

2.—Wong A-tak, a night soil coolie, was sentenced to three months' imprisonment with hard labour for stealing a table knife, the property of the Military Department, on the 10th instant.

3.—Ch'an A-fat, a coolie, was convicted on the 9th instant of stealing part of an iron pipe the property of the Government and sentenced to three months' imprisonment with hard labour, in addition to being publicly exposed in the stocks for three hours. The accused was identified as having been previously convicted and punished for a similar offence.

香港巡理府自一千八百七十九年二月初八日起至十四日止所判案情選錄於左

爲搶奪案

鍾亞奀厨子也爲于英正月十九日在街上搶去女子銀鈪一隻被拿到案斷監禁六個月內首尾十四天困于黑牢餘則充作苦工

爲偷竊案

黃德者糞夫也爲于英本月初十日偷去武營之餐刀一張被拿到案斷作苦工三個月

陳發挑夫也爲于本月初九日偷去國家銕喉一枝被拿到案斷作苦工三個月另發往當衆處枷號三點鐘該犯曾經下獄乃舊匪也

19 世紀的《政府憲報》刊載法庭處理的案例，當中與咕哩（挑夫、肩挑者）相關者多涉偷竊，失物多為非貴重物品。除了反映咕哩的貧窮程度之外，也可能是故意犯案而搏取在監獄中的「溫飽」。
（*Hong Kong Government Gazette*, 19 February 1879.）

微薄的收入促使咕哩通過不同的途徑省錢過活。他們只能選擇容忍居住環境擠逼，愈多人共住一所咕哩館，則愈能攤分住房和生活費用節省金錢。又如上一章分析，館主為要增加能夠從咕哩身上賺取的厚利，讓多名咕哩擠在狹小的咕哩館裏，令咕哩館居住環境擠逼。在 1907 年政府一份關於潔淨局工作的調查報告中，其中一個要解決的問題是政府應否強制在住房內建板間房，當時身為渣甸洋行助理買辦的何甘棠稱，香港華人所住的樓房一層需租金 20 至 30 元，如設板間房，則每間攤分租金為 4 至 5 元，因此對於月薪只有 5 元的工人來說，僅足繳付房租。若取締板間房，這些人將無力支付租金。渣甸洋行所僱用的咕哩在香港沒有家庭，就同住在由洋行安排的房子裏，房子裏沒有間隔，只放置多張床舖供咕哩作棲息，因為全都是男性，他們毫不介意沒有私隱 [8]。咕哩除了要面對房租的壓力之外，在日常生活方面也相當拮据，住房的條件根本不是他們需要考慮的事情。有咕哩為省金錢，夏季抵押冬季衣裳、到冬季贖回；冬季抵押夏季衣裳、到夏季贖回是常見的做法 [9]。

1888 年，居於港島西區的洋人向政府請願，申訴區內瘧疾嚴重，促使政府委派委員會進行調查 [10]。調查員經逐屋檢查後的結果指出，要改善瘧疾在區內傳播的情況，除了要考慮通風、排污系統和供水不足等因素之外，咕哩館普遍惡劣的居住環境亦成為重要的課題，住房內缺乏完善的廁所，居住人數多導致糞桶經常滿溢。糞夫將滿溢的污水掃至其他樓層，污水滲漏或流散到屋內的其他位置，造成鄰近的土地和空氣污染，情況相當惹人關注。調查後，委員會建議其中一個解決辦法是以專為咕哩而設的公用廁所，補充咕哩館內所缺乏的廁所設施，以改善他們以及鄰近居民的居住環境衛生。1901年，政府實行公共咕哩廁所的構思，在鄰近咕哩工作的地點建設公共浴堂及廁所，以求改善衛生情況 [11]。政府由 1902 年開始興建市內的公共浴堂，浴堂內備有熱水供應，主要供華人貧苦階層使用。分設於華人聚居的區域，包括灣仔、上環磅巷、第二街及常豐里，前兩處浴堂為男子專用、第二街的浴堂分設男女浴室、常豐里的浴堂只供婦女及小孩使用。灣仔的浴堂設於交加里鄰近貨倉集中的區域，為咕哩而設 [12]。港島西區既是咕哩館的集中地之一，區內的衛生情況自然會受咕哩館的影響。住港的洋人對咕哩和咕哩館感到厭惡，認為咕哩館是讓人噁心的，他們都是帶傳染病的低下階層 [13]。

2.2　　充斥暴力和罪案的華人社群

咕哩館與三合會的密切連繫

大約在 1880 年代中開始，三合會等秘密會社引起政府的密切關注，港督寶雲在施政報告上指出制定條例的逼切 [14]。1884 年警隊也注意秘密會社包括百合會和三合會在香港的活動 [15]，導致政府比以往更戒備的原因是三合會成員多集體帶同武器犯案，用暴力去威嚇其他居民。咕哩館也是三合會透過暴力威嚇入會的對象。由於咕哩工頭有掌控多名咕哩僱工的權力，三合會頭目為擴大自己的勢力，以咕哩工頭為招攬的目標。根據 1886 年 6 月 17 日咕哩工頭盧六（Lo Luk）在法庭上的供詞，他身兼轎夫和碼頭咕哩的工頭，曾遭三合會頭目李凡（Li Fan）到他位於上環歌賦街的咕哩館中滋擾和傷人。李氏要求他加入三合會，理由是他身為咕哩工頭，又謂該會已有數千成員。盧六拒絕，李氏向他勒索 25 元，盧六謂無此數額錢財，李氏進而恐嚇「你不加入我們不打緊，今晚六時我會和一些人前來把你的房子翻轉」。事後李氏帶同約一百名男帶同刀劍和竹槍闖入盧氏屋內，搶去錢財及刺傷屋中的咕哩，盧氏逃脫並往警署求助[16]。有些咕哩工頭和咕哩為了免受滋擾，必須選擇成為三合會的會員。參考工頭顏氏在政府調查委員會的聆訊中所述，幾乎每名初到香港的咕哩都一定要加入三合會，否則會捱打，他從潮州招得的咕哩因為不是三合會會員，所以有不少曾被具有三合會成員身份的咕哩毆打[17]。

根據倫敦傳道會在中國居住有三十年的查密斯（Dr Chalmers）向政府轉告，咕哩館是咕哩用以從事三合會成員聚會或賭博的場所，這些場所又以「館」或「閣」命名，而各館可以「義、合、同、和、勝」五字區分幫派。在西營盤有不少這些三合會場所，例如第二街就有「同義館」，是三合會成員聚集之地，更有與之連繫的「義利館」；第一街又有「發利館」，後來易名為「新萬勝」，這些消息來自一名因害怕被尋仇的華人，他指若不揭露以上的狀況，警察將難以執法[18]。

參考摩根（W. F. Morgan）研究香港三合會所得，「和」字頭與「同」字頭三合會組織在香港似有相當淵源，與查密斯所提出的五幫派契合，其研究更指出兩幫祭祀紅磡觀音廟和位於港島西區的土地廟[19]。讀宣統二年（1910 年）「重修觀音廟連建三約公立醫局碑記」[20]，在碑銘上所列捐獻者名單中，除有不少差餉記冊所記錄的咕哩工頭名外，也不乏以「館」命名的捐獻者名稱，當中也有不少名稱用「義、合、同、和、勝」字起首（參考表9）。坊間對於咕哩館與三合會的連繫像是街知巷聞，洋人在報章撰文表達支持政府透過登記群體的措施打擊三合會活動，尤其是福利社團、宿舍和咕哩館，這些機構是三合會的供養者（feeders），若政府透過登記監視這些群體，便可削弱三合會的勢力，亦可減低警隊面對的壓力[21]。三合會與咕哩行業間的連繫到 20 世紀仍延續下去，並跟隨着本地工人組織的演變和發展更密切的連繫。摩根的研究又顯示，1920 年代產生了三合會新的幫派「聯」字頭幫，該幫派其中一個分支活躍於油麻地、旺角及紅磡，是油麻地最有勢力的三合會組織，並集結了多個工人組織，其中包括碼頭工人組織集賢工會，這些三合會成員仍在每年觀音誕到紅磡觀音廟賀誕[22]。

同鄉咕哩有相當高的內聚性，以地緣紐帶關係為基礎，或以咕哩館為團結的核心。洋人律師也能指出，不同籍屬的咕哩聚集在咕哩館，他們進行鄉間的宗教儀式[23]，同鄉的宗教活動可以確認屬於成員的身份和加強鄉誼，是咕哩群體鞏固團結和連繫的方式。初來乍到的同鄉必須要到相同籍屬的咕哩館才能獲得工作機會，咕哩館不會幫助異鄉人找工作，各籍屬的咕哩館之間甚至互相杯葛[24]。參考總登記官所述，咕哩群體中以鶴佬人的內聚性最明顯，他們緊密地連繫在一起[25]。咕哩們很重情義，可暫時收留失業的咕哩住在館中，到他找到工作，才從工資中扣除生活開支，部分資金用於客死在香港的咕哩的喪葬[26]。

這種內聚和團結的力量對其他族群或咕哩館產生排斥，在報章刊登的集體毆鬥及用利刀、竹槓等武器襲擊的案件並不罕見[27]，工頭與工頭之間也有互相恐嚇[28]，甚至有咕哩用鐵鎚襲擊勸阻不合法行為的警察[29]，其團結和暴力正好為秘密會社所利用。在報章上所報導的咕哩集體毆鬥事件中，除以籍貫區分幫派外，亦以咕哩館為單位作描述：「鴨巴甸街有兩咕哩館爭執兩不相能洶洶欲鬥」[30]。也有不同族群的咕哩合作對付共同的敵人，例如1890年5月曾有廣府和汕頭咕哩團結起來，與香港碼頭貨倉公司的咕哩打鬥[31]。三合會可利用同鄉同業組織的團結，鞏固幫會的力量。

表 9：宣統二年「重修觀音廟連建三約公立醫局碑記」上記錄的咕哩館

館名	捐獻金額
興記館	四十元
富順館	五元
萬成館	五元
榮盛館	五元
合義館	五元
東興館	五元
有亨館	五元
廣泰館	三元
連枝館	三元
友安館	二元
和合館	二元
日隆館	二元
和馨館	二元
同樂館	二元
公信館	二元
義德館	二元
喜記館	一元
永樂館	一元
敍慶館	一元
肇明館	一元
朱道館	一元
合和館	一元
勝友館	一元
萬盛館	一元
安順館	一元
萬珍館	一元
安成館	一元
關道館	一元
義樂館	一中元

館名	捐獻金額
人安館	一中元
福勝館	一中元
合勝館	一中元
安榮館	一中元
義德館	一中元
瑞英館	一中元
協安館	一中元
玲記館	一中元
同福館	一中元
新盛館	一中元

（科大衛、陸鴻基、吳倫霓霞合編，《香港碑銘彙編》，香港，香港市政局，1986年，頁402-429。）

　　咕哩群體相當強悍，有政府官員指，1884年中法戰爭期間發生的大規模騷亂都是在這些館內策劃和號召的，這場騷動被當時的文獻紀錄形容為一場「香港前所未有的、有預謀的嚴重暴動」，政府曾出動武力制止[32]。而在騷亂的群眾當中，碼頭咕哩扮演主導的角色，他們團結罷搬法貨，報章記錄華商呼籲挑夫復工並提出可議工錢[33]，仍不能說服咕哩復工。碼頭咕哩試圖聯合人力車夫和轎夫拒絕為洋人工作，也有正運載洋人的人力車夫遭咕哩包圍，以喊叫「打！」作威嚇。一些準備上班的舢舨工人和貨船工人在海岸遭恐嚇，被阻止返回工作崗位。咕哩如一群暴民襲擊洋人，向洋人躲避的酒店投擲石頭等破壞門窗。由中環到西環一帶都處於騷動，報章形容咕哩好像在參與「革命運動」，暴徒公然挑戰坐在中區警署內的督察，用石頭由窗外擲到督察的頭上，也有中國人被石頭擲中頭部死亡。直至警員出動驅趕，眾咕哩分別逃往多所咕哩館裏去，不少警員遭襲擊受傷。

　　碼頭咕哩是依賴勞力生活的群體，流落異地，又面對言語不通的洋人政府，他們無從保障自己的生活，最好以暴力和威嚇的手段作為保護。加上同鄉團結，又有三合會作後盾，他們更敢於參與騷動，抵抗殖民地政府。

碼頭咕哩社團與秘密會社及辛亥革命

　　香港碼頭咕哩與秘密會社有密切的往來，而秘密會社是孫中山革命起義的中堅分子，可以想像這些低下階層可能曾經為革命起義效力。現存的研究中最多人提及的個案要算是革命分子楊衢雲在港集結數百名咕哩往廣州起義的歷史事件，這種說法是基於英國殖民地部的文獻所載，革命分子楊衢雲的後人亦在其家傳中記述，但關於幾百名咕哩如何招得卻缺乏詳細的討論。本研究認為可運用咕哩組織的特性為基礎，重構革命黨在香港招募革命分子的途徑。

　　由於革命分子在運送軍火和往起義前線打仗在在需人，有識之士能擔任起義的策劃者，但粗重的工作就需要勞動階層的加入，於是從事貨物搬運的咕哩可能大派用場。加上他們強悍，能勇於投身武裝起義。孫中山在籌劃廣州之役、惠州之役和潮州黃岡之役之前，都委派籍屬或業居當地的人物在香港招募人手和購置軍備。包括文獻所載的朱貴和丘四，業居於廣州，1894年負責協助革命黨由香港率領二百餘人到廣州準備起義，但在當地碼頭因洩漏風聲被捕並且就義 [34]；負責籌備 1900 年惠州之役的鄭士良、鄧子瑜都是惠州人；1907 年的潮州黃岡起義的統籌人許雪秋也是潮州當地人。這些起義的策劃都在香港進行，透過在香港的人際網絡，招募革命人員。而在香港的人際網絡也需依賴秘密會社和低下階層的華人。

　　楊衢雲曾任沙宣洋行的買辦，可利用買辦與貨物運輸行業的關係，透過為洋行提供搬運工人的中介人即工頭，招得該群咕哩。當時被揭發的咕哩向警方透露，楊氏通過另一革命分子朱浩，向被招的咕哩發放每人一元由香港往廣西的路費，另每人五角作口糧[35]。朱浩曾業居梧州，並在當地有人脈網絡，在起義之前幾年曾是香港船公司的合作伙伴，估計他與楊衢雲及咕哩之間的聯繫，是因為從事海港貨運行業而建立的。

　　香港的秘密會社亦與革命關係密切。在革命分子中，鄭士良與秘密會社素有往來。1899 年在香港結合三個會黨成立興漢會，合作策劃翌年的惠州起義。正如上文所述，19 世紀有不少的咕哩館是三合會會黨聚會之地，加上不同籍屬的工人又各自聚集於不同的咕哩館內，碼頭咕哩既不少為三合會會員，而三合會與革命成員又有連繫，不乏投身革命武裝起義的人物。參考馮自由所記錄的香港興中會革命同志，當中有籍屬惠州的工頭何松，在 1900 年惠州之役中與同鄉黃福，亦是三合會中資望最老者，駐守三州田大營數月，發難時分任軍中職務，解散後避走香港[36]，何松的咕哩館設於西環高街，1920 年與同行在西營盤創辦同德工會，是碼頭咕哩的同業組織。該工會在 1920 年代與民國政府關係密切，並與 1920 年代的罷工有密切關係。另一籍屬惠州的革命黨人曾捷夫，業居香港，是三合會首領。庚子年（1900 年）協助鄭士良聯絡會黨籌劃起義，惠州起義失敗後一直被清朝通輯，追捕十年不果，清朝在《香港華字日報》內刊登告示，指曾氏正匿藏於油麻地，並以二千元懸紅輯拿[37]。其姪曾儀卿同以香港為業居地，在三合會擁有權勢者，在惠州平海有追隨者甚眾，並號召當地會黨響應惠州之役。惠州三合會首領之一林海山，業居香港，在惠州之役中協助鄭士良[38]。19 世紀末香港的咕哩館與秘密會社及革命黨人之間的關係千絲萬縷，地緣紐帶關係一方面凝聚和團結同業的人，同時可將連繫的網絡延伸至鄰近的中國各地，擴大群體的影響力。由此推論，鄭士良和許雪秋曾憑藉香港工人群體的特色而籌置起義所需。因此，結合革命歷史與 19 世紀末至 20 世紀初本地工人的群體特色，可助掌握更多關於香港在革命中的角色和具體情形。

至於碼頭咕哩為何參加革命起義？港督在殖民地部的通信中指，1895 年正要偷渡往廣州起義的咕哩，以為正要受清朝軍隊招募為士兵，而被徵召參加革命起義，他們並沒有參與非法活動的動機。咕哩群體的團結依賴地緣紐帶關係，從而凝聚起來動員各種社會運動甚至是騷亂。不少學者研究中國其他城市例如上海的工人，在討論他們參與政治時，同樣指來自中國其他地區的工人，其鄉土連繫與動員的關係 [39]。然而，工人與政治之間的關係是難以確定的，因為他們大多數都沒有清晰而宏大的政治目標，容易被不同的政治黨派煽動和操縱。就香港的咕哩群體而言，既可能受煽動或誤導，也可能因為希望保護鄉間的家眷，所以參與在當地發起的武裝起義。他們也可能希望支持新政權，推翻滿清政府，扭轉在鄉間得不到溫飽的威脅。本研究透過討論工人投身革命的途徑，窺視咕哩與革命起義的關係，為下一章討論咕哩組織與民國政府的關係，以及這些組織引起殖民地政府的憂慮埋下伏筆。

3. 碼頭咕哩與殖民地政府的社區管理

3.1 針對低下階層社會秩序的措施

從上文的研究可知，三合會及秘密會社傾向招攬低下階層的華人，在中國和海外殖民地的華人社會也有相似的特色。全漢昇研究中國行會指出近代長江流域的青幫苦力群體其實是包運糧食的土匪 **40**；〈19 世紀新馬華人社會中的秘密會社與社會結構〉指出，離鄉到海外謀生的華人，尤其是被賣的咕哩，因為不識字，在異地中沒有安全感，又不熟悉洋人的法律，而且往往受到不公平的對待，所以很容易靠攏秘密會社，但加入後卻身不由己，參與敲詐和勒索。因此當地的秘密會社權力可以擴大至控制運送苦力貿易的經營，甚至直接擔任掮客的角色 **41**。19 世紀的香港咕哩群體不但與三合會直接有關，更活躍於集體暴力和罪案活動。

三合會在香港的活動，最早可以追溯至 1845 年之前，香港政府在 1845 年已訂定《制裁三合會及秘密會社條例》（1845 年第 1 章）。後來修例加重對三合會成員刑罰（1845 年第 12 章）。除監禁外，最重的刑責是驅逐離港，如被驅逐者再次入港，將被終身流放至其他英屬的地方並監禁 **42**。但這些只是初期的防範措施，歷史卻反映政府並沒有將三合會和秘密會社視為重要的社會議題，又或防不勝防。正如前文所述，三合會成員潛藏在華人低下階層當中，警隊也不察覺咕哩館是三合會成員聚集之地，直至在 1880 年代發生嚴重的集體暴力和騷動事件，政府才重新關注三合會和秘密會社對社會秩序的影響。因此到了 1880 年代政府才再次針對三合會修改和訂定條例。

參考 1887 年警隊向定例局提交的統計數字，1878 年至 1887 年平均每年的犯罪個案有 7,438 宗，在警隊所定義的嚴重罪行中，以盜竊罪的犯罪率最高，平均每年有近二千宗；第二是強行霸佔，每年有三百宗左右；入屋行劫案平均每年有七十宗以上。涉及性命安全和暴力的案件亦相當嚴重，包括平均每年近九百宗襲擊案、超過五十宗綁架案及四十宗持械行劫案 **43**。因此，定例局除了在 1887 年修訂 1845 年《制裁三合會及秘密會社條例》，以《三合會及非法會社條例》（1887 年第 8 章）取代 **44**，即政府不再視三合會為「秘密」會社，而與「非法」會社等同。同時訂定兩項同關的條例，包括《軍械條例》（1887 年第 6 章）禁止在向總登記官申領護照之前持械 **45** 和《防止犯罪條例》（1887 年第 11 章）**46**。其中「軍械」包括火槍、刀劍、矛槍和其他可致命的武器。政府在頒佈《三合會及非法會社條例》之後，警方首次公佈在香港因與三合會連繫而被拘捕的個案數字，在 1888 年共有 455 宗，佔該年總犯罪數字（3,905 宗）的 11.7%**47**。然而，1887 年的條例未能壓止三合會等非法組織在香港的滋長。所以在 1920 年政府需要再修例訂定新的《社團條例》（1920 年第 8 章），加強對社團的監察，和授權官員逐一調查社團，以及定義為是否三合會或非法組織，再決定是否批准該登記申請，從而擴大政府控制社團登記的權力。

3.2　碼頭咕哩與抗疫

碼頭咕哩社群是疫症的重災區

過往的研究在討論到 19 世紀香港居住環境衛生時，尤其當談及 1894 年的鼠疫在太平山街一帶爆發，往往只以華人聚居在該區作解釋，籠統將疫症爆發的原因歸咎到整個華人社會。當討論 19 世紀其他疫病在香港蔓延時，同樣歸納為華人的衛生問題。本研究發現華人人口的結構、職業和地域分佈，與疫病嚴重的區域可能有直接的關連。

1894 年 5 月在鼠疫爆發之後，定例局討論可改善香港衛生的方案。其中一項是同年 6 月通過的條例，授權政府官員入屋巡查、關閉甚至拆毀有人感染疫症的整幢樓房或部分樓層 **48**。參考條例附件中擬第一輪需要清拆的房屋，對照差餉記冊的咕哩館地址，當中包括不少位於皇后大道西、西環的高街、第二街、連接第二街的常豐里、及灣仔東隆里的咕哩館。雖然政府即時採取抗疫措施，但鼠疫持續不斷。1896 年，醫務官統計在 1895 及 1896 年罹患鼠疫人數最多的衛生區域（Health Districts），包括第二區即灣仔一帶、第四區即中至上環一帶、第五區主要是上環、第七區主要是西環、石塘咀一帶；其他區域包括山頂、筲箕灣、香港仔、赤柱、九龍角、紅磡及油麻地 **49**，除了山頂和赤柱之外，那些最多人罹患疫病的地點都是咕哩聚居的區域，足以聯想咕哩的居住環境與疫症的關係。

根據 1882 年《柴維克報告書》形容，華人男性勞工住房沒有廁所設施，他們要光顧收費的公共廁所（收費為一至兩文錢），只有經濟條件較佳的房子才有廁所。華人婦女及小孩通常在床底置痰罐作如廁之用，咕哩館內沒有女性居住，沒有廁所設施，連痰罐都沒有。供水的情況亦不理想，維城內一般住戶如要取得水源，便要往公共水喉取水或取山澗水，或向挑水夫購買井水。在西環購買井水的費用為每 1,000 加侖 3 仙令 9 便士，相等於差不多一元 **50**。參考何佩然的研究所得，1891 年每日人均耗水量為 15 加侖 **51**。而如果一所咕哩館住有五、六十人，即每日要消費近一元購買井水，每名咕哩每日要攤分 2 仙買水的費用，按當時日薪 16.5 仙工資，超過收入一成，貧窮的咕哩定會取節省金錢而捨清潔衛生。

擴闊居民的居住空間是洋人經常考慮的方案。在定例局會議上，其中一項具爭議性的項目是應否在條例上加大強制佔有空間的範圍，其中署理輔政司反對議案，因為咕哩已正負擔高額租金，政府應保障他們的權益。在會上檢控官隨即反對，並引述政府當年的鼠疫報告指，咕哩在咕哩館內只睡在地上，每名咕哩就寢，頭部竟與相鄰咕哩的腳只相距 6 英吋 **52**，應透過修改條例令每名咕哩的空間增至 18 吋，議案受大部分官守議員反對而不獲通過。

在探討疫病爆發的原因和解決方法時，醫務官指出咕哩館的居住環境是最需要改善者，其中一項理據是罹患鼠疫的咕哩多赤腳外出，鞋和襪都不穿，是導致大量咕哩感染疫病的渠道之一[53]。另外，華人拒絕接受西醫治療也是令疫症難以控制的原因。醫務報告指在咕哩之間流傳的西醫院相當恐佈，導致咕哩不敢往求診[54]。另何啓亦指咕哩不願往政府醫院（Government Civil Hospital）就醫，因為醫院向華籍病人每日收費一元、洋人每日收費三元，對咕哩來說收費昂貴。他們甚至會因為怕被解剖驗屍而不願到醫院求診，在醫院工作的咕哩告訴同鄉不要往醫院就醫，以免被解剖驗屍[55]。

然而政府通過條例強制咕哩等低下階層改善居住環境衛生，面對不少困難。低下階層華人能夠承擔租金的能力，往往令政府難以透過強制的措施擴闊居住空間。華人不一定認同要為擴闊居住空間而承擔更多租金的壓力，據1907年潔淨局調查委員會的紀錄，當時政府希望透過立法限制設置板間房，供詞中指出若政府實施這項措施，華人會寧願離開香港到廣東其他地方去，因為當地的房租只相等於香港房租的十分之一，而所租得的房屋面積比香港更大[56]。咕哩實也無力支付更高的租金，因此華人住屋內密集的板間房與人均居住空間的問題，在鼠疫爆發之後未能得到完滿的解決。

1894年鼠疫爆發之後，疫症問題經過多年仍未得到解決，在往後的鼠疫報告中，醫務官仍然以華人居住環境擠逼解釋疫症嚴重的原因。若仔細研究這些報告的資料，可進一步了解華人社會中有哪些特色與疫症最有關係。為便於監察香港各區的衛生情況，政府將香港和九龍分別劃分為10個衛生區域（Health Districts）和9個分區，觀察這些地區的人口結構，可推論疫病與咕哩的居住環境關係密切（參考表10）。1897年在維城內最多華人聚居的地區是區域9即西營盤；其次是區域4及5即上環一帶、然後是區域2即灣仔至花園道一帶。這些區域的男性人數比其他區都高，而且到1911年的人口增長都較其他區域明顯。同樣重要的是，這些區域都是咕哩聚居和最多碼頭貨倉的所在地。參考 1904 年的鼠疫報告，西營盤是人口最多最密集的區域，鼠疫蔓延的情況最為嚴重，社區因為怕受牽連，而將患者的屍體棄置在街上和山邊，甚至投入維多利亞港。在維城中發現最多鼠疫病患的屍體的位置正位於西營盤；在九龍方面，油麻地及紅磡的情況最嚴重。這些屍體當中，仍以男性屍體為大多數[57]。根據 1903 年堅尼地城醫院的統計，在疫病爆發時，鼠疫患病咕哩人數（119 人）佔病人總數（282 人）超過四成，咕哩於瘟疫的死亡率近八成（93 人）[58]。由此可見，較高的病發和死亡率與其經濟能力、生活條件和衛生習慣也有直接的關係。

政府的抗疫措施

從廣東省各地隻身來港暫居和就業的男性，因為家人都在鄉間，所以在農曆新年、清明等節日都離港返鄉。鑑於低下階層的華人在中港兩地之間的流動，反映傳染病透過海路交通傳播和蔓延的可能性高。1894 年香港鼠疫的醫務報告指，在 1893 年至 1894 年間有近四萬名咕哩由鄰近的中國省份移到香港，這些移民是將疫病帶入香港境內的媒介。

政府在 1879 年已訂立《商航條例》（1879 年第 8 章），列出規定外來船隻接受檢疫的條文，但該條例只禁止有傳染病患者的船隻進入維多利亞港，直至政府醫務官發出可進港的證明為止，沒有設檢疫站[59]。鑑於來往中港兩地的商船漸趨頻繁，促使兩地之間的人口流動比過往更頻密，不能再將帶有傳染病的船隻停留於海面。根據定例局的會議紀錄，1891 年來往中國內地與香港的舢舨船有 350 萬噸，共載有 58 萬 7 千人次在船上工作的人，包括咕哩，以及 23 萬 8 千人次的乘客，年內合共超過 80 萬人次[60]。而本地一直受天花、

表 10：按衛生區統計的人口分佈（1897 及 1911 年）

區域	1897				1911			
	男性人數	女性人數	男女比例	華人人口總數	男性人數	女性人數	男女比例	華人人口總數
維多利亞城								
黃泥涌谷、東角、怡和街、灣仔道	5,737	1,956	2.93：1	7,693	7,721 (34.6%)	4,285 (1.19%)	1.8：1	12,006 (56.1%)
灣仔至花園道，南至寶雲道、北至海岸	15,796	5,306	2.98：1	21,102	18,21 (15.3%)	7,417 (39.8%)	2.46：1	25,629 (21.5%)
中環至堅道	3,370	830	4.06：1	4,200	5,153 (52.9%)	2,940 (254.2%)	1.75：1	8,093 (92.7%)
雲咸街至卑利街，南至堅道、北至海岸	15,663	7,553	2.07：1	23,216	20,900 (33.4%)	10,344 (37%)	2.02：1	31,244 (34.6%)
卑利街至上環東街，南至堅道、北至海岸	13,370	8,334	1.6：1	21,704	17,241 (29%)	8,436 (1.2%)	2.04：1	25,677 (18.3%)
上環	12,871	3,787	3.4：1	16,658	16,675 (29.6%)	4,761 (25.7%)	3.5：1	21,436 (28.7%)
東邊街以東至石塘咀，南至般咸道、北至海岸	11,243	4,740	2.37：1	15,983	15,657 (30.3%)	6,431 (35.7%)	2.43：1	21,488 (34.4%)
西營盤	14,123	4,407	3.2：1	18,530	17,558 (24.3%)	5,167 (17.2%)	3.4：1	22,725 (22.6%)
西環東邊街、皇后大道西、高街及薄扶林道	17,067	6,774	2.52：1	23,841	22,125 (29.6%)	9,772 (44.3%)	2.26：1	31,897 (33.8%)
皇后大道西、薄扶林道、堅尼地城、般咸道	5,914	1,432	4.13：1	7,346	10,661 (80.3%)	6,812 (375.7%)	1.57：1	17,473 (137.9%)

區域	1897				1911			
	男性人數	女性人數	男女比例	華人人口總數	男性人數	女性人數	男女比例	華人人口總數
九龍								
分區 I：尖沙咀					796	101	7.88 : 1	897
分區 VI：柯士甸道至紅磡及鶴園					6,819	3,096	2.2 : 1	9,915
分區 IX：紅磡至舊英界					3,274	1,448	2.26 : 1	4,722
分區 II：尖沙咀中至羅便臣道以西					3,097	1,196	2.59 : 1	4,293
分區 III：油麻地					12,212	6,953	1.76 : 1	19,163
分區 IV：旺角咀					7,163	3,887	1.84 : 1	11,050
分區 V：大角咀					2,489	1,342	1.85 : 1	3,831
新九龍								
分區 VII：九龍城					4,051	3,255	1.24 : 1	7,306
分區 VIII：深水埗					3,948	2,370	1.67 : 1	6,318

* 括號內為人口上升的百分比

（"Report on the Census of the Colony for 1897", *Supplement to Hong Kong Government Gazette* 1897, Hong Kong, Noronha & Co., 1897, p.CXLV; "Report by the Medical Officer of Health on the Epidemic of Plague during the halg-year ended 30th June 1901", *Hong Kong Government Gazette*, 21 September 1901, pp.1603-1637; "Report of the Acting Medical Officer of Health on the Epidemio of Plague in the Colony of Hongkong During the Year 1904", *Hong Kong Government Gazette*, 2 June 1904, p.807; "Report of the Head of the Sanitary Department", *Hong Kong Administrative Reports v. 1909*, Annex K, Hong Kong, Noronha & Co., 1909, pp.k9-10; "Report on the Health and Sanitary Condition of the Colony of Hongkong for 1898", *Supplement to Hong Kong Government Gazette* No.31 1 July 1899, Hong Kong, Noronha & Co., 1899, pp.i-xxx.）

霍亂等傳染病困擾，頻繁的商航是促使疫病在兩地之間傳播的渠道。1891年政府擬條改《商航條例》，設立檢疫所，規定將患有傳染病的乘客送往檢疫所隔離。但當時推行檢疫所遇到困難，有定例局議員在會議上指，被安排暫住昂船洲檢疫所的中國咕哩不願被暫時拘留，以殺死檢疫所的醫生作要脅 [61]。

在華人的住房方面，1891年定例局通過《潔淨局條例》的附例，希望透過公寓（Common Lodging House）房東，包括咕哩館館主填表登記，以控制公寓的居住人數和建築材料。總登記官在同年的工作年報中評論該條例稱，華人已知政府擬實施公寓的登記措施，居住在咕哩館的咕哩雖然明白條例的用意，並且知道不收登記費用，但仍強烈反對。總登記官預計若政府即時執行該條例，幾乎可肯定會引致咕哩罷工。罷工一旦發生，除了會損害港口貿易的利益之外，咕哩一類貧苦階層也會因為手停口停而蒙受損失。因此他認為政府應推行謹慎漸進的政策（to adopt a Fabian policy），將推行的時間延遲一年以作詳細的考慮 [62]。於是政府在翌年7月21日公佈暫緩執行該條例 [63]，直至1894年鼠疫爆發之後，政府在同年12月才公佈1895年1月1日正式實施 [64]。

在1894年5月至10月香港鼠疫爆發之後，政府官員確定咕哩館內的擠逼和衛生條件差，是疫症蔓延的主要原因，定例局擬透過推行在1892年擱置的公寓登記措施，包括控制咕哩館內住宿的人數，以改善稠密與不衛生的居住環境。參考該條例的內容，館主在執行上擔當重要的角色和責任，除了要向總登記官填報住戶資料，包括咕哩館的位置、寓所內間隔的房間數目和每間房的容納人數之外，填報之後須交由潔淨局調查員上門調查，和確定寓所的衛生情況合格，再經總登記官批核。條例對於寓所的建築材料如地板需用瓦或水泥鋪設、排污系統、廁所、廚房、水源等都要符合潔淨條例的規定。館主更有其他監管的刑責，包括確保十歲以上非夫妻關係的男女不共住一房、館內不住有壞分子、每所房間的窗戶每日至少開四小時以保持空氣流通、每年農曆年中及歲尾用石灰清洗全屋各一次、要每日打掃房間走廊和樓梯一次、如屋內有人患上傳染病，館主負責通報衛生官員，並要其他居民撤離該屋及容許政府官員銷毀患者曾使用的一切床舖和用品[65]。政府對執行該條例的態度相當嚴厲，在開始實施後，有鋌而走險的工頭董氏，因為沒有註冊咕哩館而被發告票，後又因抗票而被驅逐出香港[66]。

到 20 世紀初，居住環境擠逼仍是疫病蔓延的主要原因，華人低下階層的生活條件令預防疫病爆發的工作難收果效。因此在多項有關改善環境衛生的條例實施後不久，政府在 1902 年草擬、1903 年實施《重訂公共衛生及建築物條例》（1903 年第 1 章），試圖通過限制建築物的規格改善華人的居住環境，希望提高本地社區抗疫的能力。香港到 20 世紀初仍受疫病的困擾，意味貧苦的華人若未能提升支付房租的能力，只能繼續生活在稠密的居住環境內，香港的疫症問題亦難得到完滿解決。

3.3　　咕哩館登記措施與工頭的衝突

公寓的登記制度並不受咕哩館館主歡迎，不少館主拒絕登記。1895 年 3 月 25 日《華字日報》報導，警方根據 1887 年《潔淨條例》（1887 年第 24 號）第 73 條[67]，向二十至三十名咕哩館館主發出告票，控告館主沒有登記所經營的咕哩館，引發咕哩罷工。根據當時的報章所述，工頭以金錢或供應每日的米糧吸引咕哩參加罷工，而又因罷工可得假期，咕哩都在毫不考慮之下加入罷工的行列[68]。數日之後舂米工人也加入罷工聲援咕哩，另有不願就範的館主逃離香港。雖然報章指政府因罷工而註銷對該二十至三十名館主的告票[69]，但政府的表現相當強硬，首先安排數百名軍人取代咕哩搬運貨物，又向洋商承諾如缺乏運貨工人，政府可代安排[70]。另一方面，政府又宣稱可略為修改條例，但可能會向業主追究住戶沒有登記的刑責，如果咕哩堅持不復工，政府將輸入其他港口的咕哩代替[71]。

在商人方面，華、洋商人召開會議商討面對咕哩罷工的對策時，指出咕哩罷工起初的導火線是，館主散播謠言指政府向咕哩徵收人頭稅，使咕哩誤以為真，恐會因為政府徵收人頭稅而令屋租昂貴，然而在條例上根本沒有任何要求收費的條文；另外，咕哩認為華人視妓女為最下賤的人，他們不能接受妓女不用個別領牌，但咕哩要個別領牌，感到被羞辱；他們又認為政府過往曾要求人力車夫登記，登記後要車夫戴上有編號的臂章，估計政府也會在他們身上推行相同的措施，令他們變成囚犯一般，所以不能接受[72]。因此罷工的咕哩聲明，政府必須派發聲明單張，承諾不會向工人徵收任何個人的登記費用，否則不會復工。由於華、洋商人在短短數天內，生意各已虧損二十餘萬，而工頭亦已逃離香港。集合商議解決方法之後，向輔政司提出建議。他們認為要咕哩復工即要爭取他們對政府的信任，故一方面勸政府按照咕哩的要求，刊登聲明；另一方面考慮由業主代住客註冊。有部分洋商亦在西商會會議上提議，從其他地方招聘二、三千名咕哩代替[73]。結果以上兩項要求都遭到政府人員的拒絕。當時態度最強硬者為港督和警司梅含理，他們認為罷工是極嚴重的事件，政府更不能姑息威脅的行為。反而進一步威脅咕哩，揚言各地如日本和汕頭的挑夫合共數千人已回覆政府願來港搬貨[74]，政府不會因為咕哩罷工而退讓。事實上，港督在呈交予殖民地部的書信中，直指商人為顧自己的利益不適時介入，在未經與政府有共適之前誤導咕哩，以致罷工事件惡化。他強調雖然商人透過輔政司駱克建議解決的方案，但他從沒有向罷工屈服，並已向罷工的煽動者下驅逐令，並聯絡駐守九龍城的軍人，預備出動阻止罷工，另撥償金一千元獎勵舉報罷工領袖的人。他認為罷工能告平息是因為政府一直持堅定的態度[75]。但據報章所載，華商等曾通過地方練目發放政府非要收人頭稅的消息，工頭開始陸續往登記[76]，爭持約三星期終告平息[77]。

1895 年的咕哩罷工事件反映香港殖民地管治的特色。從罷工表面針對的對象而言，咕哩要面對的經濟壓力是導致他們易受謠言煽動的基本原因。有咕哩申訴在措施執行之後，每人每月的住宿費由每月兩毫或兩毫半增至一元，而他們的工資在 1895 年前後多年都沒有明顯增加，而當時月薪最低可低至五元左右（參考表 11），一元住宿費用佔了收入兩成，如咕哩每月將月薪的一半匯返鄉間供養家人，再扣除住宿費用、登記費用、咕哩館內初一、初十五拜神的開支，所餘無幾。不過，除了咕哩因為經濟壓力和受煽動而參加罷工之外，事件也反映他們較基於意氣、對政府的猜疑和誤解而加入。

罷工展示工頭對咕哩具有更大的影響力。由於工頭即館主本身要維護經營咕哩館的利潤，監控人數本身就損害館主的利益，除非館主將住屋的成本攤分轉嫁到咕哩身上去；加上條例所給予的責任繁重，館主要決定由何人每日進行清潔、如何監管房間內是否未婚男女共住一室、如何舉報同住的鄉里患病被逼停工和被送進醫院，在經營成本的角度看難以接受。因此，在面對不利的政策時，工頭可在數天內召集咕哩，加入罷工的行列，跟隨他們對抗政府，也有一些工頭選擇逃避離開香港。洋商向港督陳述罷工的狀況時謂「華商並非咕哩推舉之人，在商等（洋商）久欲得其頭目面言，無如其人早已離港引避，商等亦欲得平日與咕哩相洽之人，或能駕馭咕哩之人，籌商一切，並深悉因何停工之故，既經極力訪查查不知其底蘊，然揣度其情，若輩（咕哩）實恐政府行此新例而挾制之⋯⋯」[78]反映工頭在碼頭咕哩群體中的權力坐大，如政府調查衛生的官員指出，咕哩對工頭為他們提供住宿懷感激之情，甚至視工頭為他們的所有，非常敬重工頭[79]，使工頭掌握莫大的權力，可以凝聚咕哩的力量以反對政府推行修訂的附例[80]。

表 11：碼頭咕哩的薪金統計（1878 至 1912 年）

年份	日計勞工（無指定包不包伙食）	受僱於華人的非技術工人年薪（包伙食）	受僱於洋人的非技術工人年薪（無指定包不包伙食）
1878	16.5 仙		
1879	16.5 仙		
1880	16.5 仙		
1881	16.5 仙		
1882	16.5 仙		
1883	16.5 仙		
1884	17 仙		
1885	17 仙		
1886	17 仙		
1887	17 仙		
1888	20 仙 -1 元		
1889	20 仙 -1 元		
1890	18-30 仙		
1891	18-30 仙		
1892	18 仙 -1 元		
1893	18 仙 -1 元		
1894	20 仙 -1 元		
1895	20 仙 -1 元		
1896	20 仙 -1 元		
1897	20 仙 -1 元		
1898-1901	未詳		
1902	未詳	36-60 元（11-19 仙）	84-108 元（27-35 仙）
1903	25 仙 -1 元	36-72 元（11-23 仙）	80-120 元（26-38 仙）
1904	25-60 仙	36-72 元（11-23 仙）	108-120 元（35-38 仙）
1905	30-60 仙	36-72 元（11-23 仙）	108-120 元（35-38 仙）
1906	30-60 仙	36-72 元（11-23 仙）	108-120 元（35-38 仙）
1907	30-60 仙	36-72 元（11-23 仙）	108-120 元（35-38 仙）

年份	日計勞工（無指定包不包伙食）	受僱於華人的非技術工人年薪（包伙食）	受僱於洋人的非技術工人年薪（無指定包不包伙食）
1908	30-60 仙	36-72 元（11-23 仙）	108-120 元（35-38 仙）
1909	30-60 仙	36-72 元（11-23 仙）	108-120 元（35-38 仙）
1910	30-60 仙	36-72 元（11-23 仙）	108-120 元（35-38 仙）
1911	30-60 仙		
1912	未詳		

（"Agriculture, Cultivated and Uncultivated Lands, Wages, &C.", *Hong Kong Blue Book v. 1878-1912*, Hong Kong, Noronha & Co., 1878-1912.）

　　以上事件更反映政府在管治上，除了要面對不願意接受洋人管治和洋人政策的下層華人之外，還有商人會因為自身的利益而令政府要面對更複雜的問題。商人與政府之間就如何解決罷工事件上有嚴重的分歧，是商人利益與政府管治威信之間的角力。商人為維護自身在貿易上的既得利益，而扮演調停者、説客的角色爭取咕哩的信任。但政府經歷過多次的咕哩罷工，在面對同類事件時，不再重視咕哩對政府的看法，或考慮罷工會影響海港貿易。因為由開埠至 20 世紀初，近 70 年的管治過程所積壓的社會問題已到了不得不解決的地步。由 1880 年代初政府開始關注香港的疫病和衛生問題，1882 年邀請柴維克調查香港的衛生情況，發現疫病與低下階層華人的居住環境直接有關，咕哩館和疫病蔓延也是政府希望處理的範疇。雖然過往因措施而引致海港停頓的經歷，曾令政府因為要避免引起咕哩罷工抗議，而暫緩推行防疫措施。但至 1894 年鼠疫爆發，面對高死亡率而又能迅速蔓延的疫症，政府必須在抗疫和冒咕哩罷工之險兩者之間作出抉擇。如果考慮兩者所造成在社會和經濟上的打擊，前者所帶來的後果更為不堪設想。政府必須執行抗疫措施，既要表現政府的管治威信，又要華人服從政府的律令，所以透過軍隊的支援和宣稱政府已僱得搬貨工人，而表現強硬的立場。

4. 小結

縱觀從開埠到 1900 年代，政府針對碼頭咕哩的措施，着眼點沒有絲毫放諸勞工的權利、工作和生活條件等範疇。政府將碼頭咕哩群體與社會的治安和衛生串連起來，尋求管治方針。第二和第三章的研究時期都涵蓋 1880 年代，並以碼頭咕哩的工人運動串連，基於史實反映在這個時期內，政府未完滿解決人口監察的問題，華人社群以血緣、地緣關係凝聚產生零碎的分群，令政府更難管理社區。除了人口監察之外，治安問題和疫病接踵而至，而幾種問題都與低層華人有密切的關係。洋人的政策不受華人基層歡迎，要將現代法治強加於他們的生活仍不可行。加上中國的政治局勢所影響，騷亂、暴動一觸即發，19 世紀殖民地政府管治華人就好像走在鋼絲上。

由於碼頭咕哩佔華人低下階層的大部分，是代表華人社群的中堅分子，他們的生活與社會秩序和居住環境息息相關，所以政府要管好華人，就要先管好碼頭咕哩群體。但研究顯示，政府在實施改善公共衛生的措施之前，未能掌握基層華人生活的實況，雖然有潔淨局的調查員逐屋巡查研究，但只限於肉眼的觀察，如居住人數過多、房屋的規劃缺乏窗戶引入通風和陽光、廁所設施、食水和污水處理等理性的分析。華人的生活習慣，基層的住屋能力在政府設計有關的措施時，並沒有被考慮。基層華人難以服從政府的措施，是因為他們面對生活的壓力，無力繳納屋租是重要原因，加上他們要依賴工頭和三合會等勢力，只能選擇鋌而與政府對抗，參與各種罷工活動和騷亂，藉以捍衛自己在香港工作以致鄉間家人的生計。

從政府的行政上看，總登記官在 1913 年改名為華民政務司，可反映在此之前，總登記官的職能主要發揮在與華人有關的登記事務上。由開埠到 1912 年，總登記官所負責的人口登記、咕哩登記、住房登記和咕哩館登記，其產生背景都以華人社會的秩序和居住環境為主要考慮。踏入 1910 年代，華人低下階層的生計仍未得到改善，產生了新的社會問題，華民政務司需要進一步掌握華人社群的特性和擴闊職能，才能將政府對香港管治從 19 世紀單純的華人秩序和衛生的管理，過渡到針對和貼近下層勞工的政策，下一章將會討論政府對華人的管治在 1910 至 1930 年代的轉變過程。

注釋

01. "Statistics of the estimated population are given in the Colonial Secretary's Report; but it may be well to point out here that the difference between the number returned at the census of 1881 (160,402) and that estimated for 1888 (215,000) shows an increase of 34.5 percent. In 7 years and that the ration of women and men which was 1 to 2.56 in 1888 is now estimated at 1 to 2.52. This great, and apparently permanent, disproportion between the sexes would appear to justify special caution in applying to Hongkong that deprivation of protection from certain disease, which has been deemed expedient in England." in "Hong Kong Report on the Condition and Prospects of Hong Kong, by His Excellency Sir G. William Des Voeux, Governor, & C.", *Hong Kong Sessional Papers*, No. 20 of 1889, 31 October 1888, Hong Kong, Noronha & Co., 1888, p.297.

02. "Meeting of the Legislative Council, Speech of His Excellency the Governor on the Census Return and the Progress of the Colony", *Hong Kong Government Gazette*, 4 June 1881, Hong

Kong, Noronha & Co., 1881, p.388.

03. "The Harbour and Coasts Ordinance Hongkong 1866. (No. 6 of 1866)", *Hong Kong Government Gazette*, 18 August 1866, Hong Kong, Noronha & Co., 1866, pp.325-329.

04. "Shipping", *Hong Kong Blue Book v. 1870*, Hong Kong, Noronha & Co., 1870.

05. "Shipping", *Hong Kong Blue Book v. 1844-1878*, Hong Kong, Noronha & Co., 1844-1878; "Shipping", Chapter Letter S, *Hong Kong Blue Book v. 1879-1901*, Hong Kong, Noronha & Co., 1879-1901.

06. "Summary of Cases deserving notice decided at the Magistracy of Hongkong", 8 January 1879 to 25 June 1879, *Hong Kong Government Gazette*, Hong Kong, Noronha & Co., 1879.

07. "Report of the Superintendent of Victoria Gaol for 1885", *Supplement to Hong Kong Government Gazette*, Government Notification No. 121, 3 April 1886, Hong Kong, Noronha & Co., 1886, p.265.

08. "Report of the Commission Appointed by His Excellency the Governor to Enquire into and Report the Administrative of the Sanitary and Building Regulations Enacted by the Public Health and Building Ordinance, 1903, and the Existence of Corruption among the Official Charged with the Administration Office Aforesaid Regulations", *Hong Kong Sessional Papers*, No. 10 of 1907, Hong Kong, Noronha & Co., 1907, p.185 (242).

09. "Hong Kong Report of the Secretary, Sanitary Board, for 1896", *Hong Kong Sessional Papers*, No. 24 of 1897, Hong Kong, Noronha & Co., 1897, p.362.

10. "Hong Kong Report of the Commissioners Appointed by His Excellency Sir G. William Des Vouex, K.C.M.G., the Governor and Commander-in-Chief of the Colony of Hong Kong and His Dependencies, and Vice-Admiral of the Same, to Enquire into the Cause, of the Fever Prevailing in the West District together with the Minutes of Evidence taken before the Commission, & C., & C., & C", *Hong Kong Sessional Papers*, Hong Kong, Noronha & Co., 1888, p.V.

11. "Correspondences Regarding the Sanitary Condition of Hong Kong", *Hong Kong Sessional Papers*, Hong Kong, Noronha & Co., 1901, pp.25, 54.

12. "Report of the Head of the Sanitary Department", *Hong Kong Administrative Reports v. 1909*, Hong Kong, Noronha & Co., 1909, pp.K22-23; "Bath Houses for the use of Chinese coolies. Re-supplying", Hong Kong Public Record Office, HKRS203-1-22, 7 March 1907.

13. *The China Mail*, 27 March 1895.

14. "Speech of His Excellency the Officer Administrating the Government at the Prorogation of the Session of the Legislative Council of Hong Kong, 23rd September, 1887", *Hong Kong Sessional*

Papers, Hong Kong, Noronha & Co., 1888.

15. "Correspondence respecting the Police, Presented to the Legislative Council by Command of His Excellency the Governor, Report by the Acting Captain Superintendent Hong Kong, 21 November 1883", *Hong Kong Sessional Papers*, 1884, Hong Kong, Noronha & Co., 1884, p. (2).

16. *The China Mail*, 17 June 1886, p.3. 報章刊載盧六供詞的翻譯： "I know his name, it is Li Fun. He is a head member of the Triad Society. On 11th June, about 5pm, he came to my house and said: 'Would you like to be a member of the Triad Society? You are a head coolie and you should join the Society. There are several thousand members'. I replied I would not. He then asked me for ＄25. I said 'Where can I get so much money? I have not got it' He replied: 'If you do not want to join never mind, I will send some men at six o'clock to set your house upside down.' I said 'I have no money, it is no use for you to disturb my house'. He then went away... At 6:45pm more than 100 men came to my house, three of them armed with sword, and some of them armed with bamboos..."

17. *Report 1901*, pp.88-89.

18. "The Triad Society – Lends translation of a document that has been sent to Dr Chalmers", *CO129/228*, Hong Kong Despatch 1910, 18 September 1886.

19. W. F. Morgan, *Triad Societies in Hong Kong*, Hong Kong, Government Press, 1960, p.68.

20. 科大衛、陸鴻基、吳倫霓霞合編，《香港碑銘彙編》，香港，香港市政局，1986 年，頁 402 至 429。

21. *The China Mail*, 2 July 1886.

22. W. F. Morgan, *Triad Societies in Hong Kong*, p.296.

23. *Report 1901*, p.31, 57.

24. *Report 1901*, p.31.

25. *Report 1901*, p.56.

26. *Report 1901*, p.58.

27. 《香港華字日報》，1897 年 6 月 2 日、1905 年 10 月 17 日；*The China Mail*, 15 January 1904.

28. 《香港華字日報》，1897 年 11 月 12 日。

29. 《香港華字日報》，1897 年 5 月 11 日。

30. 《香港華字日報》，1897 年 8 月 3 日。

31. *The China Mail*, 15 May 1890.

32. *The China Mail*, 3 October 1884.

33. 《循環日報》，1884 年 10 月 6 日。

34. 馮自由著，王雲五主編，《革命逸史》，第四集，台北，台灣商務印書館，1969 年，頁 40。

35. "Canton: Forwards memo by acting Assistant Colonial Secretary respecting plot to seize the town. Reports action of Colonial Government. Banishment of Sun Wan and Chu Ho ordered", *CO129/271*, 11 March 1896.

36. 馮自由著，王雲五主編，《革命逸史》，第四集，台北，台灣商務印書館，1969 年，頁 55。

37. 《香港華字日報》，1911 年 9 月 5 日。

38. 馮自由著，王雲五主編，《革命逸史》，第四集，台北，台灣商務印書館，1969 年，頁 54。

39. Emily Honig, *Sisters and Strangers: Women in the Shanghai Cotton Mills, 1919-1949*, Stanford, Stanford University Press, 1986; Elizabeth Perry, *Shanghai on Strike: The Politics of Chinese Labour*, Stanford, Stanford University Press, 1993.

40. 全漢昇，《中國行會制度史》，天津，百花文藝出版社，2007 年，頁 171。

41. 粟明鮮譯，〈19 世紀新馬華人社會中的秘密會社與社會結構〉，載顏清湟，《海外華人史研究》，新加坡，新加坡亞洲研究學會，1992 年，頁 184-186。

42. "An Ordinance to amend No. 1 of 1845, entitled "An Ordinance for the Suppression of the Triad and other secret Societies in the Island of Hongkong and its Dependencies (No. 12 of 1845)", A. J. Leach, *The Ordinances of the Legislative Council of the Colony of Hongkong, commencing with the year 1844, Compiled for the Government of Hongkong*, Hong Kong, Noronha & Co., 1890-1891, p.151.

43. "Hong Kong Report of the Captain Superintendent of Police for 1887. Presented to the Legislative Council, by Command of His Excellency the Governor", *Hong Kong Sessional Papers*, No. 3 of 1888, Hong Kong, Noronha & Co., 1888, pp.111-119.

44. "An Ordinance enacted by the Governor of Hongkong, with the advice of the Legislative Council thereof, for the Suppression of the Triad and other unlawful Societies and for the Punishment of the Members thereof. (No. 8 of 1887)", *Hong Kong Government Gazette*, 16 April 1887, Hong Kong, Noronha & Co., 1887, pp.370-371.

45. "An Ordinance enacted by the Governor of Hongkong, with the advice of the Legislative Council thereof, to regulate the carrying and possession of arms (No. 6 of 1887)", *Hong Kong Government Gazette*, 19 March 1887, pp.268-270.

46. "An Ordinance enacted by the Governor of Hongkong, with the advice of the Legislative Council theresof, for the more effectual Prevention of Crime (No. 11 of 1887)", *Hong Kong*

Government Gazette, 23 April 1887, Hong Kong, Noronha & Co., 1887, pp.400-403.

47. "Hong Kong Report of the Captain Superintendent of Police for 1888. Presented to the Legislative Council, by Command of His Excellency the Governor", *Hong Kong Sessional Papers*, No. 2 of 1889, Hong Kong, Noronha & Co., 1889, pp.91-99.

48. "The Closed Houses and Insanitary Dwellings Ordinance (No. 15 of 1894)", *Hong Kong Government Gazette*, 5 January 1895, pp.3-10.

49. "Medical Report on the Prevalence of Bubonic Plague in the Colony of Hong Kong during the years 1895 and 1896 which was laid before the Legislative Council on the 31st Ultimo", *Hong Kong Government Gazette*, 5 June 1896, Hong Kong, Noronha & Co., 1896, p.464.

50. "Sanitary Report. Mr Chadwick's Report to the Crown Agents for the Colonies", *CO882-4*, 18 July 1882, pp.17-18. 另外，1882 年每一銀元等於英鎊 4 仙令 2 便士，參考 *Hong Kong Blue Book v. 1882*, Hong Kong, Noronha & Co., 1882, p.Q3。

51. Ho Pui-yin, *Water for a Barren Rock: 150 Years of Water Supply in Hong Kong*, Hong Kong, The Commercial Press, 2001, pp.43, 45.

52. *Hong Kong Hansard*, 22 December 1894, Hong Kong, Noronha & Co., 1894, p.27.

53. "Hong Kong Medical Report on the Epidemic of Bubonic Plague in 1894", *Hong Kong Sessional Papers*, No. 16 of 1895, p.185.

54. 同上註，p.186。

55. "Medical Report on the Epidemic Plague in 1894", *Hong Kong Sessional Papers*, No. 16 of 1895, Hong Kong, Noronha & Co., 1895, pp.22, 44.

56. "Report of the Commission Appointed by His Excellency the Governor to Enquire into and Report the Administrative of the Sanitary and Building Regulations Enacted by the Public Health and Building Ordinance, 1903, and the Existence of Corruption among the Official Charged with the Administration Office Aforesaid Regulations", *Hong Kong Sessional Papers*, No. 10 of 1907, Hong Kong, Noronha & Co., 1907, p.185 (242).

57. "Report of the Acting Medical Office of Health on the Epidemic of Plague in the Colony of Hong Kong During the Year 1904", *Hong Kong Government Gazette*, 2 June 1905, Hong Kong, Noronha & Co., 1905, pp.760-761.

58. "Hong Kong Plague Cases Treated in the Kennedy Town Hospital", *Hong Kong Sessional Papers*, No. 31 of 1903, Hong Kong, Noronha & Co., 1903, pp.7-16.

59. "An Ordinance enacted by the Governor of Hongkong, with the advice of the Legislative Council thereof, to consolidate and amend the laws relating to merchant shipping, the duties of the Harbour Master, the control and management of the waters of the Colony, and the regulation

of vessels navigating the same. (Hong Kong Ordinance No. 8 of 1879)", *Hong Kong Government Gazette*, 14 January 1879, Hong Kong, Noronha & Co., 1879, pp.19-55.

60. *Hong Kong Hansard*, 9 November 1891, p.38.

61. *Hong Kong Hansard*, 9 November 1891, p.39.

62. "Another matter which stirred up great excitement among: the Chinese was the proposed registration of Common Lodging Houses in order to prevent the over-crowding, which is alleged to exist in them. The coolies who inhabit these houses were strongly opposed to the measure, though they quite understood its significance and were fully aware that they were to pay no registration fees. I think it is almost certain that, had it been enforced, a strike would have ensued. This would have seriously damaged the shipping interests of the port and caused great inconvenience to trade, as the coolies who load and discharge cargo and coal would have been among the strikers, and would have entailed much suffering on the coolies themselves, who are a poor class, living from hand to mouth. It was decided, and wisely I think, to adopt a Fabian policy in this matter, which was postponed for a year in order that it might be more fully considered." in "Report from the Registrar General for 1891, which was laid before the Legislative Council on the 25th ultimo", *Hong Kong Government Gazette*, 7 May 1892, Hong Kong, Noronha & Co., 1892, p.366.

63. "Bye-laws for Licensing and Regulating Common Lodging-houses made under sub-section 12 of section 13 of Ordinance No. 24 of 1887 and sub-section D of section 1 of Ordinance No. 26 of 1890, Approved by the Legislative Council on 23rd May 1891 and on the 9th November 1891.", *Hong Kong Government Gazette*, 19 November 1892, Hong Kong, Noronha & Co., 1892, p.985.

64. "Resolution of the Sanitary Board fixing, pursuant to Bye-law 17 of the 21st July 1892, the day on which certain Bye-laws for licensing and regulating Common Lodging-houses shall Come into Force." *Hong Kong Government Gazette*, 8 December 1894, p.1055.

65. "Bye-laws for Licensing and Regulating Common Lodging-houses made under sub-section 12 of section 13 of Ordinance No. 24 of 1887 and sub-section D of section 1 of Ordinance No. 26 of 1890", *Hong Kong Government Gazette*, 23 May 1891, Hong Kong, Noronha & Co., 1891, pp.433-435.

66. 《香港華字日報》，1895 年 4 月 9 日。

67. "An Ordinance Enacted by the Governor of Hongkong, with the Advice of the Legislative Council therefore, for amending the Laws relating to Public Health in the Colony of Hong Kong. (No. 27 of 1887)", *Hong Kong Government Gazette*, 2 June 1888, Hong Kong, Noronha & Co., 1888.

68. *The China Mail*, 27 March 1895.

69. 《香港華字日報》，1895 年 3 月 25 日。

70. 《香港華字日報》，1895 年 3 月 26 日。

71. 《香港華字日報》，1895 年 3 月 27 日。

72. 《香港華字日報》，1895 年 4 月 1 日。

73. 《香港華字日報》，1895 年 3 月 29 日。

74. 《香港華字日報》，1895 年 4 月 3 日。

75. "Strike of Coolies-Reports further respecting state of affairs which has not been improved by unadvised and unauthorized action of the mercantile community, 2 April 1895", *CO129/267*, pp.15-99.

76. 《香港華字日報》，1895 年 4 月 4 日、4 月 5 日。

77. *Hongkong Weekly Press*, 11 April 1895.

78. 《香港華字日報》，1895 年 4 月 1 日。

79. *Report 1901*, p.39.

80. "Hong Kong Sanitary Superintendent's Report for the Year 1895", *Hong Kong Sessional Papers*, No. 22 of 1896, Hong Kong, Noronha & Co., p.315.

第四章

同業組織轉型與
本地勞工政策的萌芽

（1910 年代至 1930 年代）

　　從 1910 年代開始，本地華人基層面對入不敷支和失業的威脅，工作和生活條件比以往更不理想。香港在經濟、社會、民生和政治方面都累積了沉重的壓力，與殖民地政府的關係變得更加繃緊。經過時間醞釀到 1920 年代，這些壓力促使工潮、反殖民地政府的情緒一觸即發，產生本地史無前例的社會和經濟動盪，令政府更束手無策。同時，香港經濟不景氣直接影響碼頭貨運行業的發展，亦令咕哩陷於生活的困境。生活的壓力促使他們參與甚至領導大規模的工人運動。

　　政府官員在 1910 年代注意到華人基層的生活所需，尤其是住房方面的困難，開始檢討和尋求有效的措施。過往政府將疫病歸咎於華人的居住環境不合衛生，尤其是咕哩等低下階層華人的擠逼和衛生習慣，一方面透過條例去控制住屋的規格和住房的居住人數，另一方面在公共建設方面，包括供水和排污系統改善公眾的居住環境。但至 1910 年代末，華人的社會結構產生了變化，由單身男子為主的結構演變為以核心家庭為主。除了來港的華工開始落地生根之外，還有大量由內地移港的人口，在香港組織家庭，成為政府在制訂房屋政策時必須考慮的因素之一。儘管如此，本地工人運動的推動力量，卻不單來自香港內在的民生問題，還受內地局勢的影響。

　　在內地政治和文化思潮的影響下，到 1910 年代，本地碼頭咕哩產生了新的身份認同，他們自稱為「工人」、「碼頭苦力」、「運輸工人」、「起卸工人」及「起落貨工人」，是以職業區分的身份，與過去以地緣關係區分的觀念不同。大罷工期間，省港罷工委員強調階級，並將工人運動的性質定義為民族的運動，對抗政府和社會上不同階層如政府官員、工廠東主，商人和買辦等 [1]。由於咕哩群體產生了新的身份，而罷工又以工人的身份為號召，產生更團結的力量，他們意圖透過罷工破壞海港貿易的運作，藉以打擊殖民地政府，加上廣州工人的支援，對殖民地政府的威脅更大。

1920 年代的香港社會雖然動盪，但卻是自開埠以來重要的轉捩點，尤其是在政府管治華人基層的政策上，經過各方面的檢討，產生了新的方向，為戰後的勞工政策定下基礎。

1.　20 世紀初群體結構的改變和就業的發展

香港華人社群的結構踏入 1910 年代出現明顯的改變，而這種改變在 1920 及 1930 年代愈見明顯。一方面華工來港謀生的方式較過往不同，由於香港有較穩定的局勢和就業機會，他們開始留港落地生根，而非如 19 世紀的華工，要在年老或衣錦還鄉；另一方面內地局勢的不穩定導致人口流入香港，1910 年代初民國政府的成立，1920 年代的國共內戰及 1930 年代進入抗戰時期，成為內地人口移到香港的主要原因。碼頭咕哩群體的結構也隨着這種趨勢而產生變化。

華人男女人口分佈趨於平均

按照上一章的推論，華人若非以單身男性為主要結構，即整體人口流動性亦會減弱。參考 1891 至 1931 年人口普查的統計，男女比例到 1921 年明顯較 19 世紀平均，由過往約 2.5 位男性比 1 位女性變成少於 2 位男性比 1 位女性，到 1931 年男女人口比例最接近，只相差 0.4 人（參考表 12）。

表 12：華人男女人口比例

年份	男性人數	女性人數	男女比例	華人人口總數	上升百分比
1891	149,625	61,301	2.44 : 1	210,926	40%
1901	200,327	74,216	2.7 : 1	274,543	30.2%
1911	288,827	155,837	1.85 : 1	444,664	62%
1921	373,676	236,692	1.58 : 1	610,368	37.3%
1931	489,154	350,012	1.4 : 1	839,166	37.5%

（"Returns of the Census taken in Hong Kong on 20 May last from the Honourable the Registrar General", *Hong Kong Government Gazette*, Government Notification-No. 361, 22 August 1891; "Report on the Census of the Colony for 1901", *Hong Kong Sessional Papers*, No. 49 / 1901, Hong Kong, Noronha & Co., 1901; "Hong Kong Report on the Census of the Colony for 1911", *Hong Kong Sessional Papers*, No. 17 of 1911; "Hong Kong Report on the Census of the Colony for 1921", *Hong Kong Sessional Papers*, No. 15 of 1921; "Hong Kong Report on the Census of the Colony for 1931", *Hong Kong Sessional Papers*, No. 5 of 1931.）

在 1921 年的報告中亦有提及 1921 年居住在香港的寡婦數目比 1911 年增加 19%（共有 8,079 名），然而那些婦女在丈夫離世後並沒有離港返鄉，反而因為香港有就業機會而與子女留在香港，足見當時香港非但吸引成年男子留港生活，對一些需要餬口的寡婦來說，都有一定的吸引力[2]。

1901 年負責人口普查的官員指出，香港自 1897 至 1901 年都未見家庭數目有顯著上升的趨勢[3]。但到 1911 年，人口普查報告對於香港家庭增長的敍述與過往有所不同，1911 年有大量攜同子女的婦女從中國移港，這些婦女可能是來港與配偶團聚者，使維多利亞城內的家庭數目由 1906 年的 25,974 戶增加到 1911 年的 27,073 戶[4]，輕微增長 4.23%。到 1931 年的人口普查報告則明確指出華人群體的轉變，來港的工人帶同家人在港定居，男性不再將妻子和家人留在家鄉，隻身在港生活，可惜當局並未能統計 1921 及 1931 年的居港家庭數目以作比較[5]。1921 年負責人口普查的官員則用下列的數字詮釋香港人口漸趨穩定，1897 年已屆產子年齡的女性只有 28,423 人，到 1911 年增至 53,326 人，1921 年再增至 89,004 人，即十年內增長過六成半[6]，象徵香港人口趨向以家庭為單位而非單身男子。碼頭咕哩等華人基層的生計需考慮供養家庭成員在香港住屋及飲食等生活所需。

行業發展與就業

從 1910 至 1920 年代末，除了 1925 年省港大罷工期間出現嚴重的下滑，1926 年只有輕微的增長之外，香港海港貨物的進出口量普遍維持增加的趨勢（參考表 13）。由於碼頭咕哩的就業情況直接受港口貨物的流量帶動，持續增長的進出口貨物帶動華人投身貨物運輸行業。參考政府的人口普查報告，1921 年，全港九及新界的華人，包括艇戶從事貨物運輸的華工，人數達43,053 人，其中在貨船、舢舨、駁船及小船上從事貨運的工人主要來自水上人口，有 12,937 人；其餘為負責陸上運輸的工人，包括海岸、碼頭、貨倉及商店、行莊的貨運工人。雖然省港大罷工期間大量工人離港，但到 1931 年，運輸行業仍是本地最多男性華人從事的行業，其中搬運貨物的工人有 34,500人，包括 21,500 名陸上運輸的咕哩及 13,000 名在船上搬運貨物的工人；在女性的就業方面，貨運行業排行第三，尤其是艇戶從事貨運，有 7,841 人、從事陸上貨運的女性華人有 4,390 人[7]，而在 1911 年從事運輸的女性只有約180 人。男女華工從事貨運的人數共有 46,731 人[8]。可見貨運行業也吸納了基層婦女的勞動力，留港生活的婦女需為幫補家計而投身體力勞動的行業。

然而本地貨運行業方面的人力資源分配，在 1920 和 1930 年代受到中港兩地的政治因素衝擊。1925 年省港大罷工的大量工人離港之後，數年後仍未返港，本地的貨物運輸受搬運工人不足的困擾；1930 年代初華工再填充貨運行業的空缺，但香港海港進出口輪船隨內地局勢的不穩定而持續減少，到日佔之前貨物進出口量跌至自 1870 年以來最低（參考表 13）。持續下降的出

表 13：進出香港貨船統計（1910 至 1940 年）〔單位：艘（總噸數）〕*

年份	總入港		總出港	
	船隻數目	總噸數	船隻數目	總噸數
1910	15,254	10,268,528	16,338	10,253,700
1915	16,318	9,928,744	19,856	9,904,742
1920	17,140	11,212,156	16,098	10,817,453
1921	18,612	12,688,506	22,177	12,415,010
1922	18,104	13,824,211	19,414	13,413,970
1923	18,386	16,008,625	19,496	16,893,585
1924	20,999	17,720,676	22,591	17,807,665
1925	10,694	7,381,644	12,013	7,520,323
1926	12,125	13,387,995	11,108	13,206,765
1927	17,388	16,638,634	22,436	17,082,727
1928	17,610	17,166,913	20,973	17,435,388
1931	11,481	19,372,000	11,488	19,357,000
1932	11,259	19,308,000	11,247	19,274,000
1933	10,669	18,824,000	10,732	18,875,000
1934	10,251	18,528,000	10,254	18,547,000
1935	10,775	19,534,000	10,731	19,456,000
1936	9,959	18,891,000	9,984	18,859,000
1937	8,631	17,278,000	8,588	17,195,000
1938	6,947	14,358,000	6,961	14,430,000
1939	7,509	14,417,000	7,512	14,424,000
1940	6,129	10,501,000	6,120	10,484,000

* 以上統計不包括壓艙物

（"Shipping", *Hong Kong Blue Books*, Hong Kong, Noronha & Co., 1910, 1915, 1920-28; *Hong Kong Statistics v. 1947-1967*, Hong Kong, Census and Statistic Department, 1969, p.213.）

入口貨物流量反令人數增加的搬運工人失業。人口結構的改變，加上行業發展前景不明朗，令這些基層家庭面對重重困難，收入與支出往往不相稱，工人賺取的工資還要用來養活家庭。面對生活水平的上升，1930年代工人的就業和生活都相當嚴竣。

2.　　20世紀初引起政府關注的民生問題

在1910至1920年代，碼頭咕哩面對入不敷支的壓力，最難應付的莫過於昂貴的屋租和物價；到1930年代內地政局的動盪令貨運行業大受打擊，他們既要面臨被扣減工資、甚至失業，又要養妻活兒，無力繳付屋租，欠交工會會費在報章上是常見的工會廣告。

2.1　　屋租高昂和面臨逼遷

1910年代末整體香港居民都面對屋租和物價急漲，食物供應不穩定和價格上漲的困難，人口的大幅增長導致物業炒賣的風氣。香港基本食品如本地豬肉和米的價格，從1910年代到1920年代初尚算穩定，到1926年，可能受省港大罷工的影響，價格增長最多竟達六成，最少增長約一成半，豬肉價格由1924至1925年每磅0.22至0.35港元，升至0.36至0.40元；米價由1924至1925年每磅0.06至0.09港元，升至0.07至0.12元，兩種食品價格及後增長到1934年才回落到1924年的價格水平[9]。

在房租方面，根據華民政務司在定例局會議上所述，自1918年1月開

圖 11

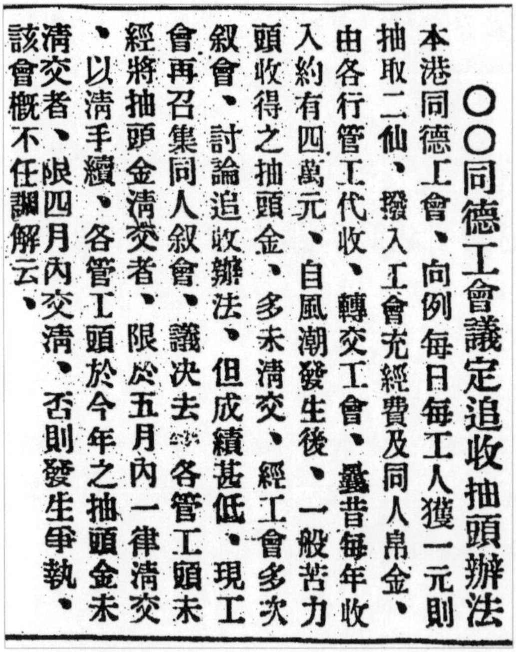

○○同德工會議定追收抽頭辦法

本港同德工會、向例每日每工人獲一元則抽取二仙、撥入工會充經費及同人帛金、由各行管工代收、轉交工會、蓋昔每年收入約有四萬元、自風潮發生後、一般苦力頭收得之抽頭金、多未清交、經工會多次叙會、討論追收辦法、但成績甚低、現工會再召集同人叙會、議決去各管工頭未經將抽妥金清交者、限於五月內一律清交、以清手續、各管工頭於今年之抽頭金未清交者、限四月內交清、否則發生爭執、該會概不任調解云、

在 1925 年省港大罷工後，貨運行業不景氣，加上不少工人在罷工離港後沒有返港，會員欠交會費是工會運作遇到的困難之一，工頭不向工會繳納抽頭，工會派員上門追收往往亦無成效。圖為同德工會在報章上刊登追納會費的安排。
（《工商日報》，1927 年 5 月 28 日。）

126

始香港屋租價格上調 [10]，無論是商用或住宅物業的用戶都需繳付遠較過往高昂的租金。昂貴的屋租引起民眾的激烈反應，《香港華字日報》多日設有名為「香港屋租問題」評論專欄 [11]，民間亦組織住客維持會希望透過輿論和團結民眾，爭取壓止租金不斷上調和逼遷。基層華工生活更困難，華工的群體結構既從單身男子轉為家庭，首重住屋和糊口的需要。據 1919 年布政司對報章所述，在 1914 年到 1919 年期間，屋租平均增加三成，九龍最多碼頭咕哩居住的區域，包括紅磡區屋租加兩成五、旺角及油麻地加五成 [12]。人口的大幅增長可能是導致九龍區住房價格上漲的原因。1911 年九龍的人口增長速度已超越香港島的人口，增長幅度超過百分之五十。1921 年九龍的人口增長幅度進一步提升至近八成（78.2%），到 1931 年人口再增長超過一倍（112.1%）。港島的人口增長則較過往緩和，其增長率由 43.3% 下降至18.2%。油麻地、旺角、大角咀、深水埗及九龍城，相對於九龍角及紅磡等區域，人口更為大幅增長（參考表 14）。

　　九龍區人口大幅上升主要因為由中國移入香港的人口，多數選擇居於九龍而非港島，而這些人口以家庭為單位而不是單身男性，九龍以家庭為主要結構的情況比香港島亦更明顯 [13]。據定例局的會議紀錄所載，當時內地難民遷港導致住房求過於供，這些難民往往比本地民眾更有租屋的經濟能力，導致原來住戶遭業主逼遷 [14]。最多華人從事的碼頭咕哩等非技術工人和日薪工人，在薪金只有輕微上調的情況之下（參考表 15），面對屋租和食物價格的大幅上調，更覺百上加斤。基層華工的家庭生活苦況在政府報告中亦有敍述，踏入 1920 年代居港家庭再不能單靠一名男性維持生計，五口之家需有至少二人工作維持生計，到 1931 年有不少家庭要依賴妻兒去當搬運咕哩、縫紉或清潔，甚至童工等工作，以幫補家計。如上文的資料顯示，咕哩竟成為第三個

表 14：九龍區的人口增長情況（1921 至 1931 年）

區域	1921	1931	上升百分比
九龍角	12,255	16,500	34.6%
紅磡	14,746	16,739	13.5%
油麻地	32,372	68,596	111.9%
旺角	29,414	59,740	103.1%
大角咀及深水埗	16,521	67,184	306.7%
紅磡各村	8,658	11,627	34.3%
九龍城	9,487	22,634	138.6%

（"Hong Kong Report on the Census of the Colony for 1931", *Hong Kong Sessional Papers*, No. 5 of 1931, Hong Kong, Noronha & Co., 1931, p.104.）

表 15：工人薪金統計（1903 至 1938 年）

年份	日計勞工	受僱於華人的非技術工人年薪（包伙食）	受僱於洋人的非技術工人年薪（無指定包不包伙食）	受僱於洋人的非技術工人年薪（包伙食）	受僱於洋人的非技術工人年薪（不包伙食）
1903	25 仙 -1 元	36-60 元（11-19 仙）	84-108 元（27-35 仙）	—	—
1913	30-60 仙	36-72 元（11-23 仙）	108-120 元（35-38 仙）	—	—
1914	30-60 仙	36-72 元（11-23 仙）	108-120 元（35-38 仙）	—	—
1915	30-60 仙	36-72 元（11-23 仙）	108-216 元（38-69 仙）	—	—
1916	30-60 仙	36-72 元（11-23 仙）	108-216 元（38-69 仙）	—	—
1917	30-60 仙	36-72 元（11-23 仙）	108-216 元（38-69 仙）	—	—
1918	30-60 仙	36-72 元（11-23 仙）	108-216 元（38-69 仙）	—	—
1919	30-60 仙	36-96 元（11-31 仙）	—	96-192 元（31-61 仙）	144-264 元（46-84 仙）

年份	日計勞工	受僱於華人的非技術工人年薪（包伙食）	受僱於洋人的非技術工人年薪（無指定包不包伙食）	受僱於洋人的非技術工人年薪（包伙食）	受僱於洋人的非技術工人年薪（不包伙食）
1920	30-60 仙	36-120 元（11-38 仙）	—	120-240 元（38-77 仙）	144-264 元（46-84 仙）
1921	40-70 仙	36-240 元（11-77 仙）	—	120-264 元（38-84仙）	144-288 元（46-92 仙）
1922	40-70 仙	48-300 元（15-96 仙）	—	120-264 元（38-84仙）	144-288 元（46-92 仙）
1923	40-70 仙	48-300 元（15-96 仙）	—	120-264 元（38-84仙）	144-288 元（46-92 仙）
1924	40-70 仙	48-300 元（15-96 仙）	—	120-264 元（38-84仙）	144-288 元（46-92 仙）
1925	40-70 仙	60-312 元（19-97 仙）	—	136-288 元（43-92仙）	180-312 元（58-99 仙）
1926	40-70 仙	96-360 元（30.7 仙 -1.15 元）	—	136-336 元（43-1 元）	180-312 元（58-99 仙）
1927	40-70 仙	120-384 元（38 仙 -1.23 元）	—	136-360 元（43-1.1 元）	192-336 元（61 仙 -1 元）
1928	40-70 仙	120-384 元（38 仙 -1.23 元）	—	168-384 元（54-1.2 元）	192-360 元（61 仙 -1.1 元）
1929	40-70 仙	120-384 元（38 仙 -1.23 元）	—	180-384 元（58 仙 -1.2 元）	180-360 元（58 仙 -1.1 元）
1930	40-70 仙	120-384 元（38 仙 -1.23 元）	—	192-384 元（61 仙 -1.2 元）	180-360 元（58 仙 -1.1 元）
1931-34	未詳	未詳	未詳	未詳	未詳
1935-38	60-70 仙	未詳	未詳	未詳	未詳

註：括號內為換算後的日薪。根據戰前的香港法例，除特別申請者，所有碼頭不得在星期日進行貨物起卸活動，故日薪以藍皮書記載的年薪除以 313 日計算。

（"Average Rate of Wage for Labour, Agriculture, Cultivated and Uncultivated Lands, Wages, & C.", *Hong Kong Blue Books v. 1903-1938*, Hong Kong, Noronha & Co.）

最多女性從事的行業，但付出勞力所賺的工錢僅足糊口[15]，生活仍屬拮据。

　　1921 年政府鑑於業主向租客逼遷和任意加租的情況嚴重，擬定《租務條例》以作監管，隨即引起香港工商團體聯合組織住客維持會響應。該會以爭取香港居民久遠之安居為目的，以及爭取政府落實通過和執行《租務條例》，制止業主對住客逼遷或任意加租。該會成員希望能把握定例局在 1921 年 7 月 18 日二讀條例的時機，委託律師在定例局會議上代表住客維持會爭取租戶權益[16]。7 月 6 日召開第一次會員大會，距定例局會議不足兩星期，收集大量住戶及工商社團的簽署印鑑，向政府請願及籌募經費。參與者包括全港居民及工團代表，經費主要來自與會人士的捐助。會上倡議爭取的要點主要包括要求業主在擬收回物業前，提早通知租戶搬遷的時間、嚴禁收租時勒收鞋金、收租期以陽曆計算（每三年可省一月租）[17]，及不能託詞裝修逐客等。若全間拆卸改建仍當准舊人照舊居住，則以 1920 年的租價為標準，若逾當日已加租者一律須退還給租客。[18]

　　參考定例局的會議紀錄，當時參與住客維持會的工團成員有 103 個[19]，當中有基層勞工組織的代表任該會幹事，從事運輸的同德工會都有代表加入（成員名單請見附錄 2）。又根據華民政務司在定例局會議所述，當時住客維持會所代表的住戶人數中，以工人佔最大多數，達 13 萬人中的 7 萬餘人，超過總數的一半。可見工人在住屋方面所承受的壓力，已到了必須要直接向政府表達的程度。碼頭咕哩付出的勞力不能保障食和住的基本生活所需，可解釋在省港大罷工期間，工人為何提出最低工資及最長工時的要求。

2.2　　失業和減薪

　　除了在 1910 至 1920 年代浮現的各種民生問題之外，到 1930 年代碼頭咕哩還要面對失業的威脅。如上文分析，1930 年代從事運輸的華工增加，但自 1920 年代末港內外的貨物流量減少。咕哩無貨可搬，不少鋌而走險者勒索旅客行李搬運費。1936 年招商局訂定新措施，改善碼頭咕哩的職業道德，包括西環碼頭的咕哩一律要穿制服，代客肩挑行李者，以件計算，由西環至中環每件一角，灣仔每件兩角，其餘地點按遠近決定收費 [20]。香港華商總會繁榮商務會也議定碼頭咕哩搬運行李的價格，規定每件行李收費五仙，並向政府申請批准執行；另針對碼頭咕哩勒索旅客，請求各輪船公司規範咕哩的勒索行為 [21]。但制訂價格似乎不能改善當時的局面，碼頭咕哩仍選擇透過大幅提高搬運費以求增加收入，例如九龍倉操潮州語的碼頭咕哩向泊岸的意大利輪船搭客勒索行李搬運費，且每件行李的搬運費被提高至四元 [22]。隨着中日戰爭爆發，大量內地難民來港避難，碼頭咕哩甚至向難民勒索行李搬運費，引起社會關注及要求當局設法取締 [23]。不過，碼頭咕哩勒索行李搬運費的問題到日佔之前都未能解決，1938 年廣聯商會、華商總會等仍在尋求解決方法和向政府求助 [24]。

不少咕哩因失業而三餐不繼，參考 1935 年華商總會月刊引述工會主席形容，當時米行和南北行生意不景氣，碼頭的卸貨量亦大為減少，咕哩的生計大受影響，工錢至少減半。米行咕哩在 1920 年代每人每月可賺七十餘元，1935 年只能賺三、四十元；南北行咕哩工錢降至一、二十元；散工咕哩原每月可賺三十餘元，卻降至十餘元。加上 1934 年政府取消人力貨車之後，也令部分咕哩失業，只能持竹竿挑擔過活或離港返鄉；在碼頭貨船的咕哩甚至到了每工作一天，就休息兩天的地步，每月所得二三十元還要養妻活兒，手停口停 [25]。《香港工商日報》於 1936 年 4 月所記錄的調查結果比上述的情況更嚴重，貨運行業的不景氣令咕哩館因難以經營而倒閉，由原來二百餘所減至五、六十所；全港咕哩人數減少了百分之七十，大部分因為在港無法謀生而與家人返鄉。留港的咕哩亦面臨僧多粥少的困境，月薪降至八、九元至

十一、十二元。街邊散工咕哩更難覓得工作，所賺工資只有一、二角[26]。

　　工會的運作也因工人的就業情況不樂觀，而遇到不少障礙。參考上述《香港工商日報》的調查，1936 年同德工會流失大量會員，人數由四、五千人減至不足二千人。另外，由於工會的運作經費主要來自向工頭抽取工資百分之二的資金（稱「抽頭」）作為會費，而不向會員徵收月費。經費除用作工會的日常運作之外，還用來發給身故會員帛金。但自經濟不景以來，工頭不向工會繳納抽頭，工會派員上門追收亦無成效。於是更改徵收會費章程，每名會員繳納工錢百分之二為會費，為期十二年；非從事咕哩的會員沒有「抽頭」制度者，則每月繳納會費三毫；工友去世原可獲發帛金一百元，更改章程後減至五十元[27]。新章程似乎未能使工會收納足夠的經費，兩年後工會再更改章程，每名會員入會時只交基本金四元，不另收會費，可享有會內一切權利；力圖別業的工人仍須繳納會費，否則除去會籍；各工頭每次收得包工款項，抽取百分之二，繳交入會；帛金維持五十元[28]。然而工人連工作機會都未能確保，有些甚至已離港返鄉，遑論繳交會費。工會一直負責營運經費，工會為行內勞工子弟所設的兩所義學，每年所需經費合共約二千元，除政府津貼約七百元外，其餘不足之數，皆由工會及公眾籌措。工會面臨經費困難，義學亦未能提供足夠的學額，工人的經濟條件又無力自行繳納學費，導致學童面臨失學[29]。

　　1910 年代至 1930 年代的碼頭咕哩，在工作和生活上面對比過去更沉重的壓力。華人基層所面對的問題不外物價、房租和就業，即使他們在內地有家，但局勢亦不明朗，仍要選擇在香港掙扎。他們既決定留居香港，定要為日後的生活打算，爭取合理的待遇。然而在香港整體經濟不景氣的情況下，商行經營生意亦有困難，難以寄望資方體恤工人的需要，容易發生勞資糾紛。於是同業組織所扮演的角色變得重要，1920 年代初碼頭咕哩工會產生，在工人就業、調停同行糾紛及勞資糾紛等方面發揮作用，同時，這些工會又是順應中港兩地的局勢而出現的同業組織，與過往以咕哩館為單位的同業組織不同。政府必須檢討和設計新的措施改善工人的工作和生活，否則會令工人引發像海員罷工和省港罷工般嚴重的工潮。

3. 咕哩同業組織的轉型

3.1 工會的產生

香港碼頭咕哩的同業組織，到 1900 年代仍然保留以地緣關係為基礎的凝聚方式。工人之間的團結與鄉族觀念緊密相連，工頭在工人之中擔當重要的主導角色。這種行會特色卻與政府官員所掌握的華人行會組織不盡相同。參考 1912 年總登記官 A. E. Wood 所整理的香港華人行會（Guilds）紀錄，他計算當時本地共有 88 個行會組織，並將之分類及歸納為三類。第一類自訂行內規則和管理學徒制，及進行合宜的宗教儀式。這些組織大多對工人的食住有規範的權力，甚至阻止品行不端，帶有西方中世紀工匠行會的性質；另一類由僱主或僱員組織，具排他性，這些工會在當時已實行罷工或要求最低工資，形式有點像西方的現代化工會組織；最後一類以福利社團或聯誼會的形式出現，這些組織不具攻擊性，少數有潛在的威力。然而在分類名單中只有記錄貨船工人的行會，並將之歸作第一類，卻沒有其他碼頭咕哩的行會紀錄 [30]。可以想像，若每所咕哩館都是一個行會組織，本地行會組織數目便不止 88 個。且按照以上的分類，碼頭咕哩組織兼具三類的特色，既有宗教儀式、又具排他性，也有為會員安排殯葬和帛金等福利安排。當時的政府官員仍未能釐清碼頭咕哩組織的存在和性質。

　　碼頭咕哩的組織形態，到 1920 年代初，隨其他華工組織的趨勢而產生工會。過往以地緣紐帶關係為基礎的特色雖然沒有消失，同德工會的會員主要有籍屬新會和東莞的咕哩，所以在工會主席的選舉過程中，由兩個籍屬的會員分別開會選出主席，然後兩名主席輪流擔任工會的正及副主席 [31]。（參考表 16）同德工會在戰後重建，仍然繼承這種安排。另外，不同籍貫的工人數目增長，工頭不能包攬所有工人，反而工會能涵蓋較廣的會員，同業組織不再以個別咕哩館為單位，競爭存在於不同的工會之間。咕哩館的成員和工頭都成為工會的會員，工會是代表工人的主要組織，工頭對工人的代表性開始淡化，而且在工會的架構中沒有權力，與工人同守工會的規則。

　　勞働同德總工會及集賢起卸工會是碼頭咕哩的同業組織，分別成立於1920 年及 1921 年。兩者的會員從事相類性質的工作，兩工會之間可能存在以地域劃分的勢力範圍。同德工會的會址設於港島西環，工會為會員子弟成立的兩所義學，亦分別設於西營盤水街及干諾道西；集賢工會的會址設於九龍油麻地。戰後初期，這些工會的領袖投身於不同的本地街坊組織，同德工會的領袖主要成為港島西包括西區及摩星嶺街坊會的幹事；而集賢工會的領袖主要成為九龍區尤其是油麻地街坊會的幹事，可見兩個工會的成員各有所屬的勢力範圍。由於缺乏兩個工會在戰前的檔案 [32]，本研究只能根據集賢工會理事長、戰後港九工團聯合總會常務理事何康所撰《香港勞工運動簡史》，推論兩個工會產生的背景。參考何氏所述，20 世紀初本地工會的產生主要受時局影響。有兩方面的主要原因，一方面是在 1908 年香港機器工人組織「香港研機書塾」及 1909 年廣州工人組織「廣東機器研究公會」（即後來「廣東機器總會」）後，工人認為組織的形態應追上時代的轉變，以加強團結；

表 16：勞働同德總工會職員表（1946 年）

職別	姓名	年齡	籍貫
主席	張榮	五八	新會
副主席	尹燦	四二	東莞
司庫	陳培	五八	東莞
	譚保	四二	新會
交際	鍾就	四一	東莞
	黃耀錦	四十	東莞
	黃國樑	四一	新會
	尹梓森	六八	東莞
幹事	鍾卓	三六	東莞
	尹耀	四三	新會
	尹沛霖	二一	東莞
	黎佳	四八	三水
調查	何福	五十	東莞
	何進初	三二	肇慶
	林紹	五六	東莞

（香港政府檔案處，檔案編號：HKRS837-1-154。）

另一方面可歸納為文化因素，孫中山的國民革命，和五四新文化運動都被形容為對工人的啟示，令工人認為中國要在國際上獨立自主，工人才能獲得保障和改善生活。因此工人要團結起來參加反帝國主義的運動，以及反軍閥的運動，令中國統一[33]。香港工人在 1910 年代開始面對比以往更沉重的薪金和生活的壓力，以上的號召具有相當的吸引力，於是在 1920 年代初產生了各行各業為數不少的工會。

1920 年新修訂的《社團條例》實施後，政府能更準確地透過社團登記，對本地同業組織進行統計和分為三類。參考華民政務司的紀錄，1920 年香港僱主組成的同業組織共有 11 個、僱員組成的有 31 個、勞資結合的同業組織有 20 個。翌年僱員組成的同業組織數目有多於一倍的增長，數目達 70 個，其餘兩類各減一個 [34]，即一年內有多達 39 個工會成立；又參考《香港華字日報》所載，兩天內已有五個本地工團開幕 [35]。在華民政務司的紀錄中，1920 年至 1921 年進行罷工的工會少於十個，就碼頭咕哩方面，在 1920 年同德工會成立至海員罷工前，並沒有運輸工人罷工的紀錄，即工會的成立與罷工不一定有直接的因果關係，而可能是受到廣東省的號召而在短時間內相繼成立。在 1921 年 5 月 3 日集賢工會在油麻地倚芳酒家開幕當日，與會者有聯義社（航海業的聯誼會）社員蔡文修，在開幕禮上倡民生主義 [36]。參考廣東省檔案館的紀錄，聯義社緣於 1904 年，直隸於中央黨部之下，1928 年聯義社改為廣東省港澳輪船公司海員特別黨部，受中央黨部委派九人為籌備委員，其中一人是蔡文修 [37]。參考莫世祥的研究所得，蔡文修於 1910 年加入同盟會，是聯義社的創始會員，孫中山曾派蔡文修等人到香港協助海員工會成立。1921 年 3 月 6 日海員工會開幕，蔡氏是該會副會長 [38]。換言之，蔡氏與孫中山革命黨有相當的淵源，而在中華民國成立之前，碼頭咕哩也有革命黨人，例如同德工會創辦人何松，曾參與惠州三洲田的革命起義。蔡氏可能是透過海員與碼頭工人兩個相近的行業，以革命黨員的身份，鼓勵工人成立工會組織，然後與集賢工會的成員建立連繫。因此本研究認為碼頭咕哩工會成立的背景與國民黨的滲透有直接的關係，到 1922 年工會參加海員罷工，並非純粹出於同情，而是國民黨的代表在當中推動而成的。

省港兩地的連繫可見於工會之間的互動。1921 和 1922 年分別有僑港工團總會及華工總會成立，這些工會組織與廣東總工會和當地政府都有直接的連繫，廣東總工會和廣東省農工廳甚至可干預本地工會的運作。例如同德工會會員與粵港起落貨工會（即集賢工會）的會員因工作發生糾紛，同德工會需派代表往廣州與香港總工會、省港罷工委員會、廣東省農工廳、粵港起落貨工會等代表召開會議，尋求解決辦法；兩工會會員在河南洲咀因工作而發生衝突，集賢方面認為當地大涌口貨倉是屬該會的工作地點，衝突經省港罷工委員會調停，兩會成員代表同樣需在廣東省農工廳召開會議[39]。

不過，這些總工會同在 1927 年開始難以維持運作，廣東省總工會呼籲勸捐都未見成效[40]。原因除了包括工人在大罷工期間回省或回鄉仍未返港之外，還可能因為工會開始本地化。參考報章的記載，在省港大罷工之後，各工會之間的關係開始存在隔膜[41]。又參考華民政務司年報內所載，每年都有不同行業的工人罷工要求加薪。工會透過罷工或與商行談判，或華司的介入而達到共識，而不需依賴總工會甚至廣東的力量才能爭取合理的待遇。因此，本地的碼頭咕喱工會因受內地的政治和文化因素推動而產生，所以在成立初期較依賴內地政府、政黨和工會的力量，採取統一的立場和活動來鞏固自己的勢力。但隨着工會與本地不同的階層包括商人、政府官員有較多的接觸、討論和合作的機會，到 1920 年代末漸漸發展成為本地化的工人組織。

3.2　　工會的職能

1920 年代成立的碼頭工人工會，在職能上比工頭更為複雜。以往的工頭對內處理咕喱館的工人工作安排、薪金和食宿；對外則透過團結工人加強與其他咕喱館的競爭能力，以個別咕喱館的利益為目的，職能也限於一館之內。工會的權責可以影響本地整個碼頭貨運行業中為數過半的同業，甚至是廣東省鄰近地區的工人。同德工會設有廣州、澳門、東莞、開平、新會、台山、汕頭、高雷、瓊崖等地的支會，會員人數只香港一地曾有一萬三千餘人[42]。工會的代表除了處理本地的會務，還要到各地處理當地的事務（詳細可參考附錄 3 的工會大事年表）。

同德和集賢兩個工會雖為當時的現代化工會，但仍保存了部分過往咕哩館的特色。同德工會除了在主席的選舉方面保留地緣因素之外，兩工會亦有承接貨物運輸的職能，類似過往咕哩館的工頭，但似乎沒有直接從工人薪金中扣除承包費。例如同德工會會員專門負責太古倉的貨物搬運，當輪船抵港後，工人將貨物由貨艇運載登岸，然後搬進倉庫，待貨主起貨。工人每月發薪一次，由貨倉的管工頭將工錢發給予工頭，再由工頭發給工人，支薪的過程沒有工會的參與 [43]。

在碼頭貨運行業中，無論在本地抑或在中國的鄰近地區，咕哩因爭工而糾紛、甚至械鬥的事件相當常見。當不同工會或分會之間，或工會成員與非工會成員之間的咕哩，甚至個別咕哩館的成員發生糾紛時，工會扮演調解的角色。行內工人爭執的情況屢見不鮮，尤其是省港大罷工後回省的工會成員，在當地與其他工會爭工。在 1926 至 1928 年，每年都有一至兩次咕哩紛爭，需要工會主席前往當地解決。同德工會與其他工會會員紛爭的例子，有 1926 年 4 月在廣州與粵港起落貨工會發生糾紛，及翌年 2 月與集賢工會於來往省港之西安輪大艙因爭工而發生爭執毆鬥，兩個工會開會商討對策；不同地區分會會員紛爭的例子有 1927 年 6 月香港、江門兩地會員因爭工而起的紛爭，香港同德工會代表張榮、黃孔懷、陳度、盧煜往江門與廣福祥輪監督及江門北街同德工會開會調停。會後香港同德工會定下規章，指兩地咕哩同屬同德工會成員，江門同德工會有挑運廣福祥輪貨物的專利，香港同德工會會員凡往挑運該輪貨物，須報知當地同德工會；調解咕哩館紛爭的例子，有 1927 年 8 月同德工會調解賴記咕哩館與新會咕哩在西環均益倉因爭工而發生的紛爭；調解會員與非會員紛爭的例子，則見於 1927 年 8 月工友在貨船上因爭存貨位置而與另一批店號的工人打鬥，由主席盧貴出面調停，通過工業維持會介入事件；翌年 6 月，由同德工人承接挑担貨物行李工作的江門北街港江

輪船碼頭及寧陽鐵路，經常發生當地工人與同德工人紛爭，車站辦事委員會
邀外來人承充貨物運輸引起同德工人反對，兩派工人打架，香港同德工會因
應當地工人請求，派人前往調解。由以上的事件可見，工會除了與各地分會
有緊密的連繫和合作，還要與當地的部門交涉，以協調和調解紛爭。工會在
本地和鄰近地區都擁有一定的勢力，可訂定規條要求會員遵守。

工會亦保護同行的利益。省港大罷工結束後，因罷工回省或回鄉工人仍
未返港，而在 1920 年代末本地貨運行業的人力資源求過於供，貨運價格上
升，引起米商、鹽商、南北行商及糖商的激烈反對，要求咕哩降低運輸收費。
工會在多次與商行的運費爭議中，為保障工人得到合理薪酬，代表工人與商
行議論。1926 年 12 月，米行因運米費用增幅達兩倍半（如運米一包由四仙
增至一毫），促請同德工會着會員減價。工會主席原代表工人回覆，鑑於生
活消費昂貴，加上工人要將部分工錢扣除給工頭，所賺不多，只可於下月減
至四仙半，即每包米運費只加半仙 [44]。但到 1927 年 2 月茂昌、茂豐泰及茂
豐三所米行繞過廿四行商會，要求主席盧貴着咕哩再調整貨運價格，由於要
求不合理，盧貴要求廿四行商會介入，最後議定每包運費五仙 [45]。到同年五
月，安南莊七所米行要求將每包米的搬運費由 5 仙減至 4 仙半，咕哩不贊成
並醞釀罷工，工會正、副主席希望及時調停，阻止罷工發生，並以搬運費乃
經由廿四行商會共同擬訂為由，不應減價，最後成功與其中六所米行協議，
維持原來的 5 仙收費 [46]。1928 年 6 月鹽業商會與工會爭議工價，鹽商認為在
1920 年代初，百物騰貴，曾增加運輸費，在省港大罷工後，工人回省導致工
人不敷用，又臨時加價，當時協議工潮平息後按原來價格收費，因工會沒有
實行協議，所以要求華商總會介入調停。同德工會代表與鹽業商會及華商總
會葉蘭泉開會討論，並協議新價，爭議得以解決。新定價格雖比爭論時價格
稍低，但仍比原價及 1920 年代初的價格高出近半（參考表 17），由於勞資

表 17：各階段貨運程序的收費比較

工序	各階段收費（每担）			
	原價	1920 年代初	省港大罷工後	協議新價
「入包」	二厘二五	三厘七五	七厘	六厘
「上水」	二分一厘半	二分一厘	二分四厘	二分二厘五
「加減」	二厘二五	三厘七五	三厘七五	六厘
「扎口」	二厘半	二厘五	六厘	五厘
「過船」	二厘二五	二厘五	五厘	四厘
「企磅」	二厘二五	二厘五	五厘	四厘

（香港華字日報，1928 年 6 月 26 日。）

雙方就運費達成協議，工人可免受突如其來減工價的打擊 [47]。

　　同年 7 月太古倉在未經協議和通知下減去工人薪酬，由於工錢經工頭發給，工人原以為工頭提高扣減的工錢，向工會求助。工會主席在太古倉買辦胡禧堂的引見下，與太古倉的司理布朗見面，向他陳述工人生活的困難，結果布朗答應不減工錢，按原來的薪酬金額發給 [48]。

　　工人能賺得的工錢多寡除受所收運費影響外，1927 年政府擬取締人力貨車的措施亦影響工人的勞力所得。由於汽油貨車的普及，加上人力貨車阻塞交通，政府欲取締當時市面運行的半數人力貨車。咕哩認為人力貨車是岸上貨物搬運的重要工具，若改用人力擔挑運貨，每名咕哩可搬運的貨物量必會減少，繼而減少工人收入，咕哩只能通過增加運費維持生計，同時向同德工會求助。工會一方面透過華人代表羅文錦及周壽臣要求政府體恤民情 [49]。又因咕哩搬運者多為南北行商運貨物，另一方面請求廿四行商會會長何世光代向政府求情。但事情並不順利，工會再函華商總會葉蘭泉，代向政府反映工人面對的困難。葉氏曾向政府解釋取締人力貨車不但影響工人生計，且令小型企業因要購置新式貨車而令經營成本提高，難以維持。華商總會、同德

圖 12

除人力貨車外，在 19 世紀末至 20 世紀初，咕哩用竹竿挑擔貨物屬常見。不過，擔挑能運送
的貨物數量相當有限，圖中可見咕哩挑擔貨物拾級而上，有咕哩在工作時也赤腳。圖片攝於
約 1919 年。
（香港政府檔案處）

工會與當局經過多年的交涉，結果政府在 1934 年向華商總會覆函，表示已決定取締當時全港所餘下的 188 輛人力貨車[50]。雖然工商界未能成功爭取保留人力貨車，但由政府公佈草案到落實執行，事隔幾近七年之久，工會尚算能為工人爭取到一個較長的適應期。

工會在工人的品行和專業操守方面，也扮演監管的角色。鑑於 1930 年代香港貿易不景氣，貨物進出口量逐年下降，貨運行業的人力資源由求過於供變成供過於求，碼頭咕哩面臨失業，不少工人在碼頭為輪船乘客搬運行李以作幫補，有工人甚至冒充工會會員恐嚇旅客和與其他工人爭工，招搖惹事，引起工會的關注。於是開會商討，增訂規章要會員遵守，以開除會中不良分子的會籍作為懲處，維持秩序[51]。

工會在咕哩個人、行業，以致社會的層面都發揮重要的作用，會內的運作除了處理行內事務，保障工人的利益之外，對穩定社會和海港貿易亦扮演重要的角色，其在碼頭咕哩群體中的地位和在社會上的認受性凌駕工頭。工會調停工人與其他工會的糾紛，可維持行內的秩序；調停行業與商人之間的爭議，可防止工人罷工，維持貨物運輸暢順；工會在政府與工人之間作協調，可加強政府與基層華工之間溫和的溝通，與過往的咕哩群體往往用暴力和騷亂解決問題的途徑截然不同。

3.3　因勞資糾紛而產生的工人運動

1920 年代粵港工會利用工人作為一個階級作號召，除了可以團結工人為某種政治目的組織工會和參與罷工之外，在群體當中也產生了新的身份。這種身份與過往建基於鄉族的觀念不同，是不一樣的身份認同。以往的敵我關係與地緣關係和華洋種族相連，地緣組織之間的矛盾體現在同行競爭，華洋之間的矛盾則體現在殖民地政府政策與華人基層的衝突上，因而產生了對抗政府的工人運動。新的身份令敵我關係存在於社會上不同的階級，工人運動的性質也隨之改變為勞資糾紛，但由於在香港殖民地社會中，資方往往是洋人，勞資關係夾雜了種族之間的不信任，甚至是對立，令工人運動變得更激烈。海員罷工和省港大罷工就在這樣的氛圍下，吸引香港工人參加罷工行動。

1922年海員罷工因海員要求加薪而起，由於勞資雙方爭持不下，引發其他行業的工人同情海員，加入罷工行列。碼頭咕哩在1922年1月下旬也參加罷工，參考罷工領袖鄧中夏所述，這些工人以工頭和小買辦為主導，起初採取較被動的態度。不過由於海員罷工，輪船停止運作，咕哩亦因為無貨可搬而停工，加上海員工會的溝通工作，咕哩便加入罷工。由於工人數目不少，令罷工工人數目在月內增至三萬餘人 [52]。報章同樣指碼頭咕哩在罷工中處於被動，像是受到威脅才參加罷工。鑑於華民政務司向工人通告，邀請希望復工的工人向警方報告，並承諾警方會保護工人。2月5日，200名碼頭咕哩向警方表示希望復工，結果由警方隨行到卜公碼頭集合，然後乘船到香港九龍貨倉碼頭公司搬貨，貨物當中有柴薪、菜蔬及米糧 [53]。

雖然碼頭咕哩在海員罷工中處被動的角色，工會亦沒有因為參加是次罷工而為本行爭取任何利益。不過，各行業工人在海員罷工吸收了經驗，了解到工人可靠自身階級的團結，爭取較佳的工作報酬。另一方面，殖民地政府拘捕工會領袖、拆去工會招牌等強硬的手法，可能已深化了工人對殖民地政府的不滿，因此到省港大罷工時，通過反帝國主義、反殖民主義等口號號召工人。省港罷工委員會的顧問廖仲愷，在鼓吹工人針對帝國主義抗爭方面扮演重要的角色。他將工人的經濟條件與民族革命，以及對帝國主義的對抗相提並論，提倡只有參與民族革命，才能改變政治和經濟 [54]。因此對香港工人而言，省港大罷工的意義正代表他們在香港生活所累積的壓力。加上省港罷工委員會在當時的宣傳刊物《工人之路特號》中逐日向工人宣佈香港的經濟損失，殖民地政府「快到絕境」，又攻擊不支持罷工者，稱之為「漢奸」等，煽動工人的罷工情緒。罷工延續達近一年半，到 1926 年 10 月才告平息。

省港大罷工因五月中旬上海工潮和五卅慘案而起，香港的工會在短時間內就作出回應，6 月 22 日開始參加省港大罷工。香港工會受中華全國總工會號召，組織全港工團罷工委員會，並派出七名代表，與中華全國總工會及廣州洋務工人罷工委員會所派出的代表，合組成省港罷工委員會。香港同德工會是全港工團罷工委員會的成員，工會代表李棠是省港罷工委員會的執行委員兼副幹事局長；集賢工會的黃鉅洲也成為該委員會的法制局副局長和遊藝部副主任（可參考附錄 4 的省港罷工委員會幹事名單）。

香港工團在罷工中表現相當激烈。全港工團罷工委員會以罷工為條件，向香港政府提出四項要求 [55]，內容主要針對華工所面對的不平等待遇。好像要代表工人發洩長久以來對殖民地政府的不滿，和宣洩多年來在香港工作和生活所面對的壓力。參考香港工團罷工委員會向港府提出「非達到目的罷工不止」的條件，包括：

1. 華人應有集會、結社、出版、罷工之絕對自由（恢復中國新聞報：釋放被捕記者，並賠償損失）；

2. 香港居民不論華洋，應受同一法律的待遇，立即取消驅逐華人出境的條例，及笞刑、私刑；

3. 香港定例局應予華人參與選舉權，並按華人人數計算比例；

4. 制定勞工法，規定 8 小時工作制、最低工資、廢除包工制、改善女工及童工生活、強制施行勞工保險。制定這些勞工法時，要有工會代表出席。

省港大罷工以廣州為大本營，又鼓吹香港工人離港返鄉或到外埠，而廣州設有 11 區的接待處，提供食宿。參考省港罷工委員會最早公佈（1925 年

7月4日）各接待處的回省工人統計數字，卸貨工人主要集中在當地第六區，集賢工會回省成員人數 911 人，是該區有最多回省工人的工會，另不屬工會的卸貨工人有 240 人。全區回省工人數目有 7,827 人 [56]，即貨運工人佔全區 14.7%，十日後，九龍倉工人亦有三百餘人到達廣州 [57]。11 個接待處中其中 9 個在初期已設工人住所，供罷工回省的工人暫住，並按工會分派。集賢工會的工人住所設於太平二馬路、同德工會的工人住所設於黃沙八和會館 [58]。參考《工人之路特號》，在罷工展開後兩個月，回省工人人數已達十萬人，當中最多是海員，運輸工人如同德工會及集賢工會成員人數雖不及海員，但都是首五位最多工人罷工回省的行業之一，而且佔回省工人數目的比例有所增加（參考表 18）。

　　工人在罷工期間與政府的對抗手法，亦由於凝聚的方式改變而與過往的罷工有所不同。在產生工會之前，工人雖曾團結起來為自己的群體去爭取權益，但那些群體以地緣紐帶關係為基礎，身份建基於鄉族，群體按不同籍屬分群，亦缺乏中央的統籌，不容易有一致的力量。而且，工人依賴的是三合會等秘密會社作後盾，多以暴力和破壞社會秩序促使當局讓步。1920 年代的

表 18：運輸工人罷工回省的人數統計（1925 年 7 月至 8 月）

1925 年 7 月	1925 年 8 月
洋務工人 6,090 (10.16%)	海員 4,454 (9.4%)
海員 5,956 (9.96%)	運輸工人 4,187 (8.8%)
煤炭工人 5,341 (8.9%)	煤炭工人 2,691 (5.68%)
運輸工人 3,411 (5.69%)	酒樓工人 1,790 (3.8%)
機器工人 1,732 (2.89%)	機器工人 1,432 (3.0%)
回省工會數：148 個	回省工會數：201 個
總回省人數：59,915 人	總回省人數：47,404 人

（《工人之路特號》，1925 年 7 月 6 日、7 月 24 日、8 月 7 日。）

罷工卻顯示不同的局面，由於兩次罷工都有可供所有行業工人參考和主導的組織，同情海員罷工的工會以海員工會作主導；省港罷工委員會則統籌粵港兩地的工人，運用一致的罷工、談判、工人離港和經濟封鎖的對抗方式達到目的，對殖民地政府的管治、經濟發展和社會秩序各方面的威脅都比以前大。

省港罷工結束後，咕哩也在本地引發其他的工潮，以爭取合理薪酬為目的。1930 年 2 月，東京米莊七家頭因生意淡薄而減咕哩搬米工值三分之一（每包運費 6 仙減到 4 仙），工人發起工潮，並向同德工會求助請介入代為解決，工會代表工人致函七家頭，表示願協議由 6 仙減 2 厘，其中兩間沒有回覆 [59]。華民政務司介入事件，召工會正、副主席及工頭，與東京莊七家米行的代表面談，華司以工人生活所逼為由，勸顧米行勿減工錢，結果米行接納華司意見，取消扣減工錢 [60]。

香港工人在 1920 年代的兩次大型罷工中的經歷，建立和鞏固了他們對自身階級的認知，同時促使他們體會到團結的威力，工人勇於透過罷工向資方提出加薪或反對減薪的訴求，為保障自己的生活發聲，工人運動主要因勞資糾紛而產生。英國歷史學家湯普森（E. P. Thompson）在《英國工人階級的形成》中指出，工人階級意識和工人運動的產生並非自然形成，而是通過工人的共同經驗，以及他們休戚與共的關係，使他們開始反抗其他利益的既得者，產生了階級意識 [61]。湯普森的分析也適用於 1920 年代的香港碼頭咕哩，由於當時的勞工階層面對相同的生活和工作壓力，加上工會取代以地緣關係為基礎的分群，而產生了集體的階級意識和工人運動。

工會透過兩次罷工，在工人當中建立了權威，工會成為工人所投靠和信賴的代表，可以為他們爭取權益。殖民地政府也吸取了非常寶貴的教訓，基層華人多年來面對的壓力，加上華洋之間在制度上、文化上長時間累積的矛盾，引發難以收拾的困局。政府必須在照顧基層方面多下功夫，改變以往只通過條例、採取硬性的監察和控制的方式，才能令基層華人心悅誠服接受殖民地政府的管治。

4.　從紓困措施到勞工政策的萌芽

　自 1920 年代初政府要面對兩個主要的問題，首先是由 19 世紀延續下來的住房等民生問題，還有基層華工的管理問題。但民生問題仍未妥善解決，華人基層又受內地政治的牽動，引發嚴重的社會動盪，影響本地的經濟和社會穩定。1920 年代初正要實行的措施，好像追不上工人日益膨脹的情緒和內地政治活動所帶來的影響。政府要同時處理民生和勞工問題面對不少困難，但危中有機，1920 和 1930 年代的紛亂動盪，卻使政府從過往一成不變的管治方針裏找到新的路向，開始尋求較完善的勞工政策。

4.1　因應基層華工住屋困難而制訂的措施

　自 19 世紀以來，政府一直就華人基層的住屋問題尋求不同的解決方法。但由於華人社群擴張迅速，過往各種控制住房人數和訂立住房規格等措施並不能改善華人的居住情況，何況基層一直缺乏付租能力。1902 年政府設委員會檢討香港人口的住屋情況，該委員會報告總結，在華洋的衛生習慣不一樣的情況下，政府官員並不應將問題歸咎於華工及咕哩等低下階層的陋習，而要他們提供改善的楷模 [62]，所以政府在翌年通過的《公共衛生及建築物條例》（1903 年第 1 號）中，旨在透過規範住房的建築物規格及居住人數等，務求減低華人居住環境的擠逼程度。到 1910 年代末，政府注意到屋租昂貴，開始透過 1917 年《旅店業條例》控制酒店及工人住屋價格 [63]，到 1920 年代又因應民間的訴求，既有住客維持會，又有不同工會要求加薪的罷工。考慮到在各行各業的工人罷工時，對本地經貿發展和政府推行住屋衛生等措施，造成一定的阻礙，所以必須展開不同的措施，檢討和修正工人的狀況如住房價格、物價、工作環境和工資等。其中政府對工人屋租的關注更體現在 1921 年《租務條例》、1923 及 1935 年的房屋委員會報告及 1938 年《防止驅逐租客條例》等官方文獻。這些文獻反映政府在處理香港房屋政策時，採取了與 19 世紀不一樣的着眼點。

　　1917 年《旅店業條例》主要針對兩類住屋，一類供旅客居住的酒店、客寓、客棧，另一類供旅居香港的工人住屋包括咕喱館、僱工外寓及行船館。該條例一方面控制這些住房的居住人數，另一方面控制住房價格。其中規定咕喱館的每日屋租不得超過 50 仙 [64]，即工頭在每月從工錢扣除伙食時，將不能透過屋租苛索薪酬。1920 年代初投機炒賣物業包括商舖及住房的風氣盛行，有謂日賺三毫的工人透過炒賣而坐擁 30 萬元財產者 [65]。1921 年 7 月政府擬訂定法例阻止，7 月 18 日的定例局會議幾乎只集中討論《租務條例》二讀的修訂和通過。當日華民政務司代表住客維持會將搜集所得的 10,142 個商店圖章、326 個個人簽署，另華商總會亦代表 70,400 名會員及 103 個東、西家工會成員合 79,800 人聯署連請願書與會 [66]。在會上華民政務司和代表業主的律師陳述兩方的意願，其中最具爭議的包括租價的釐定、是否取締鞋金和租約終止的通知期限。港督在會上就香港各區屋租在過去兩年內的上升情況詳細陳述，當中不乏加幅超過一倍至兩倍的例子（詳見附錄 5），港督指出訂定《租務條例》的目的旨在保障租戶不被無故加租及終止租約，或以加租的手法逼令無力交租的租戶遷出，條例需要盡快通過。通過的條例可以說大部分因應住客維持會的訴求，政府採納租金標準（即以 1920 年 12 月 31 日的租金為準）、咕哩館等由東主包伙食的屋租價格亦有所限、禁止苛索租金以外的收費（包括鞋金，華民政務司在定例局會議上指鞋金屬華人固有的做法，不予禁止，惟此規定實能阻止業主徵收鞋金）。在屋租條例的風波暫時平息後，政府隨即檢討應如何改善工人的住屋問題，當中尤其重視工人的屋租、居住環境和交通費用。初期的構思包括由政府免費租地與商人，然後由商人建設廠房連工人宿舍，到特定年期之後才將物業和土地歸還政府。在交通方面則構思在中環租庇利街和佐敦道建設小輪碼頭供工人往來港島及九龍。政府更希望每名工人可與家室獨佔一房，每房都設有窗戶以改善過往多人聚居一房的擠逼情況 [67]，這些構思都有待政府的調查委員會完成研究之後才能有定案。

政府設立住屋及勞工的調查委員會

屋租問題並沒有在 1920 年代完全得到解決，1923 年政府委任房屋調查委員會，研究提高居住質素和減低住屋成本的方案。該報告建議政府在人煙較稀疏的地區如黃泥涌峽及淺水灣覓新土地多建屋宇，向基層工人提供廉價的住所，通過渡輪及發展九龍區的電車改善港九交通等，甚至由政府為咕哩提供食宿或為工人提供免費的棚屋，又建議降低土地價格刺激建造房屋等 [68]。可惜 1920 年代初建材價格高昂，政府庫房又不充裕 [69]，加上本地經濟發展因省港大罷工等因素大受打擊，工人亦大量離港返粵，政府沒有跟進該報告書的建議，而《租務條例》亦在 1926 年 6 月 30 日取消 [70]。

到 1930 年代，香港又因為內地抗戰而吸引大量難民，導致屋租仍維持在本港居民難以應付的水平。根據 1939 年的勞工狀況調查報告所述，工人每月需支付板間房租 5 至 6 元供一家大小居住，每名成年人每月食用費亦需 5 至 6 元，如四口之家月賺 16 元並不足以餬口。由於屋租仍佔工人收入相當大的比重，工人的居住環境仍然相當擠逼，一座樓高三至四層的唐樓，每層住 25 名成人，不同的家庭擠於狹小的板間房、閣樓或床位內 [71]。政府一方面通過房屋委員會檢討本地的住屋狀況；另一方面訂定《防止驅逐租戶條例》（1938 年第 6 條） [72]，禁止業主因為有中國難民填充租屋市場而向原來租戶逼遷。1935 年的報告旨在研究改善人口和居住環境的擠逼。按照本地人口發展的趨勢，目標興建 25,000 至 35,000 個住屋單位容納 10 萬至 11 萬個家庭居住，尤其是非技術勞工的家庭及失業者的家庭，建議房租不超過收入的百分之二十 [73]。然而屋租與土地及房屋的供求直接相關，必須發展新的住宅用地，故該委員會建議政府在新界地區如沙田、荃灣、元朗、大埔和粉嶺興建徙置房屋，將人口疏導到這些地區。不過這種構思牽涉食水、交通通訊、防洪及排污，甚至填海等大規模的計劃，殖民地政府庫房緊絀，需再作考慮。政府在 1939 年 6 月通過《城市規劃的法例》（1939 年 20 號），擬開發新界建屋，該條例反映政府採納委員會的建議，其中包括開發土地建屋及規劃康樂等公共用地，但在一年多之後新界遭日軍佔領，計劃亦被擱置 [74]。

20 世紀初政府明白要改善擠逼的居住環境，首要針對的並非基層華人的衛生習慣，而是面對人口的激增和房租等壓力，要先了解這些人口住屋的經濟能力。由於基層往往因無力應付屋租和家庭生活所需，而寧願居住在狹小的空間裏，政府必須在屋租方面着手處理。因此在 1920 年代開始到 1941 年，當政府討論到香港的居住環境時，多涉及基層勞工的薪金和屋租問題，實由於基層勞工是本地人口的主要組成部分，與過往人口流動頻繁的情況相異，而勞工的生活與住屋又密不可分。

4.2　本地華工的管理措施

通過對社團的控制

　　政府在 19 世紀已注意到華人組織的性質，血緣和地緣紐帶關係是華人凝聚和團結的基礎。由於部分與三合會等秘密會社有密切關係，威脅本地的社會秩序，於是 1887 年訂定《三合會及非法會社條例》，將與秘密會社有關的組織定義為非法會社。但因為華人成立的同鄉、同族、同業等社團組織愈來愈多，1911 年政府新訂《社團條例》（1911 年第 47 章），延伸政府控制華人社團的權限，所有成員人數超過 10 人的社團包括行會組織都涵蓋在內，除了已登記的公司、共濟會、新界的鄉族堂會之外，都受該條例規管。條例將社團定義為註冊社團和豁免社團，除這兩類外都定義為非法社團，由總登記官負責，並每年在《政府憲報》更新和公佈兩類社團的名單[75]。但成效似乎有限，因在 1911 至 1919 年《政府憲報》的社團名單中，竟沒有任何碼頭咕哩的社團組織，而根據研究所得，香港在 19 世紀已存在不少碼頭咕哩組織，不過以咕哩館的形式運作，只受住屋登記的規管。1920 年新修訂的《社團條例》針對三合會和損害香港社會秩序的不合法組織，以及與這些組織有關的社團。涵蓋的範圍包括工會、行會組織、會社和公寓。對於社團所發放的文字、圖像、標語等訊息都有規管，條例亦授權政府打擊任何意圖引起中國騷動和在中國犯罪的人[76]。雖然制定新的《社團條例》加強對工會的控制，但只停留在監察和控制的層面，而且針對三合會為主。而當時正醞釀的工人勢力已超越秘密會社，並靠向內地的工會，加上政府仍未能掌握工人真正的訴求，所以也不能防止省港大罷工的發生。

1920 年代兩次大規模的罷工對香港政府採取相似的對抗手法,包括工人集體離港和經濟封鎖。因此香港政府亦執行了相同的條例,希望控制罷工的局面,維持市面的秩序。1922 年 2 月 28 日實施《緊急措施條例》(1922 年第 5 章) 及 1925 年 6 月 25 日實施《緊急措施修訂條例》(1925 年第 10 章) 都是在罷工期間所訂的條例。兩條例的內容大致相同,主要監察文字及圖像等宣傳和郵件及電報等通訊媒介、境內船隻的活動、貨物的生產和出入口;對人力和財物的徵用權;授權與政府官員執法、搜查、逮捕。又針對大量華人離港,政府在 1922 年實施《緊急措施條例》同日實施修改的《限制旅客條例》(1915 年第 19 章) [77],原本華人出入境不受該條例規管,經修改的條文則將中國人列入規管的範圍。

　　1922 年 1 月下旬,運輸工人加入海員罷工後,香港政府隨即在 2 月 1 日下令封鎖運輸工人的工會,並逮捕工會領袖及罷工工人 [78]。1922 年 2 月 8 日,港督司徒拔根據 1920 年《社團條例》,在《政府憲報》中指三個貨運行業的工會,包括勞働同德公會(工會)、集賢公會(工會) 及海陸理貨員公會(工會) 影響香港社會的和平和秩序,並宣告為非法組織 [79]。同年 3 月 7 日,港督再次在《政府憲報》宣告以上三個工會為非法組織,且下令廢止 [80]。又參考《華字日報》所載,1922 年 3 月海員罷工結束後,政府陸續恢復以上三個工會的招牌,及釋放被拘捕的工會辦事人 [81]。由此可見,政府也曾行使條例所賦予的權力,採取強硬的手段阻止其他工會聲援罷工。

檢討及制訂新的勞工管理策略

　　經歷過海員大罷工之後,政府官員就穩定本地社會秩序,檢討較長遠的管治方針。在穩定本地的糧食方面,鑑於本地糧食多依賴進口,海員罷工展開後不久，香港的食物價格已上漲，在 1922 年 1 月中旬，魚肉已因供應短缺而導致每斤貴多五仙，報章更指蔬菜仍可由石歧、廣州及九龍的供應維持數日，亦有價格飛漲的危機[82]。雖然在罷工期間食物價格曾有回落的現象，而政府也稱香港有穩定的糧食供應，並呼籲貯有糧食的倉庫以公平價格銷售[83]。然而到罷工結束後，市面仍未完全恢復[84]。吸取罷工時期的教訓，定例局會議上研究在新界填充被淹沒的土地用作種植本地米糧之用，以維持本地糧食供應穩定[85]。不過討論進度緩慢，到省港大罷工時期，香港的糧食供應仍受糧食封鎖的威脅，省港罷工委員會透過罷工和經濟封鎖對抗香港政府，禁止輪船停於香港水域[86]。委員會內所設糾察隊的其中一項職責，是監視各口岸是否有偷運糧食供給香港市內，旨在截留糧食。1926 年在定例局上仍在進行關於發展新界禽農業、薑的生產的討論，而當時政府計劃透過鐵路和興建道路作為推動[87]。不過，香港市面在 1930 年代受動盪局勢影響，糧食供應並不充裕，物價維持在基層難以應付的水平。而對當時的政府而言，當務之急是要透過對社團的控制，防止社會秩序再受干擾。

在 1922 年 10 月 26 日定例局會議上，有議員形容海員罷工是歷來令人最不愉快的經歷和苦澀的教訓，並指政府必須加強控制工會、同業組織或社團[88]。然而除了透過 1920 年《社團條例》，將可能對政府有威脅的工會或社團，宣告為非法社團之外，政府沒有進一步的監察措施或訂定新條例。到省港大罷工發生後，政府明白工人所面對的壓力和對政府的不滿，同時這些壓力和情緒促使他們容易受內地工會的煽動和控制，從而引發嚴重的罷工。1927 年 7 月，定例局通過《違法罷工條例》（1927 年第 10 章），該條例以防止脅逼的行為、違背僱用合約及維持本地工會獨立為大前提。在定例局會議上議員一直強調不反對以改善工人生活而產生的罷工，而條例當中有不少針對兩次大罷工的內容。例如第 3 條指違法罷工是「非獨援助本行工業之爭執（，）且圖謀或用以直接要挾政府（，）牽連居民全體或其大部分致受困苦（，）而間接要挾政府者」；第 4 條指不得因工人不肯參與罷工而採取處罰或驅逐出會等手段；第 7 條第 1 節規定，在本地成立的工會不能與香港以外的工會或組織有緊密連繫，或成為那些工會的一分子，或受那些工會控制[89]，尤其是政治、甚至是共產主義推動的罷工行動。因此定例局議員指在該條例的定義之下，兩次大罷工都是違法的[90]。不過，華民政務司勞工辦公室（Labour Office）負責官員在 1939 年的回顧指出，這條例訂定後沒有被行使過[91]。

　　政府好像也回應了省港大罷工期間全港總工會所提出最低工資的要求。1932 年 8 月定例局通過《最低標準工值條例》（1932 年第 28 章），授權港督委任由五人組成的委員會，由法官任委員會主席，負責建議最低工資，由僱主遵從[92]。不過，條例的成效並不顯著，工人的生活並沒有明顯的改善，碼頭咕哩仍要受減薪的威脅，各行業的工人在生活上面臨經濟壓力。

　　除透過立法和司法途徑，防止激進和具政治性的罷工產生之外，政府在行政方面也有具針對性的安排。19 世紀下半期以來，經常發生本地工人罷工，總登記官主管人口、住屋、工人和船艇登記，同時兼理工人的問題。1913 年總登記官署改為華民政務司，同樣由華司兼理工人及工人運動，在政府的架構內一直沒有專門處理工人問題的獨立部門。華民政務司也在 1922 年的工作年報中指出，香港需要成立讓資方了解工人狀況的機構，避免勞資雙方的誤解，和政府要在衝突發生時介入調停，多費唇舌向工人解釋[93]。但可能政府在 1920 年代面對政治和社會的動盪，這項建議好像未獲政府重視。到省港大罷工結束之後，政府才於 1927 年在華民政府司下設處理工會、勞資糾紛和工人生活條件的辦公處[94]。1938 年發展成為獨立的勞工辦公室（Labour Office），就是戰後的香港勞工處，專門負責相同的事情。由畢特

（H. R. Butter）任首任的負責官員，他還有一項職責，就是調查工人的工作條件和檢討工人薪金等，然後就工人的工資方面提供建議[95]。畢特在上任翌年發表勞工調查報告，當中有不少檢討工人工資和生活等內容。他在報告的建議部分中批評，1932 年所訂立關於最低工資的條例未能收到成效，因為該條例並沒有規定僱主向政府提供向工人所發工資的資料，以致沒有可遵守的最低工資，他形容該條例只是一個政府的立法姿態。因此他建議設一個具有法律權力的商務局（Trade Board），而非一個最低工資委員會，商務局須有權責規定最低工資、規定工時和超時工作的工資。該局由勞工辦公室的負責官員直轄，成員由兩至三位勞方及資方代表組成，這些代表會來自一些特定的行業[96]。

畢特的建議獲政府接納，1940 年 6 月定例局通過《商務局條例》（1940 年第 15 章），取締 1932 年的最低工資法例。條例旨在釐訂本地所有行業的最低工資，防止不合理的低薪。條例的設計基本上參考畢特的建議，商務局由勞工辦公室的負責官員直轄，成員由委任成員和代表成員組成，所有成員由港督委任，但代表成員可由僱主及僱員自行選出，委任成員的人數不得超過代表成員的一半。商務局成員負責開會檢討和建議最低工資，包括計時及計件工作，以及每週或每日工作時數及工資。所有階級、行業都要遵從商務局所擬的工資和時數，未能遵從的僱主將受刑責[97]。

政府在 1920 年代開始關注工人的工作和生活等問題，期間雖有兩次嚴重的罷工造成阻延，政府只能採取臨時的嚴厲手段，以減低罷工對香港社會和經濟造成的傷害。但可以見到在累積了經驗和教訓之後，政府對本地基層的管治方針出現明顯的改變。這些改變在於不單以政府如何管治和監察華人的角度出發，而是透過加強與基層華人的溝通、了解工人狀況之後，才制定相關的措施，可減少華人與政府之間的矛盾。新措施較 19 世紀具長遠的考慮，例如設置商務局檢討工人工資，期望令工人得到合理的待遇，可有助防止勞資糾紛甚至工人罷工。比以往在罷工爆發後才鎮壓和檢討更具前瞻性。

5.　　小結

到 1937 年，英人治港已有近百年之久，香港的經濟、社會發展已相當成熟，惟獨低下階層一直處於貧困的境況。政府在不同的階段，因應群體的特色、社群結構的變化，而面對各種與低下階層有關的難題。1920 年至1930 年代不但是政府管治香港基層華人政策的重要轉捩點，也是勞工組織和勞工政策發生改變的重要時期。

人口的本地化改變了華人社群的結構，引發了失業和住房的困難。但這些困難同時亦引導政府用新的角度去檢討民生的措施。以現今的角度討論房屋的規劃，容易聯想到家庭結構與收入等因素，然而這種關係並不是突如其來的，當了解到 19 世紀的房屋政策曾經有不同的着眼點，就發現香港的房屋政策也經歷過演變的過程。20 世紀初華工的流動性減低，和人口結構的改變正是這演變過程的主導因素。嘗言戰後初期政府的城市重建和規劃的構思以亞拔高比（Patrick Abercrombie）的規劃報告為代表，因為該報告提出全面的城市規劃大綱，又引述了不少大衛·歐文（Sir David Owen）在 1935年房屋委員會報告的建議 [98]。亞拔高比和歐文兩份報告都重較長遠的城市規劃，與 19 世紀城市規劃的着眼點不同，當中必然考慮人口的結構。另一方面，自 19 世紀以來內地動盪局勢、土地短缺等因素，為香港帶來移民人口，基層華工在流動的人口中扮演主導的角色。因此研究華人社會結構和工人的流動情況亦可作為探究城市規劃的另一個角度。

移民華工與本地的社會和制度也經歷了融合的過程。從開埠到 1920 年代，殖民地政府對華人的管治顯得無能為力，累積的社會問題不斷加劇政府與基層華人之間的張力。最後華人採取抵抗，意圖推翻殖民地政府的管治。工人組織的性質在 1920 年代初發生改變之後，迅速轉移到海員罷工和省港大罷工的抗爭，與廣州工人聯合，高唱洋人透過買辦和包工頭等剝削華工，並希望藉罷工打擊殖民地政府，擺脫長久以來華洋之間不平等的待遇，縱然省港大罷工不能成功推翻殖民地管治。殖民地政府反而獲得轉機，軍閥在中國的聲譽極差，中國人難扭轉時局，加上日本侵華，華人在香港接受洋人管治可能是更好的出路。另一方面在大罷工結束後，政府主動改善工人待遇和生活的措施，制訂比以往專門的勞工政策，並加強與工人的溝通。從前文的論述可見，在 1920 年代，當工會要解決糾紛或減薪問題時，尋求協助的對象是商人組織，但商人組織最後仍要向政府求助。到 1930 年代，華民政務司主動介入糾紛，甚至代工會游說資方取消減薪。政府開始掌握解決勞工問題的主導權，爭取工會和工人對政府的信任。可惜政府在未看到成果之前，香港隨即陷入日軍佔領的階段，一切要待光復後才得以繼續推行。

注釋

01. 省港罷工委員會，《工人之路特號》，1925 年 7 月 12 日。

02. "Hong Kong Report on the Census of the Colony for 1921", *Hong Kong Sessional Papers*, No. 15 of 1921, Hong Kong, Noronha & Co., 1921, p.163.

03. "Report on the Census of the Colony for 1901", *Hong Kong Sessional Papers*, No. 49 of 1901, Hong Kong, Noronha & Co., 1901, p.4.

04. "Hong Kong Report on the Census of the Colony for 1911", *Hong Kong Sessional Papers*, No. 17 of 1911, Hong Kong, Noronha & Co., 1911, p.103 (3).

05. "It is the more to be regretted, therefore, that statistics of the number of families resident in the Colony were not obtained in 1921 nor in 1931. The new immigrants are bringing their families with them to settle at least for a time in the Colony, and the old practice of leaving the wife and family in the country home, while the husband makes his living alone in Hong Kong, is falling into disfavour." in "Hong Kong Report on the Census of the Colony of Hong Kong for 1931", *Hong Kong Sessional Papers*, No. 5 of 1931, Hong Kong, Noronha & Co., p.118.

06. "Hong Kong Report of the Census of the Colony for 1921", *Hong Kong Sessional Papers*, No. 15 of 1921, Hong Kong, Noronha & Co., 1921, p.164.

07. "Hong Kong Report on the Census of the Colony for 1921", *Hong Kong Sessional Papers*, No. 15 of 1921, Hong Kong, Noronha & Co., 1921; "Hong Kong Report on the Census of the Colony for 1911", *Hong Kong Sessional Papers*, No. 17 of 1911, Hong Kong, Noronha & Co., 1911.

08. "Report on the Census of the Colony of Hong Kong for 1931", *Hong Kong Sessional Papers*, No. 5 of 1931, Hong Kong, Noronha & Co., 1931, pp.143, 145.

09. 參考何佩然，《築景思城：香港建造業發展史 1840-2010》，香港，商務印書館，2009 年，頁 110 內整理 1844 至 1937 年香港主要食品價格。

10. *Hong Kong Hansard*, 18 July 1921, Hong Kong, Noronha & Co., 1921, p.88.

11. 《香港華字日報》，1921 年 4 月 26 日至 5 月 6 日。

12. 《香港華字日報》，1919 年 9 月 25 日。

13. "The population is now a more settled one, consisting of families neither than of men alone, who used to be crowded together in lodging houses with their wives and families left in their villages in China. This change is most appreciable in Kowloon to which the newcomers appear to be going more than to the Island of Hong Kong. Even in 1921 Kowloon showed a higher proportion of females to males than Hong Kong; it is now even more strongly a family

community." in "Hong Kong Report on the Census of the Colony for 1931", *Hong Kong Sessional Papers*, No. 5 of 1931, Hong Kong, Noronha & Co., 1931, p.118.

14. *Hong Kong Hansard*, 1 June 1938, Hong Kong, Noronha & Co., 1938.

15. "It would undoubtedly be surprising to many to find out to what extent a family of the lower classes is dependent on the earnings of a wife or daughter or on child labour generally. The salary obtainable by the head of the household is in some cases quite insufficient and it is solely due to the few dollars earned monthly by the wife or daughter as a carrying coolie in the lowest class or by sewing or washing in the next grade that the family budget is made to balance. In Ceylon in 1921 such an enquiry was made, and the report shows that, in somewhat similar circumstances, the average throughout the population gave two earners at least in a family of five persons." in "Hong Kong Report on the Census of the Colony for 1931", *Hong Kong Sessional Papers*, No. 5 of 1931, Hong Kong, Noronha & Co., 1931, p.92.

16. 《香港華字日報》，1921 年 7 月 6 日。

17. 《香港華字日報》，1921 年 7 月 7 日。

18. 《香港華字日報》，1921 年 7 月 8 日。

19. *Hong Kong Hansard*, Hong Kong, Noronha & Co., 1921, 18 July 1921.

20. 《香港工商日報》，1936 年 8 月 25 日。

21. 《香港工商日報》，1936 年 9 月 9 日。

22. 《天光報》，1937 年 3 月 28 日。

23. 《香港工商日報》，1937 年 9 月 28 日。

24. 《香港華字日報》，1938 年 9 月 11 日。

25. 《香港華商總會月刊》，1935 年，第一卷第五期，頁（乙）九至十。

26. 《香港工商日報》，1936 年 4 月 29 日。

27. 《香港華字日報》，1927 年 9 月 27 日；1928 年 8 月 8 日。

28. 《香港華字日報》，1930 年 4 月 4 日。

29. 《香港華字日報》，1935 年 3 月 17 日。

30. *Report on the Chinese Guilds of Hong Kong, Compiled from Materials Collected by the Registrar General by A. E. Wood*, Hong Kong, Noronha & Co., 1912.

31. 《香港華字日報》，1930 年 2 月 17 日。

32. 根據香港政府檔案處的紀錄，同德工會的檔案於 2013 年 7 月開放予公眾查閱（檔案編號 HKRS837-1-154）；集賢工會的檔案於 2022 年 11 月開放（檔案編號 HKRS837-1-157）。

33. 何康，《香港勞工運動簡史》，香港，港九工團聯合總會，1985 年。

34. "Report of the Secretary for Chinese Affairs for the Year 1921", *Hong Kong Administrative Reports v. 1921*, Hong Kong, Noronha & Co., 1921, Appendix C, p.C14.

35. 《香港華字日報》，1921 年 3 月 7 日。

36. 《香港華字日報》，1921 年 5 月 4 日。

37. 廣東省檔案館，「廣東省港澳輪船公司海員特別黨部黨員總登記概況」（檔案編號：黨團 5），1928 年。

38. 莫世祥，《中山革命在香港》，香港，三聯書店（香港）有限公司，2011 年，頁 333-334。

39. 《香港華字日報》，1925 年 12 月 10 日、12 月 12 日。

40. 《香港華字日報》，1927 年 3 月 4 日。

41. 《香港工商日報》，1927 年 3 月 28 日。

42. 區少軒，《香港華僑團體總覽》，香港，國際出版社，1947 年，第三章，頁 4。

43. 《香港華字日報》，1928 年 7 月 24 日。

44. 《香港華字日報》，1926 年 12 月 18 日；1926 年 12 月 28 日。《香港工商日報》，1926 年 12 月 29 日；1926 年 12 月 30 日；1927 年 2 月 9 日。

45. 《香港工商日報》，1927 年 2 月 9 日。

46. 《香港工商日報》，1927 年 5 月 3 日；《香港華字日報》，1927 年 5 月 11 日。

47. 《香港華字日報》，1928 年 6 月 26 日；6 月 29 日；7 月 3 日；7 月 4 日。

48. 《香港華字日報》，1928 年 7 月 24 日；7 月 25 日。

49. 《香港華字日報》，1927 年 7 月 16 日。

50. 《香港華商總會月刊》，第一卷第三期，香港，華商總會，1934 年，頁 95。

51. 《香港華字日報》，1930 年 4 月 4 日。

52. 鄧中夏，《中國職工運動簡史》，北京，中國人民大學中國革命史教研室，1952 年，頁 55。

53. *The Hong Kong Daily Press*, 6 February 1922.

54. 省港罷工委員會，《工人之路特號》，1925 年 7 月 16 日。

55. 省港罷工委員會，《工人之路特號》，1925 年 7 月 4 日。

56. 省港罷工委員會，《工人之路特號》，1925 年 7 月 6 日。

57. 省港罷工委員會，《工人之路特號》，1925 年 7 月 16 日。

58. 省港罷工委員會，《工人之路特號》，1925 年 7 月 7 日。

59. 《香港華字日報》，1930 年 2 月 12 日；2 月 15 日。

60. 《香港華字日報》，1930 年 2 月 17 日；"Report of the Secretary for Chinese Affairs for the Year 1930", *Hong Kong Administrative Reports v. 1930*, Hong Kong, Noronha & Co., 1930, p.C9。

61. 湯普森著，錢乘旦譯，《英國工人階級的形成》，南京，譯林出版社，2001 年，頁 1-2。

62. "...if we wish to encourage and promote clean habits and a more sanitary mode of living among the working and coolie class of Chinese residents in the Colony, let us, before condemning them for their dirty habits, give them the means of becoming clean and improving their objectionable mode of living...". in "Report on the Question of the Housing of the Population of Hong Kong", *Hong Kong Sessional Papers*, No. 28 of 1902, Hong Kong, Noronha & Co., 1902, p.654.

63. "An Ordinance to provide for the licensing and control of places where persons are lodged for hire. (No. 23 of 1917)", *Hong Kong Government Gazette*, 12 October 1917, Hong Kong, Noronha & Co., 1917, pp.577-579; "Rules made by the Governor in Council under Section 44 (I) of the Asiatic Emigration Ordinance, 1915, Ordinance No. 30 of 1915, and Section 3 of Boarding House Ordinance, 1917, Ordinance No. 23 of 1917, this 18th day of October, 1917", Notice No. 464, *Hong Kong Government Gazette*, 19 October 1917, Hong Kong, Noronha & Co., 1917, p.602-610.

64. "Rules made by the Governor in Council under Section 44 (I) of the Asiatic Emigration Ordinance, 1915, Ordinance No. 30 of 1915, and Section 3 of Boarding House Ordinance, 1917, Ordinance No. 23 of 1917, this 18th day of October, 1917", Notice No. 464, *Hong Kong Government Gazette*, 19 October 1917, Hong Kong, Noronha & Co., 1917, pp.602-610.

65. 《香港華字日報》，1921 年 7 月 6 日。

66. *Hong Kong Hansard*, 18 July 1921, p.97；《香港華字日報》，1921 年 7 月 19 日。

67. 《香港華字日報》，1922 年 9 月 30 日。

68. "Hong Kong Report of the Housing Commission", *Hong Kong Sessional Papers*, No. 10 of 1923, Hong Kong, Noronha & Co., 1923, pp.107-128.

69. 參考政府 1920 至 1930 年的的財政收支，1926 年至 1928 年及 1930 年都出現財政赤字，其餘的年份即使沒有收支失衡，亦沒有大幅盈餘。"Abstract of the Revenue and Expenditure of Hong Kong"; "Recapitulation of Expenditure with Personal Enrollments Distinguished from Other Charges", *Hong Kong Blue Book*, Hong Kong, Noronha & Co., 1920-1930.

70. "Hong Kong Report by the Labour Officer Mr. H. R. Butters on Labour and Labour Conditions in Hong Kong", *Hong Kong Sessional Papers*, No. 3 of 1939, Hong Kong, Noronha & Co., 1939, p.150.

71. 同上註。

72. "An Ordinance to Prevent Unreasonable Eviction of Tenants, and to Make Provision as to the Rent and Recovery of Possession of Premises in Certain Cases, and for Purposes in Connexion

Therewith. (Ordinance No. 6 of 1938)", *Hong Kong Government Gazette*, 3 June 1938, Hong Kong, Noronha & Co., 1938.

73. "Hong Kong Report of the Housing Commission 1935", *Hong Kong Sessional Papers*, No. 12 of 1938, Hong Kong, Noronha & Co., 1938, p.269.

74. "An Ordinance for the promotion of the Health, Safety, convenience and general welfare of the community by making provision for the systematic preparation and approval of plans for the future lay-out of existing and potential urban areas as well as for the types of building suitable for erection therein. (No. 20 of 1939)", *Hong Kong Government Gazette*, 23 June 1939, Hong Kong, Noronha & Co., 1939, pp.581-584; 何佩然，《地換山移：香港海港及土地發展一百六十年》，香港，商務印書館，2004 年，頁 136。

75. "The Societies Ordinance. (No. 47 of 1911)", Chaloner Grenville Alabaster, *The Laws of Hong Kong, Prepared under Ordinance No. 9 of 1911*, Hong Kong, Noronha & Co., 1912, pp.2045-2061.

76. "The Societies Ordinance (No. 8 of 1920)", *Hong Kong Government Gazette*, 25 June 1920, pp.251-253.

77. "Order made by the Governor in Council under section 10 of the Travelers Restriction Ordinance, 1915, Ordinance No. 19 of 1915, on the 28th of February, 1922" , *Hong Kong Government Gazette*, 28 February 1922, Hong Kong, Noronha & Co., 1922, p.84; "Order made by the Officer Administering the Government in Council under section 10 of the Travelers Regulation Ordinance, 1915, Ordinance No. 19 of 1915, on the 16th day of January, 1919" , *Hong Kong Government Gazette*, 17 January 1919, Hong Kong, Noronha & Co., 1919, p.41.

78. 鄧中夏，《中國職工運動簡史》，頁 55。

79. "[L. S.] R. E. Stubbs, Governor. Societies Ordinance, 1920", Notification No. 63-65, *Hong Kong Government Gazette*, 8 February 1922, Hong Kong, Noronha & Co., 1922, pp.44-45.

80. "Order made by the Governor in Council under the Societies Ordinance, 1920, Ordinance No. 8 of 1920, on the 7th day of March 1922", *Hong Kong Government Gazette*, 7 March 1922, Hong Kong, Noronha & Co., 1922, p.96.

81. 《香港華字日報》，1922 年 3 月 8 日。

82. 《香港華字日報》，1922 年 1 月 17 日。

83. 《香港華字日報》，1922 年 3 月 3 日。

84. 《香港華字日報》，1922 年 3 月 8 日。

85. *Hong Kong Hansard*, 22 October 1922, Hong Kong, Noronha & Co., 1922, p.126.

86. 省港罷工委員會，《工人之路特號》，1925 年 7 月 10 日。

87. *Hong Kong Hansard*, 22 April 1926, Hong Kong, Noronha & Co., 1926, pp.20-21.

88. *Hong Kong Legislative Council*, 26 October 1922, Hong Kong, Noronha & Co., 1922, pp.121-122.

89. "An Ordinance to declare and amend the law relating to illegal strikes and lock-outs, to amend the law relating to intimidation and to breaches of contracts of service in certain special cases, to promote the independence to trade unions established within the Colony, and for purposes connected with the aforesaid purposes. (No. 10 of 1927)", *Hong Kong Government Gazette*, 8 July 1927, Hong Kong, Noronha & Co., 1927, pp.295-299; "Chinese Version of the Illegal Strikes Bill", *Supplement to Hong Kong Government Gazette*, 25 June 1927, Hong Kong, Noronha & Co., 1927, pp.307-309.

90. *Hong Kong Hansard*, 30 June 1927, pp.35-39; 7 July 1927, pp.43-48, Hong Kong, Noronha & Co., 1927.

91. "Hong Kong Report by the Labour Officer, Mr H. R. Butters on Labour and Labour Conditions in Hong Kong", *Hong Kong Sessional Papers*, No. 3 of 1939, Hong Kong, Noronha & Co., 1939, p.117.

92. "Minimum Wage Ordinance. (No. 28 of 1940)", *Hong Kong Government Gazette*, 19 August 1940, Hong Kong, Noronha & Co., 1940, p.616.

93. "Report of the Secretary for Chinese Affairs for the year 1922", *Hong Kong Administrative Reports*, Hong Kong, Noronha & Co., 1922, p.C15.

94. Ho Pui-yin, *The Administrative History of the Hong Kong Government Agencies 1841-2002*, Hong Kong, Hong Kong University Press, 2004, p.297.

95. *Hong Kong Legislative Council*, 10 November 1938, Hong Kong, Noronha & Co., 1938, p.171.

96. "Hong Kong Report by the Labour Officer, Mr H. R. Butters on Labour and Labour Conditions in Hong Kong", *Hong Kong Sessional Papers*, No. 3 of 1939, Hong Kong, Noronha & Co., 1939, p.167.

97. "Trade Boards Ordinance (No.15 of 1940)", *Hong Kong Government Gazette*, 21 June 1940, Hong Kong, Noronha & Co., 1940, pp.891-896.

98. 規劃署，《港口及機場發展策略：香港的發展基礎》，香港，政府印務局，1991 年，頁 19；Patrick Abercrombie, *Hong Kong Preliminary Planning Report*, London, 1948。

第五章

抗戰爆發至日佔時期的
碼頭咕哩和工會

（1937 年至 1945 年）

本章旨在補充香港在抗戰和日佔時期的歷史，尤其針對碼頭咕喱行業、工會與工人的出路，他們在日佔時期的工作和活動的改變。藉以觀察日軍管治香港華人的特色，參照英國殖民地政府管治方式的不同之處。

　　自中國抗日戰爭爆發，香港未受戰火波及，市面已開始每況愈下。日軍的侵略截斷中港之間糧食和柴薪等必須品的運輸，香港居民面對物資短缺、通貨膨脹。加上從中國逃到香港的難民人數眾多，1931 年華人人口830,210 人（全港人口 849,751 人）[1]，到 1938 年 1,005,523 人（全港人口1,028,619 人）[2]，1941 年香港防空救護隊進行的人口普查估計香港人口（包括逃難的流動人口）已達 1,639,337 人[3]。人口在十年內劇增，令香港物資、房屋短缺和就業等問題加劇，新增的人口以華人為主。1938 年日軍又開始侵略華南地區，殖民地政府要引領香港進入備戰狀態，在解決本地民生問題方面餘力不足。到淪陷時期，各地航線因戰事而阻塞，港口貨物的流通也因為日軍對物資的戒嚴而受到限制，留港的碼頭咕喱仍然要面對失業。碼頭咕喱等下層華人需自求多福，另尋出路。

　　日軍管治香港時的措施，重點在於支配留港的華人和對物資的控制。日本軍政府採取對民間的社團組織，以及對貨物運輸的程序等各方面監視和直接控制的手段。碼頭咕喱需要在社團和工作程序兩方面重新適應新的編制，工會雖未至於解散，卻失去 1941 年之前所擔任的職能，成為日軍監控工人的媒介。碼頭咕喱與同業工會在三年零八個月的日佔時期，只能沉默應對日軍各種新的措施，相對於英國殖民地政府的管治時期，碼頭咕喱更無從掌握生活和工作，亦難期望能夠透過工會表達訴求。然而，沉默使工會得以在香港重光後迅速恢復，重掌他們在碼頭咕喱行業中的領導角色。

1. 咕哩與工會的發展情況

1.1 碼頭咕哩的就業

　　香港貨物進出口量，自踏入 1930 年代後持續減少，不少碼頭咕哩無貨可搬，就業機會不足。儘管有研究指出在日本侵華後，香港的進出口自 1936 年開始因為內地沿海商埠淪陷，改以香港為華南地區貿易貨物中轉站，而一度變得蓬勃[4]。然而，在內地因受戰難而逃到香港的大量難民當中，並不止有帶同資本和工業生產技術的工業家，令本地生產增加，同時亦有不少工人。這些工人不但加劇了本地房屋和物資的需求，而且與本地工人競爭就業機會。內地資本家到港生產紡織品、火柴、電池及手電筒等，雖然能吸納工人，但這些工廠僱用隨廠遷港的技術勞工，而不是本地的工人，尤其是咕哩一類非技術勞工更不是工廠僱用的對象，只能輕微緩和香港工人的失業情況[5]。同時，本地工廠生產提升在實際上並不代表海港貨物的流量增加，以至能吸納大量的運輸工人。上升的貿易總額以出入口和轉口貨值為基礎，如要衡量工人是否有貨搬應以貨物量作觀察。1937 至 1940 年的出入口噸數統計顯示，出入口貨物噸數承接 1930 年代以來下降的趨勢。加上到 1937 年下半年，從中國湧來的失業男性，他們在返回內地之前加入成為香港失業工人的一部分，這些工人亦可能成為咕哩行業的競爭對手[6]。南來難民以低下階層為主，1938 年勞工司指那些難民大多數都是無財產的[7]，這些人口令香港市面產生大量無牌販子，持牌與無牌販子的比例是 1 比 5[8]，這些人亦會加劇非技術勞工市場的競爭，政府形容非技術勞工的失業情況相當嚴重[9]。

　　各地的軍事形勢亦直接影響香港貨物的出口，日本的軍事佔領令香港與多個地區之間的航運路線被封鎖，貨物運輸停頓，不少碼頭咕哩因而失業。同時物資短缺令通貨膨脹，從 1939 年年首至年終，工人的家庭開支上升百分之二十 [10]；住屋租價過高、業主迫遷的問題雖然在1928年《防止驅逐條例》實施後略有改善，但隨內地難民湧入香港，對房屋需求大增，基層的住屋困難捲土重來 [11]，低下階層的生活面臨更大的威脅。到淪陷前政府仍在檢討條例，尋求改善的方案。因此有研究亦指中國抗戰時期的香港是一個物質豐富的社會，但同時又是一個充滿難民和露宿者的地方 [12]。干諾道西、東邊街較接近碼頭倉庫的一帶為最多咕哩及難民露宿的區域，隨市況變差，產生了不法之徒每日向露宿咕哩和難民勒索一至二仙的風氣，威脅露宿者如不付款則不得在範圍內露宿，曾釀成百多人打鬥的事件 [13]。足見碼頭咕哩面對的困境。

　　殖民地政府隨日軍向南進逼，除解決港內物資和能源短缺、貿易等困難，市面也進入備戰狀態。1939 年政府宣佈《防衛條例》（又稱《防禦則例》），加強市內的戒備，包括對信件的嚴密監控，防範敵軍傳遞消息，有碼頭咕哩和水客因代人帶數十封信函而被控以罰款和苦工監 [14]。政府在 1940 年 2 月將港島和九龍陸上和捕魚海域列為禁區，禁止居民擅自進入 [15]。其後禁區的範圍逐漸擴大 [16]，期間在 5 月 4 日宣佈將碼頭及貨倉也涵蓋於禁區的範圍，包括九龍倉碼頭、香港碼頭及貨倉公司、太古倉碼頭及均益倉等規模較大的碼頭貨倉都在禁區之列，連船艇都要經過當局特許才能駛入碼頭及貨倉禁區範圍 [17]。碼頭及貨倉列為禁區的規定曾令碼頭咕哩人心惶惶，碼頭禁區實施後翌日，九龍倉內過百名長工及散工咕哩發生大打鬥，事緣九龍倉公司事先只為長工咕哩領進出禁區的特許證，但沒有為散工領證，於是所有卸貨工作由長工擔任，散工咕哩因認為會失去工作而發難。守候貨倉外，乘長工咕哩下班時上前圍毆 [18]。部分散工向勞工司求助，並謂每日依賴在九龍倉卸貨謀生的散工苦力少則一千五百人、多則有二千餘人，如不能進入九龍倉碼頭，咕哩將無從求得工作，如禁區一事不能解決，生活將無以為繼 [19]。駁艇卸貨咕哩聲援九龍倉散工而停工 [20]，至 5 月 8 日政府准許向散工發給特許證，衝突始告平息 [21]。九龍倉禁區事件雖未造成大規模的騷動，但卻反映當時碼頭咕哩所面對的壓力，由於咕哩的失業情況嚴重，所以出入禁區的規限觸動散工咕哩作出激烈的反應。

碼頭咕哩的出路也直接受香港外圍不明朗的局勢打擊。戰前省港輪船往來頻繁，航行兩地之間的輪船多達八、九艘，甚至出現激烈的競爭 [22]。自從鄰近的廣州失陷後，日本佔領廣州灣，1940 年宣佈除糧食之外，其他由香港運至廣州灣的貨物一律禁止，而英國隨即亦禁止由廣州灣運往香港的貨物 [23]。英日兩國曾進行談判，商議局部恢復省港兩地的貿易，但未達共識。談判超過兩個月不獲結果，日軍進一步下令禁止所有船舶進入珠江，談判更陷於僵局，更以運貨咕哩制度為爭持點，日方認為應仿照日本本國的制度，統一編配咕哩；而英方則認為應維持原來的運作方式，因為若由編定的咕哩負責起卸，則貨物運輸會操縱於日方，令商人難以掌握貨運程序 [24]。省港的貨物運輸大受打擊，香港不少運輸公司因而倒閉，從事貨運的咕哩亦受影響。日軍對廣州港口的監控嚴密，到淪陷時期，令省港之間的貨物運輸更不明朗。在日軍的控制之下，省港兩地的船舶往來雖然恢復，但在 1943 年 8 月輪船班次經加開後只是隔日開航，用以從廣州運送鮮魚及蔬菜到港 [25]。輪船班次和運輸貨物的數量減少，可想像留港碼頭咕哩的工作機會隨之減少。

面對本港貨運前景不明朗、生活迫人，碼頭咕哩只能通過其他途徑尋覓工作機會。港府進入備戰狀態之後，除了建防空洞之外，政府徵募數千名運輸工人加入運輸輔助隊，以應付戰時在香港的運輸工作，並向隊員承諾如遇意外，其賴以維生的家屬將獲政府賠償。據報章記載當時應募者相當踴躍，填滿名額 [26]。

有些咕哩則選擇離開香港，移往別處謀生。在抗戰期間，由於日軍攻陷中國多個港口，而令不少鄰近地區的運輸路線受到阻塞，或集中在其他港口充當貨物流通的樞紐，因而需大量咕哩作補充。這些地區曾在香港招募碼頭咕哩，成為失業工人的出路。例如 1939 年滇桂越（廣西、雲南及越南）交通線積存大量貨物，急需大量咕哩往越南海防市起卸貨物，以每月用港幣算薪金及提供食宿作為條件 **27**。而在廣東各通商口岸被日軍封鎖後，貨物運輸需依賴通過鯊魚涌運出珠江口 **28**。由於鯊魚涌連接東江，而東江北連惠州、再達河源、南接珠江，令所經的韶關的貨物流量曾一度暢旺。由於當地治安較佳，吸引貨主將貨物經陸路運往韶關，再由韶關經東江及鯊魚涌運至香港，然後轉至其他國家。當時鯊魚涌亦是香港與廣東內陸交通唯一的水上通道，令所有中港之間的貨物流通都集中到當地，因而對咕哩需求大增，且待遇甚佳。香港咕哩得悉鯊魚涌對勞動力需求大增，被吸引大量離港從事挑運，據報章形容日內一批前往求職的咕哩有八十人 **29**。但在同一時期，報章曾公佈鯊魚涌當地爆發疫症，受疫情蔓延的地區亦包括惠州及河源等地，原來在鯊魚涌工作共數萬的搬運咕哩撤離當地返鄉 **30**，可見香港失業的咕哩在生活壓迫之下，寧願冒疫病之險前往鯊魚涌尋覓工作機會。

1.2　　咕哩與工會參加抗戰

日本的軍事侵略激起了反日行動，各地華人表達對日的抵制和杯葛態度。世界各地的碼頭工人以拒絕運輸貨物的形式抵制日本，尤其是日本當時的敵國包括英國和法國的碼頭工人，例如倫敦碼頭工人拒絕起運日本運往英國的棉紗 **31**；後來抵制行動擴至其他英國港口，如密德爾斯的碼頭工會、修咸頓及格拉斯哥的工人拒絕搬運出入港的日本貨物 **32**；法國碼頭工人亦拒運供給日本軍備的貨物 [33]。本地華人社群存在高漲的民族意識,香港的碼頭咕哩亦拒運日貨宣洩抗日情緒。

本地工會曾主導拒運日貨運動,中日戰爭展開之後,日軍借助香港中立之地,在市內搜羅及輸出軍事原料,其中包括軍械原油。1937 年 10 月,某原油公司承接日人訂購原油的生意,正尋求搬運工人,雖然碼頭咕哩正面臨失業的威脅,但同德工會仍堅決拒運供應日軍的原油 [34]。1938 年,日本正侵略華南地區,積極從各處購置金屬,包括用來製造武器的鎢、鐵、鉛金屬也是日人從香港搜羅的目標。在港的愛國碼頭咕哩,因為知道本地某店號正通過大阪輪船輸出鎢鐵,拒絕搬運,引起爭執。但是,拒運鎢鐵的咕哩被香港當局以破壞港府中立為由,拘捕審訊和罰款監禁 [35]。

參考集賢工會理事長何康所述,自七七事變發生後,不少工人到韶關、衡陽、貴州及重慶各地支援抗戰軍事建設,由何康本人任團長,將加入抗日行動形容為「聖戰」。工會又同時呼應蔣介石倡導鼓勵國民精神,在本地積極推動賑災和抗戰。集賢工會與其他十餘個工會發起,動員其他工會共八十餘個工會,在集賢工會的會址舉行「港九工界精神動員大會」的籌備會,議決其中十五個工會為籌備委員,其中包括集賢工會和同德工會 [36]。1939 年 8 月,日軍攻陷深圳南頭,籌備會將八一三上海抗戰兩週年紀念一仙籌款運動所得,撥作賑災之用,集賢工會義學學生亦組織物資徵募隊,接濟難民 [37]。同德工會也推動抗戰賑災運動,除了向商號勸捐救國公債、籌辦長期節衣縮食捐款 [38] 之外,還響應內地勞軍運動,由工會主席和司理到各咕哩館募捐,並請塘西歌姬義唱籌款接濟前方勞軍 [39]。

1941 年 12 月即日軍進攻香港前夕,碼頭咕哩等工人支援香港政府防守,集賢工會等六十多個工會在皇后大道中成立「華人職工互助社」,號召工人加入防守工作。到日軍進攻之時,集賢工會與工人配備武器參與香港保衛戰,負責運輸和肅奸工作；同德工會則協助殖民地政府及中國抗戰運輸 [40]。直至香港淪陷之後，大部分工會領袖和工人退到中國加入抗戰行列 [41]。又根據何康所述，在抗戰時期本地工會曾執行膺懲漢奸的任務，同時打擊向日本示好的報館，包括南華日報及香港日報 [42]。

在抗戰時期有為日人服務的碼頭咕哩工頭被暗殺的案件。1938 年 4 月，惠記公司（又稱惠記運輸公司苦力館或惠記苦力館）東主杜長勝（原名杜昌成，著名睮稱為杜老萬），19 世紀末開始在港承接貨運，公司設於九龍廣東道 570 號，在 1916 年油麻地天后廟重修天后廟書院公所碑記亦可見惠記捐獻三元的紀錄 [43]。從不同的文獻資料看來，惠記苦力館由杜長勝的祖父開始經營，承接日本大阪商船公司貨運生意達四十餘年，其祖父去世後，由杜長勝接辦惠記，其長子亦任職於該商號。1919 年，日人前田寶治郎所撰《香港概觀》，其中一章介紹香港的輪船業，在所列香港承包運輸工人的商號部分，只有杜惠及複興兩所，其中杜惠相信就是杜長勝的祖父。1938 年 4 月 24 日，杜長勝在油麻地寓所附近遭黑影連轟三槍身故。事後，大阪商船公司謂乃念杜氏任咕哩工頭的功績，准許其工頭職位世襲 [44]，可見杜氏與大阪商船公司的關係甚好。在 1943 年 8 月 1 日即淪陷時期，日軍在港成立大賣市場（中央貨物批發市場），監控商品分銷及運輸，指定在大賣市場由貨船起卸貨物到碼頭的搬運工作，由惠記公司包辦 [45]，可見該公司與日人的關係到日佔時期仍延續下去。

杜長勝遭槍擊一案，警方只能懸紅緝拿兇徒，報章對杜氏被殺到出殯等情形都有詳細報導，但沒有報導警方緝兇的結果，卻稱將兇案發生的原因交由公眾定奪，令案發原因懸疑。不過，杜長勝是少數為日本商人推薦的碼頭咕哩工頭，當時香港華人民眾抗日情緒高漲，而 1938 年港府仍對戰事表示中立態度，若杜氏被殺屬工會領袖何康所謂勞工界消除「漢奸」的行動，案件也有成為懸案的可能。

2.　　日佔時期的監控及秩序重整

2.1　　對工人組織的監察手段

在日佔前夕，日方已從不同方面掌握殖民地政府的備戰策略和市面情況，例如殖民地政府的募兵行動，包括國防隊、醫療隊、消防隊、空襲隊、預防隊、特別警察及交通整理隊等備戰工作[46]。1941 年 11 月，日本陸軍省南支那派遣波第 8111 部隊調查香港下階小市民及勞動（働）者狀況[47]，其報告內容顯示日佔時期控制香港市面的措施，與日人如何解讀香港低下階層直接有關。調查報告詳細記錄香港糧食及柴薪價格、勞動階層的工資，總結 1930 年代香港工人生活指數大幅上漲，加上勞動所得微薄是經常發生罷工和反英活動的原因。日方認為這些本來為經濟鬥爭而產生的罷工，卻被中國的共產黨和國民黨拿來作為「抗日民族統一戰線」的策略。日方既在進攻前夕的調查得出工人與民族抗戰的結論，加上本地各行業工會與工人確曾有激烈的抗日行動，在佔領香港後，必然有相應的監控措施，而這些措施也呼應了香港在日佔時期的管治方式。

日軍當局首先透過不同界別的代表人物，任兩華會成員，傳達日人的政令。例如勞工界有港九勞工總會會長林建寅、港九總工會（後稱香九總工會）會長凌康發。日軍將香港劃分為二十八區，每區設正副區長，這些區長和副區長是華人的代表人物。運輸界商人郭顯宏（1890-1961）當時任銅鑼灣區區長。郭顯宏是顯發運輸公司的總經理，該公司成立於約 1910 年[48]，承接鐵路及碼頭貨物運輸。郭氏在 1921 年監督該公司運作[49]，是香港著名的股商，又因有不少社區義務工作和捐款而受公眾稱頌[50]。

在工人方面，工會是日軍施行監控的主要渠道。根據何康所述，在香港淪陷之後，不少工會領袖因為曾參加香港防衛戰，被通風報訊受日軍追捕而逃亡，多數工會停頓。有些工人不願屈服，拒絕運輸貨物，曾令交通運輸陷於癱瘓。日軍時以懷柔手段、時以威逼利誘，召集工會代表協商恢復工會 [51]，但同時又嚴格規限集會結社，規定所有在日佔前原有的社團，必須向日人當局申請獲得許可方能恢復會務，並透過華商總會代社團彙報申請 [52]。由此可見，日軍已掌握社團對民眾的代表性，而且希望透過總工會控制各工會，對社團的集會結社作出防範，然後透過工會掌握對勞工階層的操控權。在日本佔領香港之後設置民治部，負責管理香港勞工團體和工人生活，並派員往各工會調查。在淪陷時期出現了一些新的總工會或勞工總協會，這些總工會都由華人出任主席。其中香九總工會（香港九龍總工會）負責調查屬會的狀況，為日軍將屬下工會的資料包括工會業務、人數、地址及現況等整理成冊，交予民治部作為調查的參考 [53]。香港勞工群體非常不齒香九總工會主席的行為，指摘其為「害群之馬」、「走狗」受日軍利用 [54]。可能在香九總工會向日軍提供情報後，不少工會曾受壓逼。

同德工會在淪陷時期仍留守香港，從日軍公佈的營業屆（營業許可證）可見副理事鍾新在列 [55]。同德工會在淪陷前積極抗戰和賑災，到淪陷之後竟出席日本佔領印度仰光慶祝巡遊。這種前後不一致的立場或與同德工會作為香九總工會（香港九龍總工會）的屬會有關。巡遊當日以香九總工會的旗號出席，出席的屬會名單都被統計羅列。日軍透過香九總工會監視其屬下的工會，着該工會進行工團登記，掌握全港勞工組織和工人的狀況，當局民政部亦透過該工會遣送工人歸鄉，提供咕哩免費為年老工人搬運行李 [56]。集賢工會也有相類情況，磯谷廉介就任港督時，全港一百八十多個社團包括工會、商會、同鄉會、銀行及報館等代表共一千二百人，到中環娛樂大戲院出席歡迎會。

集賢工會也在其中[57]。工會立場與日佔前抗戰的激奮態度完全不同，亦可能因為日軍已掌握工會的實況，對工會具一定的威脅。據報章所述，當日歡迎會的委員會安排出席者的刊名領證，即在歡迎會前已掌握出席工會名單。

　　針對碼頭咕哩，日軍也有特定的措施進行直接監控。香九勞工總協會是另一個新成立的勞工總會，碼頭咕哩行業中又成立了香九碼頭搬運勞工協會，勞工協會須奉勞工總會之令改組與之合併，在九龍香取通（彌敦道）設辦事處，為九龍區碼頭咕哩登記，並規定劃一制服以作辨別[58]。該兩個勞工協會又代當局歸鄉事務所宣傳和辦理招募勞工的程序。1944 年 7 月，日軍擬在港招募 15 至 55 歲男性咕哩往廣州搬運土木，填充當地勞工短缺。香港勞工總協會以「凡屬大東亞民眾，均應有所貢獻……所以站在勞工界而言，自應貢獻其勞力，港粵鄰接至近，在港做工與在省做工，本無分別……」作呼籲，又宣稱招募行動可解當時咕哩面臨失業和生活所困，不但待遇優厚，每日供應三餐，處方提供醫療服務，日薪四圓五十錢，且登記後在港的家庭成員可獲配給每人每日六兩四的米糧，並可代匯款回港給家人。該會又稱可賦與「自信有能力」的咕哩頭目（夫頭）名銜，給予證書，負責招募旗下咕哩，當局記錄夫頭代募的功績[59]。在港幣嚴重貶值和通貨膨脹的階段，若一日圓相等於四港元[60]，每日四圓五十錢的薪酬實算可觀，雖然物價比戰前貴近三十倍（戰前每斤豬肉為 0.66 至 1.32 元），但日薪至少可購得半斤豬肉（見圖 13）。香九碼頭搬運勞工協會亦負責設定碼頭咕哩搬運貨物的隊伍，日佔時期原有兩隊碼頭貨運路線包括瓊山碼頭及接駁各處的貨物搬運，後該會增設第三隊（稱第三線）專門接駁深水埗雪廠橋、旺角三益碼頭，及油麻地四方街碼頭等貨物搬運[61]。

圖 13

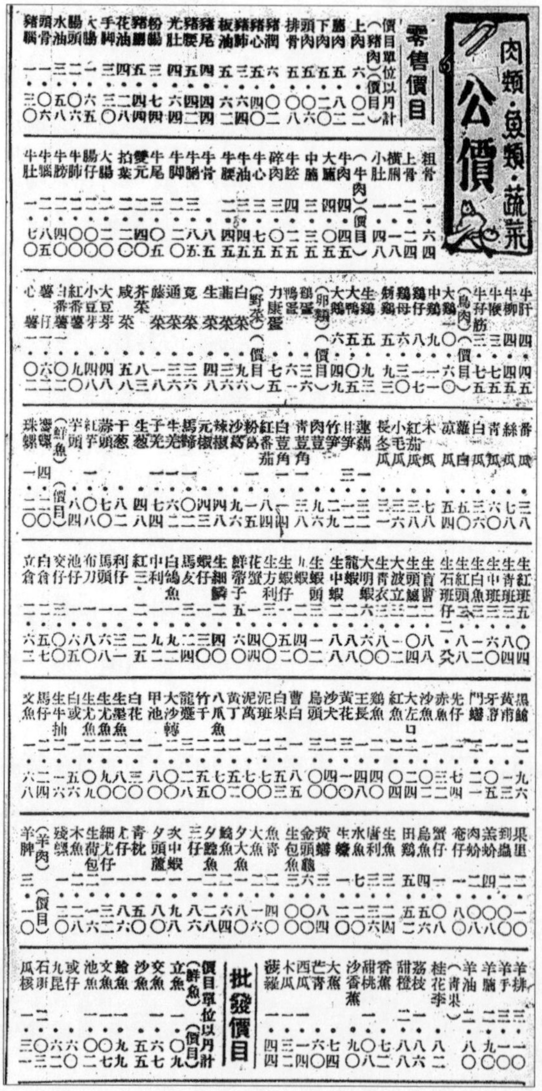

報章記錄食材公價，根據當時的換算 1 円即一日圓，一日圓等於一百錢。
（《南華日報》，1943 年 6 月 26 日。）

2.2　通過規管海港貨物運輸控制軍用物資

　　日佔時期香港物資短缺，除糧食外，燃料如柴薪和煤也是必需品。在糧食和必需品方面，日軍除透過歸鄉政策和進行糧食配給，減少人口對物資的消耗，因為限制離港人士所攜帶的物資，通過行李檢查防止走私香港物資到其他地方之外 [62]，對搬運工人所搬運的物資亦有所限，除非進口物資為必需品 [63]。在減省燃料方面，用帆船、人力貨車和馬車進行貨物運輸是節省燃料的方法之一，因此在日佔時期對於港內船艇的監察，亦主要針對帆船。

　　據目前所得資料，日軍曾通過不同的機構監控香港對外和對內的船艇和海港貨運。佔領地總督部首先設立帆船運輸組合，吸納港內帆船貿易公司及其所屬帆船名單，設定行駛路線。在中明治通（皇后大道中）設事務局，由華人任組合的首長，負責向總督部報告和商討事務。當局經報章刊登通告，鼓勵香港帆船加入機構，以「調劑本港物資供給」、「利用大小帆船調節本港與外埠貨物之流通」、「新香港復興」為目的 [64]。日軍又極力提倡商民用帆船進行貨物運輸，一方面保持外來物資的補給，另一方面減省燃料 [65]。加入該組合是當時經營船艇運輸業務的重要條件，在日佔時期的報章廣告可見，帆船貿易公司利用「香港帆船運輸組合員」的身份作招徠 [66]。這是由於帆船運輸組合為所屬組合員的帆船批准行走路線，始能啟航。例如振東貿易運輸公司一艘名「梁根」的帆船，其行走路線主要包括港外即港與澳門、大島、高瀾島、大矜島之間；另兩船名「梁松」及「郭家嫂」幾乎包攬港內各處的路線，包括香港（筲箕灣）、九龍、新界（青山、元朗、荃灣、屯門）、離島（梅窩、長洲、大澳、梅高、東涌、坪洲）及深圳（寶安及太平）各地 [67]。

　　當局又設立港務局，其職能如殖民地政府的船政廳相似，主要負責進行船隻登記，和管理港口。當局規定非本港貿易帆船停泊及進行出入港口手續的碼頭位置，香港島集中於興記碼頭（《香督令》第七號），後改為同安、寶德及平安碼頭；九龍集中於油麻地避風塘（《香督令》第二十三號）[68]，以作監察。登記措施在佔領香港一年後開始實行，最早要求登記的是港內十呎以上的帆船（《香督令》第二十五號），船主必須為其所擁有的帆船登記，否則不承認其帆船擁有權[69]。港務局亦監督和指示民間海運機構的成立和運作。1943年日籍及華籍海運業商人發起組織通船組合事務所，該事務所的經費由成員負擔，另總督部每月發放三百円為助金。不過，組合事務所的自主性相當有限，華人組長要在港務局長監督下處理事務所的工作，其所涵蓋的成員主要是三十噸以下的帆船包括客艇和金星艇，其他船艇包括渡航水路及繫船棧橋則須經港務局批准指示。事務所下設的五個部門包括總務、船舶、會計、文牘和調查，每部門設組合長[70]。

　　通船組合在成立之初以鼓勵的形式呼籲船主加入為成員，但後來卻成為港務局要求必須符合的程序。同年港務局發出指示，規定所有三十噸以下的客艇和金星貨艇登記加入該組合，否則屬違背章規，不能在港合法通航。登記船艇須提交艇主及家庭成員的照片供存檔，然後才可獲通船組合發出通行旗幟，通船組合員證明書、組合員船艇證及家庭成員名冊登記者須繳旗幟工料費一円五十錢。五噸以下的客艇亦須繳交船主照片，家庭成員及船員資料[71]。但重新登記的措施推行得並不順利，在約一個月後，通船組合再透過報章提示港內貨船須登記加入，全港三千餘艘三十噸以下的船艇中，只有千餘艘已登記，還有其餘二千餘艘仍未登記，且有已登記船艇未往領取通行旗幟[72]。可能大部分船主已離港，或不願為日軍服務而不登記。

　　1943年5月，港九市面所有巴士停駛後，需依賴水上交通維持港內的客貨流動。通船組合可動用其組合員屬下的310艘領有通行旗幟的船艇包攬水路航線，航線包括香港至青山、九龍至青山、香港至荔枝角、九龍至荔枝角、香港至元香港（香港仔）、九龍至元香港、香港至荃灣及九龍至荃灣八條航線。其中青山線主要運送新界地區如元朗農產品包括米穀、雜糧和菜蔬，尤其是瓜菜到香港島；筲箕灣運出的貨物亦以農產品為主，由於兩線運送糧食，1944 年 6 月擬分別加置機動帆船及街渡，增加航行班次 [73]。

此外，通船組合還有指定停泊碼頭 [74]，並在各碼頭指派監視員（後改稱「調查員」）指導及輪流指派船艇起落貨及承接生意。在卸運貨物方面的監管更嚴密，凡起落貨，需報告監視員，蓋印後，再向通船組合報告，才能卸運，如有擅自搬運貨物，則當走私貨物論；如運載禁品，也要先得通船組合許可。碼頭咕哩起落貨運費由通船組合規定為每擔二十錢（即港幣八角）[75]，1944 年 6 月改為每擔六十錢 [76]。這種規定咕哩運費的措施，可避免戰前經常發生的碼頭咕哩敲詐船客搬貨工錢的問題。

1943 年民治部轄下成立大賣市場組合，在香港及九龍各設大賣市場（或稱卸賣市場）[77]，是屬中央控制的批發市場。在運作方面，形式像香港的魚類或蔬菜統營處轄下的批發市場。貨物到港後，由大賣市場所轄的碼頭咕哩由船卸到市場，貨物運到各碼頭後，先集中到大賣市場，由市場開投給仲賣人（中間人），而仲賣人要配戴胸章以識別身份，仲賣人承購貨物後轉售給商號 [78]，並規定轉售佣金金額，所投拍的農林水產貨物均有劃一市價。港九兩大賣市場的貨物駁運由專用船艇負責。在碼頭卸貨咕哩方面，由港九碼頭搬運勞工協會的勞工組負責統一管理，以加強對工人秩序和搬運工作的監管，咕哩須穿藍色制服，以十人為一組，每組設組長，其制服加上黃邊作識別 [79]。當局對咕哩設定嚴密的體制，凡貨主或仲賣人「或感覺未善，盡可到該組（勞工組）當事人報告查辦⋯⋯該組主管方面，為訓練工友盡忠服務起見，昨復召集全體工友訓話⋯⋯」[80]。大賣市場組合又規定咕哩運貨工價，貨物由船卸至碼頭收費每件四十錢，此部分運輸工作指定由惠記公司辦理；

由碼頭運至市場收費每件二十五錢；貨物交與仲賣人後，由市場運至各商號收費每件十五錢[81]。資金的分配，每月將收入的百分之九十五分配給咕哩，每人可得平均入息[82]。組合按特定情況調整咕哩運費[83]。

除了透過用帆船運貨節省燃料，在路面貨車方面亦有相應的措施。淪陷時期恢復使用人力貨車，但在維持路面秩序方面則提出新的解決方法，劃定人力貨車容易造成意外的範圍，主要針對陡斜的路面，但不在載貨量方面設特定的措施管制[84]。同時應用馬車運輸貨物，按馬車運費按路程劃一計算[85]。採用馬車運貨的好處是能取代運貨的人力，人力貨車雖能節省汽油貨車所消耗的燃料，但需有一人在前面拉、一人在後面推才能驅動，載重量亦有限，一輛雙馬拖曳的馬車可載重一噸半。加上可能在淪陷時期，港內的咕哩相當短缺，有口述資料謂日軍隨意在街上捉拿中國人往做咕哩，有被逼到東莞石龍工作者[86]，馬車可疏導咕哩人手不足。1937年，殖民地政府全面取締用人力貨車運輸貨物，同樣針對人力車載貨量過多影響路面秩序。比較兩個政府的處理手法，雖然同樣面對人力貨車載貨量過多造成路面意外的問題，不過日軍卻能對貨車的運作加入新的規定，既可保留節省燃料的運貨方式，又可防止意外發生。

從碼頭咕哩的歷史觀察日軍對下層勞工的管理，主要可分為工人組織和工作體制兩方面。前者的重點在於監視下層華人；後者講求紀律，將碼頭咕哩的工作納入中央控制的系統內。無論是工會還是貨運行業的運作，都是透過由華人任主席，同時受當局直轄的機構進行監控，但這些機構卻不是政府部門，它們的角色是下達命令以推行劃一的措施，和向當局進行匯報。

3. 小結

　　日方汲取了香港殖民地政府的教訓，掌握本地工人及社團組織的特性，先發制人，爭取對華人的主導和支配，防範華人抗日情緒的蔓延。雖然在報章上並無關於日軍殘害本港居民的報導，但從新聞的描述當中可感受到當時處處受到監視的緊張氣氛。日軍當局粉飾市面太平，同時施行各種嚴密措施，在報章以「極力鼓勵」等用字，實際卻是要求居民務要遵守的規章，留港的居民只能順從。

　　日軍在佔領初期已很熟悉香港海港運輸的運作、工會組織與工人等各方面的狀況。能在短時間內定出相應的措施，例如華人慣用漁艇兼作運貨和咕哩搬貨後的薪酬分配方法，港內碼頭咕哩失業竟能成為招工往廣州的理由。原因除了包括日本人在戰前一直收集殖民地的情報之外，也因為日軍當局將華人安插在不同界別的崗位，主導他們經營不同類型的組織及匯報組織的事務。但這種方式與一些學者所指殖民地政府的「以華制華」[87] 的方式不同，日治時期的華人代表，無論是兩華會、各組合長或工會主席，其自主性都受相當限制，且直隸於總督部或相關部門之下，他們的角色只限下達命令和提供情報，沒有參議的權利，甚至受到監視，以成就日軍對華人的支配。反觀殖民地政府則容許華人領袖代表自身的利益和民眾，以不同的方式向政府表達訴求。在 1930 年代，工會領袖也可代表工人直接與勞工司協商，爭取工人的利益。

　　英日兩方在管治香港時，都套用本國的制度。但因局勢不同而有相當不同的着眼點。日佔時期對貨物運輸的規範更確切反映，在不同政權的管治和局勢下，貨運行業扮演了截然不同的角色。綜觀日治時期對於海港運輸業及工人的管理，若定義為軍法統治，其最大的特色在於講求紀律和統一。所有船艇的活動路線、登記、運費、碼頭咕喱的組織、工作、薪酬及指揮人員的安排都由中央下達命令，再經不同的「組合」機構執行。海港貨運對日軍的意義，並非在於透過容許自由的經濟活動促進貿易繁榮，而在維持物資供應的秩序，對船艇和搬運工人的規管亦在於維持紀律和防止有用的物資被偷運到其他地方。

因此，在日治時期碼頭咕喱的角色較側重於運送軍用物資，日軍用強權控制工人。與殖民地管治不同，儘管碼頭咕喱在中國抗戰時期面對不明朗的前景，仍可尋求工會的支援，與政府官員、資方和其他同業組織周旋，以爭取較理想的工作條件，或是有另謀出路的自由。但在日治時期，咕喱和工會都受日軍的嚴密監管，即使不願意為日軍效勞，為求自保也逼不得已。有口述歷史記載，由於九龍倉被徵用作日軍的糧倉，該倉的咕喱要服務負責軍需運輸的太尉，搬運倉內的食油和糧食 [88]。工人再不能像在殖民地管治時期，因為在海港貿易上有重要功能而與當局討價還價。

從表面看，日人對香港的管治好像比殖民地政府有效，只因為兩個政權採取截然不同的手段。日人以強硬、高壓、甚至暴力管治，又用人口控制的方法加強當局對華人的監管，但這些用斬殺來威嚇華人的手段對殖民地政府並不可行。經歷過日佔時期，反令人覺得殖民地政府對社會的容忍度較大。英人講求法治、人道的管治方針，讓華人在戰後仍願意回歸香港，繼續接受殖民地政府的管治。

注釋

01. "Population and Vital Statistics", *Hong Kong Blue Book v. 1931*, Hong Kong, Noronha & Co., 1931, p.N1.

02. "Population and Vital Statistics", *Hong Kong Blue Book v. 1938*, Hong Kong, Noronha & Co., 1938, p.N1.

03. Parliament of the United Kingdom, "*HC Deb 18 December 1946 vol 431 cc1951-2*"，轉載自英國議會網上檔案 http://hansard.millbanksystems.com/commons/1946/dec/18/population。

04. 高添強、唐卓敏編，《香港日佔時期 1941 年 12 月 -1945 年 8 月》，香港，三聯書店（香港）有限公司，2002 年，頁 34；蔡榮芳，《香港人之香港史》，香港，牛津大學出版社，2001 年，頁 183。

05. "Report of the Secretary for Chinese Affairs for the Year 1938", Appendix C, *Hong Kong Administrative Reports v. 1938*, Hong Kong, Noronha & Co., 1938, p.C7.

06. "Report of the Secretary for Chinese Affairs for the Year 1937", Appendix C, *Hong Kong Administrative Reports v. 1937*, Hong Kong, Noronha & Co., 1937, P.C8.

07. "Hong Kong Report by the Labour Officer, Mr. H. R. Butters on Labour and Labour Conditions in Hong Kong", *Hong Kong Sessional Papers*, No. 3 of 1939, Hong Kong, Noronha & Co., 1939, p.163.

08. "Hong Kong Report by the Labour Officer, Mr. H. R. Butters on Labour and Labour Conditions in Hong Kong", *Hong Kong Sessional Papers*, No. 3 of 1939, Hong Kong, Noronha & Co., 1939, p.134.

09. *Hong Kong Administrative Reports v. 1936*, Hong Kong, Noronha & Co., 1936, p.24.

10. "Report of the Secretary for Chinese Affairs for the Year 1939", Appendix C, *Hong Kong Administrative Reports v. 1939*, Hong Kong, Noronha & Co., 1939, p.C8.

11. *Hong Kong Hansard*, 1 September 1939, Hong Kong, Noronha & Co., 1939, p.112.

12. 蔡榮芳，《香港人之香港史》，香港，牛津大學出版社，2001 年，頁 183、203-211。

13. 《香港工商日報》，1940 年 7 月 22 日。

14. 《香港工商日報》，1941 年 10 月 30 日。

15. 《香港華字日報》，1940 年 2 月 18 日。禁區範圍包括全香港殖民地，除港島銅鑼灣道、大坑道、寶雲道、花園道至羅便臣道、柏道、般咸道、西邊街及干諾道包圍的區域；九龍不包括馬頭圍道、譚公道及太子至海傍包圍的範圍；天星小輪及油麻地小輪不受限制。

16. 《香港華字日報》，1940 年 6 月 9 日。禁區範圍擴至電話公司、電報局、船塢及太古糖廠與糖廠所有樓宇。

17. 《香港華字日報》，1940 年 5 月 4 日、5 月 5 日。同日水務局轄下的水塘及貯水庫等、所有政府物業、煤氣局、電燈公司北角發電廠、無線電台及氣油倉庫都列入禁區範圍。

18. 《香港華字日報》，1940 年 5 月 6 日。

19. 《香港華字日報》，1940 年 5 月 7 日。

20. 《大公報》，1940 年 5 月 9 日。

21. 《香港華字日報》，1940 年 5 月 9 日。

22. 《香港工商日報》，1929 年 6 月 24 日。

23. 《香港華字日報》，1940 年 7 月 20 日。

24. 《香港華字日報》，1940 年 9 月 23 日。

25. 《南華日報》，1943 年 8 月 5 日。

26. 《南華日報》，1941 年 10 月 19 日。

27. 《香港工商日報》，1939 年 11 月 19 日。

28. 《香港華字日報》，1940 年 6 月 9 日。

29. 《大公報》，1940 年 11 月 5 日、1941 年 1 月 18 日；《香港華字日報》，1940 年 9 月 16 日。

30. 《香港華字日報》，1940 年 11 月 7 日。

31. 《香港華字日報》，1938 年 2 月 13 日。

32. 《香港工商日報》，1938 年 3 月 19 日。

33. 《香港工商日報》，1938 年 2 月 28 日。

34. 《香港工商日報》，1937 年 10 月 19 日。

35. 《大公報》，1938 年 11 月 8 日。

36. 《大公報》，1939 年 6 月 19 日。

37. 《大公報》，1939 年 8 月 22 日。

38. 《香港華字日報》，1938 年 3 月 19 日。

39. 《香港華字日報》，1940 年 3 月 10 日。

40. 區少軒主編，《香港華僑團體總覽》，第三章，香港，國際出版社，1947 年，頁 4。

41. 何康，《香港勞工運動史》，香港，港九工團聯合總會，1985 年，頁 4-5。

42. 何康，《香港勞工運動簡史》，香港，港九工團聯合總會，1985 年，頁 4。

43. 科大衛、陸鴻基、吳倫霓霞，《香港碑銘彙編》，第二冊，頁 442。

44. 《天光報》，1938 年 4 月 25 日；《香港工商日報》，1938 年 4 月 25 日；《香港華字日報》，

1938 年 4 月 25 日。

45. 《南華日報》，1943 年 8 月 3 日、1943 年 9 月 10 日。

46. 日本國立公文書館，「香港で募兵　神州日報十月二十六日」，昭和 16 年（1941 年）
10 月 29 日，日本國立公文書館藏。

47. 陸軍省南支那派遣波第 8111 部隊，「香港ニ於ケル下層小市民及労働者階級ノ状態」，
昭和 16 年 11 月 3 日，日本國立公文書館藏。

48. 《香港華字日報》，1931 年 4 月 21 日。

49. 《香港華字日報》，1921 年 10 月 1 日。

50. *Hong Kong Daily Press*, 27 June 1938;《香港工商日報》，1961 年 10 月 6 日。

51. 何康，《香港勞工運動簡史》，香港，港九工團聯合總會，1985 年，頁 5。

52. 《南華日報》，1942 年 7 月 24 日。

53. 《南華日報》，1942 年 5 月 7 日。

54. 何康，《香港勞工運動簡史》，頁 5。

55. 《南華日報》，1944 年 6 月 14 日。

56. 《南華日報》，1942 年 2 月 14 日。

57. 《南華日報》，1942 年 2 月 25 日。

58. 《南華日報》，1943 年 3 月 18 日。

59. 《南華日報》，1944 年 7 月 12 日、7 月 13 日。

60. 研究指 1942 年 7 月起，軍票兌換港元的匯率為一兌四。參高添強、唐卓敏編，《香港
日佔時期 1941 年 12 月 -1945 年 8 月》，香港，三聯書店（香港）有限公司，2002 年，
頁 108。

61. 《南華日報》，1944 年 7 月 8 日。

62. 《南華日報》，1942 年 11 月 13 日、1943 年 11 月 25 日。

63. 《南華日報》，1943 年 7 月 30 日。

64. 《南華日報》，1942 年 7 月 6 日、7 月 10 日。

65. 《南華日報》，1943 年 3 月 21 日、3 月 26 日。

66. 《南華日報》，1942 年 11 月 8 日、11 月 21 日。

67. 《南華日報》，1942 年 11 月 6 日。

68. 《南華日報》，1944 年 6 月 8 日。

69. 《南華日報》，1942 年 10 月 21 日。

70. 《南華日報》，1943 年 6 月 23 日。事務所的發起人包括南中海運會社廖炳泉、東南航
業公司余文冰、南海運輸貿易公司澤田玉喜、振東運輸貿易公司張達之、鐵輪帆船會

社楊學堯。發起人各負責事務所五個部門的組合長。

71. 《南華日報》，1943 年 8 月 16 日、8 月 17 日。

72. 《南華日報》，1943 年 9 月 12 日。

73. 《南華日報》，1944 年 6 月 20 日。

74. 船艇指定停泊的碼頭包括四方街碼頭、杜老誌碼頭、筲箕灣碼頭、瓊山碼頭、大東南碼頭、銅鑼灣避風塘碼頭、油麻地避風塘碼頭、深水埗雪廠碼頭、油麻地三益碼頭、元香港街渡碼頭、平安碼頭、紅磡碼頭、筲箕灣避風塘碼頭等。《南華日報》，1943 年 10 月 14 日。

75. 《南華日報》，1943 年 10 月 9 日。

76. 《南華日報》，1944 年 6 月 4 日。

77. 《南華日報》，1942 年 8 月 3 日。

78. 《南華日報》，1942 年 10 月 14 日。

79. 《南華日報》，1943 年 7 月 1 日。

80. 《南華日報》，1943 年 11 月 8 日。

81. 《南華日報》，1943 年 8 月 3 日。

82. 《南華日報》，1943 年 6 月 23 日。

83. 《南華日報》，1943 年 9 月 16 日。

84. 《南華日報》，1944 年 6 月 9 日。

85. 馬車收費每小時軍票 5 圓、兩小時 7 圓，此後每多一小時算 3 圓，不足一小時亦當一小時算。《南華日報》，1942 年 12 月 8 日。

86. 劉智鵬、周家健，《吞聲忍語：日治時期香港人的集體回憶》，香港，中華書局（香港）有限公司，2009 年，頁 97 及 247。

87. 高添強、唐卓敏，《香港日佔時期 1941 年 12 月 -1945 年 8 月》，頁 92。

88. 劉智鵬、周家健，《吞聲忍語：日治時期香港人的集體回憶》，頁 245。

總結

碼頭咕哩是因應近代沿海城市的開拓而產生的職業，這些人多是由農村移入城市謀生的人口，雖然是外來人，卻對城市的發展具相當大的影響力。由於他們為數眾多，往往直接影響城市的人口結構，這種情況不但出現在香港社會，其他中國城市也有相同的情況。參考黎霞對上海和武漢碼頭工人的研究所得[1]，這個行業的興起促使年青男性在兩個城市的人口中的比例增加，與本研究所得有相通之處。這些城市的家庭結構偏向由單身男子定居後成立的小家庭，取代傳統的大家族。與此同時，碼頭工人群體為城市帶來治安和環境衛生等社會問題，關於香港的情況已於第二及第三章討論。上海的碼頭工人的貧窮和流動性，加上碼頭幫派林立，威脅社會治安；武漢碼頭工人居住在棚屋也引起環境衛生的問題。由此可見，綜合本研究與其他城市碼頭工人的研究所得，碼頭咕哩能代表所在的社群，研究他們的歷史有助認識更全面的城市歷史面貌。

由於碼頭咕哩需要在不熟悉的社會工作和生活，這些移民需要投靠親戚或語言相通的人，通常是同族或同鄉者，以適應在僑居地的生活和維護彼此的利益，於是產生了以血緣和地緣關係而凝聚的群體。因此，碼頭咕哩除了可被理解為一班屬相同行業的工人之外，也應同時被理解為一個包含多個零碎分群的群體，這些分群都是同鄉同業組織。本研究認為當討論香港華人的身份認同時，不能忽略分群的因素。直至 20 世紀初，碼頭咕哩的群體意識除了基於同業的身份之外，還有同鄉或同族的身份，因此容易產生多個具有一致行動的同業組織，互相之間存有合作與競爭的關係。在一些中國城市的碼頭工人也有基於分群而產生的群體意識。黎霞所寫的武漢和上海碼頭工人都是暫居謀生的農民，上海碼頭工人來自不同的區域，擁有各自的地域文化特色，大都與同鄉同姓聚夥工作、生活，居住在他們從事工作的碼頭周圍，漸漸形成新的社區；武漢的碼頭工人的分群則按工種區分，互相不得僭越並自訂幫規。

　　1920 年代香港碼頭咕哩的同業組織和身份意識都產生改變，主要因為工人長時間承受經濟壓力，加上殖民地政府多次推行損害工人利益的措施，形成隱藏的反抗情緒，伴隨國民黨推動廣東工人組織工會，廣州的支援和煽動令工人變得敢於宣洩不滿情緒，在咕哩群體中形成工人的身份認同，比過去較重血緣和地緣的身份認同更具包容性，更易產生團結一致的工人運動。黎霞所描述的武漢工人群體也在 1920 年代產生了改變，一方面因為工人數目增加使群體壯大，行內反而面臨因工人供過於求的失業威脅，加上長期受包工頭剝削；另一面因為在第一次大戰前後產生的反帝國主義思潮在工人群體中煽動，國民黨指導成立工會，產生了具統一性的現代工會組織，以及各種工人運動。香港和武漢兩地的碼頭工人，在 1920 年代因相同的背景產生新的工人組織和工人運動，當中以中港兩地工人之間的緊密連繫為重要因素。

　　傳統行會制度與鄉土情感相連，包含複雜的身份認同，加上與工人在現實中的生計等有直接關係，體現獨特的文化傳統，不易被硬性的現代化制度取締。碼頭咕哩雖在 1920 年代已產生工會，但在工人當中仍保留傳統行會的運作，並得以延續到戰後。參考口述歷史被訪者梁先生憶述，菓菜欄商號通過同鄉工頭組織工人運貨，同鄉工人組織兄弟班承包運輸，工人按照所屬的族群而集中在特定的工種，例如新會人多承包菓菜欄的搬運，同鄉工人也聚居於一屋。另一位口述歷史被訪者「十一哥」，其父親在西環經營苦力館，全館是潮州籍同鄉。潮州人專門承包三角碼頭的貨物運輸，但將貨物經駁艇運到岸邊的工序則由東莞人負責，這種具傳統色彩的招工模式和貨運程序沿襲 19 世紀，反映傳統在華人社群當中具相當的韌度。1895 年政府擬透過登記咕哩館改善華人居住環境的措施，引致工人罷工，公眾提出取締工頭制度也不成功。因為工人、洋商和買辦，仍慣常地需要工頭扮演他們在貨運行業中的中介角色。傳統的制度如果與民生緊密相連，便有生存的空間。在中國其他地區也有傳統文化備受質疑和衝擊的經歷。在 20 世紀初，中國城市的民眾也被新政權挑戰傳統的生活方式，民國政府銳意在不同的地區推行現代化的措施，例如禁止民間迷信及通過警察執行市政，卻不能根除民眾的生活習慣，因為民眾的生活仍需要那些傳統，他們自有保存傳統的對策。

　　碼頭貨運行業發展到現在，雖已沒有工頭，但貨主與工人之間通過中介人串連的運作模式仍然是主流。到 21 世紀，碼頭貨運仍與香港經濟發展緊密連繫，貨物運輸雖不再依賴體力勞動，碼頭工人由咕哩變成貨櫃碼頭的抓結員、理貨員和吊機員等，過往需體力勞動的工序由機械代替，但並不等於他們的工作和生活條件遠較以前的咕哩理想，工人每日竟可長達二十四小時工作，薪金被凍結近十年。在外判制度下，碼頭工人付出的勞動力成為貨櫃碼頭與外判公司獲取利潤的犧牲品。過長的工時與凍結多年的薪酬價格，促使國際貨櫃碼頭公司的工人展開長達 40 日的罷工。外判制度就如 19 世紀的工頭制度，存在相同的弊端。工人需借助工頭介紹才能得到工作機會藉以維生，是工頭獲利的主要途徑，而工人的所得則取決於工頭。從本研究可見，工人透過勞動力所獲的報酬首先被工頭扣除一部分，然後還需用來供養鄉間的家人，和維持自己在香港的生活，食宿等開支由工頭掌管，但生活條件卻不理想。到戰後，這種情況仍然持續，商號與工人之間不是勞資關係。工人搬運一生，只為工頭工作，卻得不到任何福利，也沒有僱員身份去爭取假期和福利。每週工作七天，沒有有薪假期。根據曾經在 1960 年代從事油麻地菓菜欄搬運工人的梁先生所述，工會花了超過二十年時間爭取工人與商號之間的勞資關係，到 1980 年代仍未能成功爭取 [2]。因此，在講求商業利益的香港社會，基層的勞動力往往是犧牲者，中介制度所涉的貨物規模愈大，工頭或中介者在工人身上獲利愈多。特別是現今社會再沒有中介人與工人之間的同鄉情誼。

作為英國的殖民地，香港對英國來說利益不在本地能提供的天然資源，而在於香港成為自由貿易港後，能夠為英國獲取在遠東的利益。因此，殖民地政府的角色是保障這方面的利益，包括要爭取外商在香港進行商貿活動的信心和貨物流通暢順。上文的研究說明，碼頭咕哩群體與以上兩者均直接有關，當中牽涉勞動力供應的穩定性、社會秩序和居住環境的衛生等各方面，往往影響香港的營商環境。但是一個長時間面對庫房赤字的殖民地政府，怎能以有限的資源和人才維持良好的通商環境？唯有就地取材，一方面參照已在英國推行的政策，例如早期的住房規格；另一方面借助華人中具有權勢的人物，幫助政府推行希望加諸華人身上的政策。工頭是政府借助控制碼頭咕哩的對象，正如中國國民政府對碼頭工人各幫派實行幫規反而予以維護，希望藉以維持社會的穩定 [3]。不過香港的工頭對咕哩群體的控制是兩面的，他可以讓工人配合政府的運作，也能讓他們反對政府。因此從開埠到 20 世紀初，政府在這種利與弊之間掙扎，面對管治華人基層顯得相當無力。到 1920年代，中港工人的連繫促使香港華工團結起來反抗資方或洋人，與政府抗衡的力量更大，但卻不能再借助工頭作制衡，要與工會直接溝通和合作才有出路，在 1930 年代萌生了本地的勞工政策。華人基層對殖民政府的態度也經歷轉變，他們對政府的不滿，加上生活上的壓力，釀成華人的多次工人運動或民眾運動。直至 1920 年代，華人開始在香港養妻活兒，融入本地的生活；但同時又受生活壓逼和內地思潮影響，將華人基層對政府的不滿推至高峰，形成兩次大規模罷工。直至罷工平息，基層面對新的壓力，殖民地政府把握機會修補與工人之間的關係，加強與工會的溝通和合作，重新建立雙方的關係，因此華人仍願留港接受殖民地政府的管治。到戰後，政府迅速成立勞工處，是沿襲戰前初訂的勞工管理方針。不過，隨國共內戰爆發，本地工人再捲入政黨的矛盾當中，殖民地政府要面對新的挑戰。

　　總括而言，基層工人既在早期佔本地華人人口的大部分，對於以海港貿易為經濟發展主脈的香港來説，貨物運輸多年來都是民生所繫，這個像是人們熟悉但又不太熟悉的群體卻從來沒有人研究，是因為資料所帶來的局限。基層工人欠缺文字紀錄，儘管是咕哩館的第二代經營者，亦沒有保存任何的紀錄和曾經用來搬運貨物的工具，流傳下來的線索是零碎的，令歷史研究者感到難以着手進行研究，但這是必須克服的困難。本研究希望透過以上碼頭咕哩的故事，説明下層民眾歷史的重要性，開拓香港社會史的研究，甚至作為世界華人社會比較研究的基礎。具有相同文化和背景的華人，在世界各地必然與當地的政府和文化產生不同的衝突和融合的過程，因而產生可能不一樣的歷史，當中或與本研究的結果有所異同。筆者希望透過本研究所得，審視現今社會的價值觀和制度，目前香港鬧得熱烘烘的各種民生問題，例如最低工資和炒賣樓市導致住屋價格高昂的問題，都是百年前的港英政府經歷過的困難。而歷史說明，在保障基層的生活質素方面，必須由政府扮演主導的角色，才能緩和當局與民眾之間的矛盾，儘管在日佔時期進行軍法統治，日本人在佔領香港之前都要先掌握低下階層市民和勞工的狀況，尋求佔領後的管治方針，足見基層華工對社會的代表性和影響力；港英政府管治香港處處考慮基層的訴求，是值得現今當局借鏡的。

注釋

01. 黎霞，〈近代上海的碼頭工人〉，《周口師範學院學報》，第 27 卷第 6 期，2010 年 11 月，頁 84-87；黎霞，〈碼頭工人群體與近代武漢社會〉，《武漢文史資料》，2010 年第 12 期，頁 54-57。

02. 口述歷史：梁榮佳先生（倉庫碼頭運輸業職工會主席），海港運輸業總工會會址（九龍佐敦渡船街 28 號 5 樓），2012 年 3 月 30 日。

03. 黎霞，〈近代武漢碼頭工人群體的形成與發展〉，《江漢論壇》，2008 年第 10 期，頁 81。

附錄

1. 1860 年香港咕哩館所在地

為方便讀者掌握資料，內容按街道名稱英文字母排序。

所處街道	房屋用途	住戶姓名
Bowring Praya	Store	Hung Foong
Bowring Praya	Store	Tat Foong
Burd Street	Opium farm	Teen Yuen
Canton Bazaar	European good store	Inan Hing
Canton Bazaar	European good store	Kong Cheong
Circular Building	Ship compradore	Fat Hing
Cochrane Street	European good store	Woh Shing
Dagular Street	Residence and godown below	Smith Archar & Co.
Duddell's Lane	Residence and Godown	A. E. Vancher
Duddell's Lane	Military occupation	Bakery
Duddell's Lane	Military occupation	Godown
Duddell's Lane	G. Duddell	Godown upper floors
Duddell's Lane	Godown	P. F. Cama & Co.
Duddell's Lane	Warehouse upper floors	Vancher Freres
Duddell's Lane	Godown	Walker Borradaile & Co.
East Point	Coolie	Apang
East Point	Opium Dealer	Chan Sow Chun
East Point	1 extensive ware house	Jardine Matheson & Co.
East Point	1 extensive ware house upper floored	Jardine Matheson & Co.
East Point	1 stone coal godown boarded between the pillars	Jardine Matheson & Co.
East Point	1 stone coal godown boarded south of the pillars	Jardine Matheson & Co.
East Point	4 stone coal godowns	Jardine Matheson & Co.
East Point	Coolie	Lee Koon Sing
East Point	Coolie	Occupant

所處街道	房屋用途	住戶姓名
East Point	Coolie	Yeep Apoo
East Point	Coolie	Yun Lee
Endicott's Lane	Ship compradore	Ahmoe
Endicott's Lane	Ship compradore	Ee Kee
Endicott's Lane	Ship compradore	Ee Loong
Endicott's Lane	Ship compradore	Kin Loong
Endicott's Lane	Ship compradore	Lee Lai
Endicott's Lane	Ship compradore	Nam Woh
Endicott's Lane	Ship compradore	Sam Hoo
Endicott's Lane	Ship compradore	Sing Loong
Gilman's Bazaar	European good store	A. Fonseen & Sons
Gilman's Bazaar	Ship compradore	Ahkow
Gilman's Bazaar	Ship compradore	Chow Asow
Gilman's Bazaar	Ship compradore	Kum Loong
Gilman's Bazaar	Ship compradore	Man Loong
Gilman's Bazaar	Coolie	Occupant
Hillier Street	Hong	Lee Acheong
Hillier Street	Hong	Tai Cheong
Hillier Street	Opium Dealer	Wing Cheong
Hollywood Road	Opium Dealer	Fook Yuen
Hollywood Road	Coolie	Occupant
Hollywood Road	Opium Dealer	Wing Sang
Hollywood Road back street	Coolie	Asum
Hollywood Road back street	Coolie	Ayork
Jervois Street	Opium Dealer	Fook Loong
Jervois Street	Opium Dealer	Lee Ching
Jervois Street	Opium Dealer	Lye Yuen
Jervois Street	Opium Dealer	Ng Kee
Jervois Street	Opium Dealer	Ping Kee

所處街道	房屋用途	住戶姓名
Jervois Street	Opium Dealer	Woy Hing
Markwick's Alley	Coolie	Koon Poo
Markwick's Alley	Coolie	Wye Hing
Morrison Street	Ship comprador	Yoong Wah
Near Mosque	Coolie	Atow
Near Mosque	Coolie	Fook Sow
Near Mosque	Coolie	Lee Sow
Near Mosque	Opium Dealer	Loong Hop
Old Chinam's Lane	Coolie	Fat Kee
Old Chinam's Lane	Coolie	Hop Lee
Old Chinam's Lane	Store	Tung Kut
Queen's Road	European good store	Cheong Tye
Queen's Road	European good store	Ching Loong
Queen's Road	Residence and 2 godowns	D. N. Moody
Queen's Road	Extensive warehouse	Dent & Co.
Queen's Road	Extensive warehouse	Dent & Co.
Queen's Road	Extensive warehouse	Dent & Co.
Queen's Road	European good store	Ee Hing
Queen's Road	European good store	Hing Tye
Queen's Road	European good store	Hing Wo
Queen's Road	Millinery European Store	Ho Wineburg Esq
Queen's Road	European good store	Kee Tye
Queen's Road	European good store	Kum Tye
Queen's Road	European good store	Kwan Sing
Queen's Road	European good store	Kwong Yee
Queen's Road	Residences, long godowns to west side, upper floor ware house, and 1 godown	Mr Turner & Co.
Queen's Road	Ship compradore	Ty Kum
Queen's Road	European good store	Ty Shing

所處街道	房屋用途	住戶姓名
Queen's Road	European good store	Wing Fat
Queen's Road	Opium Dealer	Yuen Ching
Queen's Road（East lane）	Coolie	Lee Sam
Queen's Road（East lane）	Coolie	Yeong Fook
Queen's Road East	Opium Dealer	Cheong Woh
Queen's Road East	Coolie	Chow Teen Foo
Queen's Road East	Coolie	Foo Cheong
Queen's Road East	Coolie	Hoong Sing
Queen's Road East	Residences and godowns	Mr A. Hletcher & Co.
Queen's Road East	Residences and godowns	Mr B. Hubaney & Co.
Queen's Road East	One stone coal godown	Mr Dent & Co.
Queen's Road East	Godowns occupying by H. M. War Dept as stores	Mr Lindsay & Co.
Queen's Road East	Residences and godowns	Mr Olyphant & Co.
Queen's Road East	Ship compradore	Toong Fat
Queen's Road West	European good store	Ching Cheong
Queen's Road West	European good store	Ching Kee
Queen's Road West	European good store	Choong Woh
Queen's Road West	European good store	Chuen Woh
Queen's Road West	European good store	Chune Ching
Queen's Road West	European good store	Chung Sing
Queen's Road West	European good store	Kum Woh
Queen's Road West	European good store	Kwong Hang
Queen's Road West	Opium Dealer	Kwong Lee
Queen's Road West	European good store	Kwong Tuk
Queen's Road West	European good store	Kwong Yum
Queen's Road West	European good store	Mee Cheong

所處街道	房屋用途	住戶姓名
Queen's Road West	Opium Dealer	Nam Hing
Queen's Road West	Opium Dealer	See Hing
Queen's Road West	Opium Dealer	See Yuen
Queen's Road West	European good store	Sing Woh
Queen's Road West	European good store	Wah Fong
Queen's Road West	European good store	Wing Cheong
Queen's Road West	Opium Dealer	Wing Shun Lee
Queen's Road West	European good store	Wing Sing
Queen's Road West	European good store	Woo Sing
Queen's Road West	European good store	Woh Yuen
Queen's Road West	European good store	Yee Cheong
Queen's Road West	European good store	Yee Lee
Queen's Road West	Opium Dealer	Yuen Lee
Queen's Road West (alley)	Store	Wing Ching Tai
Stanley Street	Opium Dealer	Chip Yuen
Stanley Street	Compradore	Tong Yuet
Taipingshan	Opium Dealer	Tong On
Taipingshan Central Street	Opium Dealer	Ng Yik
Taipingshan East	Opium Dealer	Kwok Fook
Taipingshan East	Coolie	Lam Shing
Tung Mun Street	Store	A. Encarnaces
Tung Mun Street	Ship compradore	Chun Apuk
Tung Mun Street	Ship compradore	Kwong Hing
Tung Mun Street	Ship compradore	Wing Sum
Under Cain Road	Coolie	Chun Achun
Upper Lascar Row	Coolie	Leong Chak
Wan Chai	Opium Dealer	Lee Hing

所處街道	房屋用途	住戶姓名
Webster Row	Coolie（next door Yat Lee, ship compradores, and next next door 3 houses of Ty Lee, ship compradores）	King Yeep
Webster's Orescent（2nd Alley）	Coolie	Lee Asow
Webster's Orescent（2nd Alley）	Coolie	Ayeong
Webster's Orescent（2nd Alley）	Opium Dealer	Cheongn Woh
Webster's Orescent（2nd Alley）	Coolie	Low Fook
Webster's Orescent（2nd Alley）	Coolie	Wong Yow
Wellington Street	Godown	Mr. P&O Camajee
West Point	Opium Dealer	Chun Lee
West Point	Opium Dealer	Leong Akwong
West Point	1 stone coal godown at east side of the entrance	M. Fisher Esg
West Point	3 Godowns	M. Fisher Esg
West Point	Godown	Mr Pustan & Co.
West Point	Hong	Wong Him Foo
West Point	Store	Wong Him Foo
West Point	Godown	Yuen Sing Cheong Kee
West Point Alley	Coolie（See Hoo's family next two doors）	See Hoo
West Point back street	Coolie	Ahim
West Point back street	Coolie	Apoo
West Point back street	Coolie	Ayook
West Point back street	Coolie	Ayum
West Point back street	Coolie	Foong Tuk
West Point back street	Coolie	Kum Chune
West Point back street	Coolie	Lam Fook

所處街道	房屋用途	住戶姓名
位於村落的咕哩館		
Ngo Yun Wan	Opium	Hee Hop
Ngo Yun Wan	Opium	Sung Lee
Stanley	Opium	Chin Hi Pum
Shek Tong Tuy	Coolie	Chiong Lee
Aberdeen	Cooly	Hee Hup
Aberdeen	Coolies	Occupants, belong to Mr Lamont Dock
Aberdeen	Coolies	Occupants, belong to Mr Lamont Dock

(*Rates Assessment, Valuation and Collection Books*, Hong Kong, Public Record Office, HKRS38-2.)

2. 1921 年 7 月 6 日及 7 日住客維持會的組織

辦事處：德輔道中 250 號廣生行四樓

（職員透過大會中提名及眾議選出）

臨時主席：莫禮智

副主席：湯壽山

書記、宣佈員：徐子彬

書記員：洪孝充／麥梅生

文牘員：陳漢英

幹事員：陳炳生、梁振華、徐子彬（集賢貨物起卸工會）、袁成金、張仲銘、陳漢英

1921 年 7 月 8 日加選幹事五人及應支員（出納）：

莫慶雲、梁應權、馮景泉、徐子葵、何天池

應支員：徐子葵

工會代表成員（本表所列乃根據報章所列舉者）：

馮銳端、羅永年、湯壽山、海陸理貨員公會、寄閒煤炭判工會陳漢英、蔡鐵洲、杜自強、熊覺純、女子工業研究會陳桂平、朱四、花奔工商會馮明威、譚有光、超可雕花工會吳開枝、樂聲工會李全、景源印務工社勞榮光、方言工會錢福禧、同樂別墅劉雨泉、貨船工商會梁崑生、公工務社蘇漢初、義和工會孫譚、菜菜工商會劉倫、聯和公所葉見、油漆工會曾藹生、洗衣聯合工會湯植楠及林其美、汽船卸貨管工會、同德總工會（咕哩工會）、木匠總工會羅海

（《香港華字日報》，1921 年 7 月 6 日、1921 年 7 月 7 日、1921 年 9 月 23 日。）

3. 工會大事年表

(A) 同德工會

日期 / 年份	事件	資料來源
1920 年	工會成立，創辦人何松、郭何、李柱、李德、張榮、黃孔懷、袁容、黎享、韓廷、鍾明等三十人創辦。當時會員有四千餘人。在香港登記為社團組織。	華字日報 1927 年 3 月 21 日；《香港華僑團體總覽》
1920 年代初	成立義學兩所，分別在西營盤水街及干諾道西，每所學校名額五十名，教員每校一人，學生只限同人子弟。	華字日報 1935 年 3 月 17 日
1921 年 7 月	加入住客維持會成為工會代表會員，向政府爭取立例阻止業主無故逼遷及加租。	華字日報 1921 年 7 月
1922 年	海員大罷工期間，工會職員被當局逮捕，工會招牌被拆去。	華字日報 1922 年 3 月 8 日
1922 年 2 月	港督在《政府憲報》宣告同德工會為非法社團。	Notification No. 63-65, *Hong Kong Government Gazette*, 8 February 1922.
1925 年	工會代表加入省港罷工委員會，統籌大罷工的安排。	工人之路；省港大罷工資料
1925 年 7 月	工會代表獲選為省港罷工委員會糾察會職員、省港罷工委員會委員（李堂）。	工人之路 1925 年 7 月 3 日、7 月 4 日
1925 年 12 月	與集賢工會於河南洲咀因爭工起爭執，經罷工委員會出面調停。	華字日報 1925 年 12 月 10 日
1926 年 4 月	工會代表袁容往廣州與香港總工會、省港罷工委員會、廣東省農工廳、粵港起落貨工會等代表召開會議，針對粵港起落貨工會與同德工會會員發生的糾紛進行調查和議論，會上決定由各代表組織調解委員會，尋求解決辦法。	工商日報 1926 年 4 月 10 日

日期 / 年份	事件	資料來源
1926 年 12 月	省港罷工後離港工人甚眾，在求過於供的條件下，工會會員提高搬運費用，增幅可達兩倍半（如運米一包由四仙增至一毫），各商行促請同德工會減價。工會回覆可於下月減至四仙半。	華字日報 1926 年 12 月 18 日
1926 年 12 月 23 日	主席盧貴與廿四行商會代表包括來自東京米行、米行公所及打糖三行，開會商討減工價事宜。會議經工頭收集工人加價的理由，謂因當時生活開支比以前增加，需要加價。	華字日報 1926 年 12 月 28 日；工商日報 1926 年 12 月 29 日
1926 年 12 月 29 日	主席盧貴向廿四行商會轉達工人願意略減貨運價。	工商日報 1926 年 12 月 30 日
1927 年 2 月 8 日	茂昌、茂豐泰及茂豐三所米行繞過廿四行商會要求主席盧貴着工人再調整貨運價格，由於要求不合理，盧貴要求廿四行商會介入。	工商日報 1927 年 2 月 9 日
1927 年 2 月 15 日	由十所南北行藥材辦莊組成的「公志堂」，鑑於同德（勞働總）工會答允糖行和米行減搬運工價，而要求工會亦向藥材莊減工價，並要求主席盧貴與之開會商討。	工商日報 1927 年 2 月 17 日
1927 年 2 月 21 日	同德工會會員與集賢工會（又名起卸貨物工會）於來往省港之西安輪大艙因爭工而發生爭執毆鬥，工會即晚開會商討對策。	工商日報 1927 年 2 月 23 日
1927 年 3 月	九廣鐵路粵段苦力由集賢與同德工會包攬，因要求加薪不遂而發起罷工，消息指粵漢鐵路方面已復工，而廣九方面仍在尋求解決辦法，香港商人不敢用鐵路運輸貨物。	華字日報 1927 年 3 月 21 日
1927 年 3 月 21 日	因省港大罷工回鄉工人仍未返港，工會難以向工人徵收會費，故暫決不收會費。	華字日報 1927 年 3 月 21 日
1927 年 5 月	同德工會工人於省港罷工後，因工人離港，港內人手短缺而將搬運費用提高。經廿四商行聯合會介入後擬定價格，而安南莊要求將搬運費由 5 仙減至 4 仙半，工人不贊成並醞釀罷工，工會主席張榮及盧貴調停，阻止罷工發生。	工商日報 1927 年 5 月 3 日

日期／年份	事件	資料來源
1927 年 5 月 10 日	安南米莊要求同德工會將搬運費由每包 5 仙減至 4 仙半，工會鑑於搬運費乃經由廿四商聯合會共同擬訂，不應減價。安南莊七間米行中有六所已同意維持 5 仙，但有一所堅決不接受，苦力東家行興福源再提出請廿四商行聯合會出面調停。	華字日報 1927 年 5 月 11 日
1927 年 5 月 23 日	召開會議商討工頭不繳納頭抽（工錢百分之二）的追收辦法。會上議決如工頭在四個月內不繳納欠款，工會將不會代工頭排解爭執。	工商日報 1927 年 5 月 24 日、5 月 28 日
1927 年 6 月	鑑於港江兩地同德工會會員因爭工而起紛爭，香港同德工會定下規章，指兩地苦力同屬同德工會成員，江門同德工會有挑運廣福祥輪貨物的專利，香港同德工會會員凡往挑運該輪貨物，須報知當地同德工會。	華字日報 1927 年 6 月 27 日
1927 年 6 月 22 日	工會代表張榮、黃孔懷、陳度、盧煜往江門與廣福祥輪監督及江門北街同德工會開會，調停廣福祥輪（來往香港及江門的輪船）上兩同德工會會員因爭工發生紛爭而導致該輪生意受損一事。	華字日報 1927 年 6 月 20 日、6 月 23 日、6 月 25 日
1927 年 7 月	政府擬限制人力手推貨車載貨量，同德工會會員因多為南北行商運貨物，故由主席張榮及鍾新和黃培柱兩工會領袖請求廿四商行聯合會會長何世光代向政府求情。	華字日報 1927 年 7 月 29 日
1927 年 7 月 4 日	鑑於會員於大罷工期間移往廣州工作，並加入廣州同德工會，但卻在身故後向香港同德工會索取帛金。省港兩地同德工會開會決議，凡 1927 年 2 月前身故的原香港同德工會會員，帛金由香港的工會負責，從 3 月開始在廣州身故者，則由廣州同德工會發放。是年香港同德工會共向 53 名會員發放帛金。	華字日報 1927 年 7 月 4 日

日期 / 年份	事件	資料來源
1927 年 7 月 16 日	工會因與（粵港）起落貨工會及輾穀工會爭工一事，呈請廣東省農工廳等機關，內容：「竊我粵港澳勞動同德工會自組織以來，經已十餘年，遵守本黨主義，參加國民革命，東征北伐，歷次派人服務、運輸助剿逆寇、民國十四年、東江之役，派工友 460 人，出任效力，因勞致死者 9 人，失踪者 17 人，十五年運械入湖南，派 350 名，三次北伐，共派七百人，死二十餘人，失踪又三十餘人，蓋工會會員，以黨員職責所在，自願盡忠黨國、義不容辭，現在北伐勝利，逆氛已靖，方期安心工作，以維生活，不料粵港起落貨工會、藉逆黨劉爾崧施下之淫威，肆意攘奪我工作，劉逆復聯合糖麵集成六工團，向工會施以總攻擊……」	華字日報 1927 年 7 月 16 日
1927 年 7 月 16 日	因政府擬將人力貨車登記數目減半，由汽車代替人力貨車，引起苦力向工會求助。	華字日報 1927 年 7 月 16 日
1927 年 7 月 24 日	廣州同德工會與粵港起落貨總工會（第八部及鳳凰崗）發生糾紛，廣州總工會於 7 月 24 日召集兩工會代表，開會調停。	華字日報 1927 年 7 月 26 日
1927 年 7 月 29 日	工會鑑於廿四商行聯合會主席何世光為工會調停工金等方面杖義，工會領袖三十餘人連所置義學師生五十四人奏樂列隊前往向何氏致送「工商砥柱」牌匾致謝。並在裕利源南北行舉行茶會聯歡。	華字日報 1927 年 7 月 30 日
1927 年 8 月	鑑於不少輪船乘客遭碼頭苦力勒索搬運費用，向同德工會投訴，而不良分子中疑有非同德工會會員者，工會往調查不良分子冒充會員名義，向碼頭旅客和貨客勒收逾額運輸費用。	華字日報 1927 年 8 月 26 日
1927 年 8 月 4 日	同德工會工友在貨船上因爭存貨位置而與另一批店號的工人打鬥，工友請主席盧貴出面調停，盧氏逐請工業維持會介入事件。	華字日報 1927 年 8 月 5 日
1927 年 8 月 11 日	調解賴記苦力館與新會苦力在西環均益倉因爭工而發生的紛爭。	華字日報 1927 年 8 月 12 日

日期 / 年份	事件	資料來源
1927 年 9 月	與鮮魚行總會及菓菜行所辦義學舉行聯歡敍會，主席盧貴及張榮代表工會出席。	華字日報 1927 年 9 月 24 日
1927 年 9 月	工會更改徵收會費章程，每名會員繳納工錢百分之二為會費（稱為「抽頭」），為期十二年；非從事苦力的會員沒有「抽頭」制度者，則每月繳納會費三毫；工友去世由工會發放帛金五十元。	華字日報 1927 年 9 月 27 日
1927 年 9 月 4 日	開會商討前司庫何松未交出所有工會托管帛金二百元事宜。	華字日報 1927 年 9 月 6 日
1927 年 10 月	鑑於工頭拖欠抽頭會費而追收不果，開會議決組織「義務追收抽頭委員會」，由工會領袖盧貴、張榮、盧煜、何松、王培柱、袁祥、袁歡、李全、黃孔懷、盧鑑、謝鑑、鍾稽等任委員，輪流前往各欠款者催收。凡有欠丁卯年抽頭的工頭，不得拖欠超過三個月，否則工會將不受理任何不測、意外或糾紛。	華字日報 1927 年 10 月 13 日
1927 年 10 月	廣州分會會員與集賢工會會員分別在廣州渣甸洋行貨倉持槍械毆鬥。	華字日報 1927 年 10 月 14 日
1927 年 10 月 16 日	廣州分會與粵港起落貨工會再起糾紛械鬥，工人在芳村花地河岸手持同德工會旗幟數百人，各執兇器，與起落貨工會工人毆鬥。事後同德工會致函廣東省農工廳請為兩工會劃分工作界限。	華字日報 1927 年 10 月 17 日
1928 年 5 月 22 日	同德工會與集賢工會在黃沙粵路車站為該處起落貨工場發生爭執。	華字日報 1928 年 5 月 25 日
1928 年 6 月	粵港起落貨工會（集賢工會）與粵港澳勞働同德工會工人在芳村爭執械鬥。	華字日報 1928 年 6 月 5 日

日期 / 年份	事件	資料來源
1928 年 6 月 26 日	鹽業商會投訴華商總會——鹽業商會為同德工會之工價事，曾函求華商總會處以公道之調停、經司理葉蘭泉於值事敍會時、當眾提出、主席李右泉意欲請同德工會代表到來一同討論。該函內容刊於 6 月 26 日報章、內容摘要：同德向為鹽業商會提供苦力、自同德工會成立之後、因百物騰貴、曾加工價二五、計入包每担三厘七五、及後因工潮發生、各工人回省、人不敷用、遂與各工頭商酌、臨時加價。	華字日報 1928 年 6 月 26 日
1928 年 6 月 27 日	江門北街港江輪船碼頭、輿寧陽鐵路挑担貨物行李工作、俱由同德工人承接、現車站方面辦事委員會以彼等糾紛殊多、飭將此工程邀外來人承充、現每月九百元、出吳某李某二人名字、而其中同德舊人亦有有些分子者、故無分子之苦力、由是而不服其行為、提出反對、糾紛遂起、前數日且分兩派同人，約同打架、後有人從中彈壓、始得無事、本港同德工會因承江門同人之請、故於前日派出四人乘安利輪船前往調解、以期雙方和好。	華字日報 1928 年 6 月 27 日
1928 年 6 月 28 日	鹽業商會與同德工會爭工價近聞——鹽業商會因同德總工會不允減去工價、照未罷工潮以前支給、特請華商總會調停、同德工會主席盧貴、6 月 28 日到華商總會面見司理葉蘭泉、討論一切、聞雙方所爭不過每担多工錢三四厘。	華字日報 1928 年 6 月 29 日
1928 年 6 月 28 日	同德總工會並未派代表往江門——指該會沒有派代表往江門調停苦力紛爭，該會會長盧貴指乃傳言。	華字日報 1928 年 6 月 29 日

日期 / 年份	事件	資料來源
1928 年 6 月 30 日	警察司胡樂甫屢欲減少兩輪貨車，以期交通劃一運輸。曾憶本月上旨華商總會值理月會時，雜木行商會上書華商總會，求轉政府，勿持裁減貨車過極。本日同德勞働總工會致書華商總會，請求勿取締貨車事，信函內容：華商總會主席李右泉暨司理執事諸公均鑒，蓋聞勞力者治於人，亦天下之通義，而困苦切身、亦當及早請求，所人食力中人、專租人力貨車為利便、裝載貨物上落往來之用、故本港人力貨車經有建設、僅敷租賃，現聞政府今欲格外縮少牌照、將來貨車太不敷用、迎便以力代車、路遙負重、有誤時間、不堪其苦、仍屬無濟於事、所以歷此情形、故先函達、懇請華商總會李主席諸多明公、擬就可否代向港政府台前投訴實事、免將縮少貨車牌照、而工人感便之至、錄此呈請、並候公祺、勞働同德工會書束、戊辰五月十三日。華商總會司理葉君蘭泉、接到此函後、對該員發表意見、據稱香港一埠、實不能無兩輪貨車、蓋凡事稱家之有無、吾人對於運輸汽車之交通利便、輪運快捷、固默為心許、然有等小資本商家、有時運貨無多、若備一運輸汽車、則費用太巨、運輸之費用反多於其貨物之價值、又時有些少材木、或過長之木、不能鋸斷者、若以汽車載之、當必有搖擺不定之虞、故欲完全免去兩抬貨車、實萬不能辦到也。	華字日報 1928 年 7 月 5 日
1928 年 7 月	鑑於同德與粵港起落貨工會（集賢工會）會員在芳村碼頭及黃沙寺地發生激烈紛爭，且械鬥中由不良分子所操控，兼苛索工人工資十分之四，廣東省農工廳新規定凡於當地起落貨者須領牌照，並由貨主僱用工頭管理工人工作。	華字日報 1928 年 7 月 18 日
1928 年 7 月 9 日	主席盧貴接到恐嚇信。	華字日報 1928 年 7 月 10 日
1928 年 7 月 11 日	開會商討徵收抽款問題及主席盧貴收恐嚇信事件。	工商日報 1928 年 7 月 12 日

212

日期 / 年份	事件	資料來源
1928 年 7 月 22 日	同德工會請水務署放水喉。	華字日報 1928 年 7 月 23 日
1928 年 7 月 22 日	太古倉裁減苦力工酬，工頭聯同德工會與太古倉支薪之人理論。（同德包攬太古倉貨艇搬必倉，薪酬算法：每件貨由艇搬入倉原定工值五仙、其中至少者二仙至兩仙半，每月出薪一次，由貨倉管工頭目發給苦力頭，轉與各苦力）	華字日報 1928 年 7 月 24 日
1928 年 7 月 24 日	太古輪船公司欲減低苦力工價一事，每件減去一仙，當日下午四時，同德勞働總工會主席，偕同苦力頭，往見太古司理布朗君，由胡禧堂等引其謁見，盧貴將近日工人生活艱難情形陳述，請將工值照舊發給，布朗君當即應允照舊發給矣。	工商日報 1928 年 7 月 25 日
1928 年 8 月 7 日	向會員發出通告：因向來工友向該會繳納頭抽，而不用供給月費，而該會經費全靠抽頭收入為命脈。當時因商務冷淡，影响苦力工作一落千丈，故一般苦力頭乘機不納頭抽。該會迭次派人往收，而納者寥寥，故辦事人為該會經費設想。不得不開會維持，定於該禮拜日開維持會，招集討論，維持收抽頭及各種事宜。	華字日報 1928 年 8 月 8 日
1929 年 9 月 12 日	主席張榮因工會內部爭議請辭，請辭書內容：「同德工會列位執事先生偉鑑、敬啓者·弟口餘材、叨蒙諸公叠屆推舉·弟力辭弗獲諒解·只得勉往怨勞·惟盡一己之綿力·自辦理以來·幸無損乎厥職·邇者人心日趨渙散·理喻莫能·此皆由第之德薄才疏不能感化同人·茲特具函引退·仰祈另舉賢能為整頓·斯必會務蒸蒸日上·同人團結一致也·專此並公安·弟張榮八月十二日。」	華字日報 1929 年 9 月 16 日；9 月 17 日

日期 / 年份	事件	資料來源
1930 年代	興辦義學，至 1935 年已有兩所，一所設於西營盤水街、一所設於干諾道西，兩校學額均 50 名，1935 年兩校學生共九十餘名，教員每校一人，兩校所需經費約二千元，除政府津貼約七百元外，其餘不足之數，皆該會勞苦大眾所籌措，其義學所收學生，謹限該會同人子弟，每年皆因學額少，求過於供，收學生方法，用拈口法，據該會人稱，1935 年因學額不足，經費籌措又難，增多學額，致該會同人子弟，失學者甚多，因往自費學校求學，皆無力負擔學費。	華字日報 1935 年 3 月 17 日
1930 年 2 月	東京米莊七家頭（七個商號）因生意淡薄而減咕哩搬米工值三分之一（每包運費 6 仙減到 4 仙），工人向同德工會求助請介入代為解決，工會代表工人致函七家頭，其中兩間沒有回覆以致事情被擱置。	華字日報 1930 年 2 月 12 日
1930 年 2 月 6 日	地址在干諾道西 143 號。主席盧貴、張榮與各館代表，開會商議大記與萬全館兩所苦力館爭執事。	華字日報 1930 年 2 月 7 日
1930 年 2 月 16 日	召開職員選舉會。由於工會以東莞和新會人為最多，故選舉時分區進行，各區選出一人為該區主席，輪流任工會正副會長，合而組一同德工會，東莞縣的會員在香港酒樓進行選舉，選出盧貴為主席，至於新會籍的會員在杏花樓進行選舉，選出張榮任主席。兩人卻因會務繁重欲請辭，眾人極力挽留不果，2 月 20 日東莞方面再選出王耀春接任盧貴出任主席，惟王耀春又欲請辭，而新會方面又未能選出新主席，故工會議決於 3 月 9 日再開會選舉會長。是年會員共有萬餘人。	華字日報 1930 年 2 月 17 日； 華字日報 1930 年 2 月 21 日； 華字日報 1930 年 3 月 7 日
1930 年 3 月 30 日	召開會議商討取締不良會員，因有會員假借工會名義在外招搖打架爭執，影響工會，故開會檢討查明；另又因工人遲繳會費，商討出往各咕哩館追收會費的安排。	華字日報 1930 年 4 月 3 日

日期／年份	事件	資料來源
1930 年 4 月	公佈同德工會維持辦法，着所有會員遵守： · 每名會員入會時只交基本金四元，不另收會費，可享有會內一切權利。 · 省港罷工後，會員身故，工會發放帛金由每人百元減至五十元。 · 開除會中不良分子（包括藉勢打架好勇鬥狠者）的會籍。 · 力圖別業的工友仍須繳納會費，否則除去會籍。 · 各工頭每次收得包工款項，值百抽二，繳交入會。不交應繳扣銀的工頭，務必將前欠繳納清楚，後來者按時照交，不得拖欠。	華字日報 1930 年 4 月 4 日
1931 年 4 月	廣州河南鳳凰崗的貨倉起落工作主要由同德工會與集賢工會操控，兩會會員於當地因爭工而起糾紛械鬥，受當局所揭止。	華字日報 1931 年 4 月 28 日
1931 年 7 月	公佈新選任職員名單：主席陳恩、袁陳；司庫葉着、袁祥；交際黎發、王桐；調查鍾森、何光、謝郁、鍾列；評議陳培、黃俄、黎佳、陳培、張全、李全；幹事梁才、林權、文兆、李庇、謝錦、袁歡；核數尹鑑、李女；催收員黎享、陳安。	華字日報 1931 年 7 月 1 日
1934 年 6 月 13 日	香港華商總會主席黃廣田函同德工會主席王耀春等，查照華民政務司關於發給木頭貨車車輛牌照覆函。內容大要：1932 年全港九合共 188 輛木頭貨車，其中一百輛於當年已取消牌照，政府已訂於年內取銷其餘 88 輛木頭貨車牌照，並已於三年前通知車主改用電油貨車或三腳貨車，政府已花十年時間逐漸施行，為公平處理，政府將不接納工會有關發給牌照的要求。	香港華商總會月刊，第一卷第三期，1934 年，頁 95。

(B) 集賢工會

日期／年份	事件	資料來源
1921 年 5 月 3 日	工會開幕，命名為「輪船起落貨集賢總工會」，假座油麻地倚芳棧酒樓舉行開幕典禮。出席者包括梁自靡、何恩德、工會主席李若山、徐子彬及愚齋發表演說，謝炳坤、余苦、溫東漢、蔡文修、工會成員黃瓊初、陳公俠等，會上倡民生主義。	華字日報 1921 年 5 月 3 日
1922 年	海員大罷工期間，工會職員被當局逮捕，工會招牌被拆去。	華字日報 1922 年 3 月 8 日
1922 年 2 月	港督在《政府憲報》宣告集賢工會為非法社團。	Notification No. 63-65, *Hong Kong Government Gazette*, 8 February 1922
1924 年 6 月 29 日	進行投票選舉，結果：會長陳進朝、名譽會長黃又夔、評議員周日初、評議次長張蔭堂、交際長黃又夔、交際次長陳耀初、糾察長范進樵、糾察次長伍景、特別糾察長梁繼祖及葉有、司理梁偉文、副司理潘桂明、司庫李麗堂、幹事部長楊顯祥、次長郭雨田、庶務部長李甘棠、次長胡四、文牘胡澤泉及胡香樓、調查部長李榮。	華字日報 1924 年 7 月 7 日
1924 年 12 月	工會會長葉董總以「省港起落集賢總工會」並五千名工會成員名義去信孫中山，為軍長在韶關車站強令數十名咕哩充役及傷人一事求助。	華字日報 1924 年 12 月 3 日
1925 年 10 月 22 日	在省港大罷工的氣氛籠罩之下，廣東兩個海岸卸貨工人在罷工委員會同意搬貨下仍堅持罷工，集賢工會接手，發生打鬥。	*Hong Kong Daily Press*, 22 October 1925
1925 年 11 月	省港集賢工會會長鄧漢興被公安局拘押，聞與附逆有關，不准獲保。	華字日報 1925 年 11 月 21 日
1925 年 12 月 8 日	香港同德工會因罷工期間離鄉遷往廣東省，而暫時在省內從事貨倉貨物起卸工作，與省港集賢工會在河南洲咀因工作而發生衝突，集賢方面認為當地大涌口貨倉是屬該會的工作地點，衝突經省港罷工委員會調停，兩會成員代表在廣東省農工廳召開會議商議解決方法。	華字日報 1925 年 12 月 10 日、12 月 12 日

日期／年份	事件	資料來源
1926 年 4 月	工會主席鄧漢興往廣州與香港總工會、省港罷工委員會、廣東省農工廳、同德工會等代表召開會議，針對粵港起落貨工會與同德工會會員發生的糾紛進行調查和議論，會上決定由各代表組織調解委員會，尋求解決辦法。	工商日報 1926 年 4 月 10 日
1928 年 6 月	粵港起落貨工會（集賢工會）與粵港澳勞働同德工會工人在芳村爭執械鬥。	華字日報 1928 年 6 月 5 日
1928 年 7 月	鑑於同德與粵港起落貨工會（集賢工會）會員在芳村碼頭及黃沙寺地發生激烈紛爭，且械鬥中由不良分子所操控，兼苛索工人工資十分之四，廣東省農工廳新規定凡於當地起落貨者須領牌照，並由貨主僱用工頭管理工人工作。	華字日報 1928 年 7 月 18 日
1929 年 6 月 27 日	集賢起落貨總工會進行同人大聚會改選職員，正主席鄒三九、副主席何充、正司庫何標、副司庫候珠、正司理林桌九、交際長林瓊初、調查長林棟臣、書記潘梓喬。	華字日報 1929 年 6 月 28 日
1930 年 2 月	勸捐贊助倡辦集賢工會義學，栽培工人貧苦子弟，教導道德知識技能。	華字日報 1930 年 2 月 28 日
1936 年 7 月 4 日	於會所召開全人晚會改選職員，正主席鄒三九、副主席何光、司庫何才標、職員鄧保、盧少芝、侯球、葉有、游鎮南、曾耀、羅中漢、李江等。	華字日報 1936 年 7 月 5 日

4.　省港罷工委員會幹事名單

編號	姓名	所屬工會 / 機構	會內職務
1	蘇兆徵	海員工會	正委員長、財政委員長
2	何耀全	電車工會	副委員長
3	曾子嚴	廣州洋務工會	副委員長
4	李森	中華全國總工會	執行委員、正幹事局長、財政委員
5	李棠	同德工會	執行委員、副幹事局長
6	陳錦泉	煤炭工會	執行委員
7	麥波揚	平樂工會	執行委員
8	麥捷成	僑港洋務工會	執行委員
9	林偉民	中華全國總工會	執行委員
10	黎福疇	廣州洋務工會	執行委員、副幹事局長
11	陳瑁楠	廣州洋務工會	執行委員
12	梁德禮	廣州洋務工會	執行委員
13	馮煜南	車衣工會	執行委員、糾察委員會委員
14	楊始開	廣東大學	秘書長
15	汪精衛	國民政府	顧問
16	廖仲愷	國民黨工農部	顧問
17	鄧仲夏	中華全國總工會	顧問、糾察委員會委員
18	黃平	中華全國總工會	顧問
19	楊匏安	未詳	顧問
20	黃金源	肉行工會	財政委員會、糾察委員會常務委員
21	鄧伯明	廣州洋務工會	財政委員會、宣傳部主任
22	簡垣	船主司機工會	財政委員會
23	何來	海員工會	會計主任
24	徐成章	軍事委員會委派	糾察委員會常務委員
25	何清海	未詳	糾察委員會常務委員
26	林炳	未詳	糾察委員會委員
27	黎棟軒	未詳	糾察委員會委員
28	廖祝三	未詳	糾察委員會軍需委員
29	施卜	未詳	糾察委員會秘書長

編號	姓名	所屬工會／機構	會內職務
30	李德馨	香港內河輪船總工會	法制局正局長
31	黃鉅洲	香港集賢工會	法制局副局長、遊藝部副主任
32	周明德	廣州洋務工會	法制局副局長、審計局副局長
33	黃少文	集賢工會	審計局局長
34	周明德	廣州洋務工會	審計局副局長、法制局副局長
35	黃一漢	茶居工會	審計局副局長
36	譚華澤	海員工會	會審處主任
37	徐公俠	理髮煥然工會	會審處委員、勞工劇社主任
38	鄧達鴻	廣州洋務工會	會審處委員
39	林昌熾	中華全國總工會	會審處委員
40	江其昌	廣州洋務工會	會審處委員
41	黎鶴儔	未詳	築路委員會正委員長
42	曾滿	未詳	築路委員會副委員長
43	譚伯棠	同樂別墅	保管拍賣局正主任
44	譚鑑湖	內河工會	保管拍賣局副主任
45	陳一清	海員工會	騎船隊正主任
46	馮杰軒	海陸理貨工會	騎船隊副主任
47	張蔭棠	集賢工會	騎船隊副主任
48	胡蔭	車衣工會	副幹事局長、北上代表
49	鄧啟普	印務總工會	文書部正主任
50	黃仁魁	中華全國總工會	文書部副主任
51	黃天偉	印務總工會	文書部副主任
52	張人道	香港洋務工會	宣傳部副主任
53	黎輕友	廣州洋務	宣傳部副主任

（《省港大罷工資料》，頁 157-160。）

5.　　1920 年代初的住房價格

地點	原來租金	1920 年租金 （升幅 *）	1921 年租金 （升幅）
銅鑼灣伊榮街	12 元	16 元 （33.3%）	20 元 （66.7%）
九龍彌敦道 （一間屋價）	24 元	未詳	30 元 （25%）
九龍柯士甸道 （一間房價）	7 元	15 元 （114.3%）	17 元 （142.9%）
九龍麼地道	100 元	3 月 105 元 （5%）； 9 月 115 元 （15%）	135 元 （35%）
荷李活道	30 元	未詳	70 元 （133.3%）
灣仔道	15 元	未詳	1 月 20 元 （33.3%）； 4 月 24 元 （60%）； 7 月 35 元 （133.3%）
麼利臣街	175 元	未詳	4 月 200 元 （14.3%）； 7 月 600 元 （242.9%）
漆咸道	9 元	未詳	2 月 19 元 （11.1%，另加 50 元鞋金）
十字街	11 元；14 元	未詳	28 元 （154.5%；100%）
嘉咸街	30 元	70 元 （133.3%）	100 元 （233.3%）
歌賦街	27 元	30 元（11.1%） 3 月 37 元（37.0%）	75 元 （177.8%）

* 升幅以列表所示「原來租金」為基數
（*Hong Kong Hansard*, 18 July 1921.）

6. 參考書目

壹、原始史料

1. 人口結構與分佈

- "7078 Hong Kong Circular", *CO129/150*, 17 July 1871.
- "8986 Hong Kong", *CO129/148*, 22 August 1870.
- "Census of Hong Kong 31st December 1853", *Hong Kong Government Gazette*, 11 Mar 1854, Hong Kong, Noronha & Co., 1854.
- "Census Return of the Population of the Colony on 3 April 1881", *Hong Kong Government Gazette*, 8 June 1881, Hong Kong, Noronha & Co., 1881.
- "Census Return of the Populations of the Colony for 1870-71", *Hong Kong Government Gazette*, No. 68, 6 May 1871, Hong Kong, Noronha & Co., 1871.
- "Census Returns of the Population of the Colony for the Year 1872", *Hong Kong Government Gazette*, No. 20, 15 February 1873, Hong Kong, Noronha & Co., 1873.
- "Census Returns of the Population of the Colony, for the year 1876", *Hong Kong Government Gazette*, No. 40, 24 February 1877, Hong Kong, Noronha & Co., 1877.
- "Hong Kong Gazette, No. 2 (15 May 1841)", *The Chinese Repository*, Vol. X, May 1841, Tōkyō, Maruzen, 1965, pp.288-289.
- "Hong Kong Report of the Census of the Colony for 1921", *Hong Kong*

Sessional Papers, No. 15 of 1921, Hong Kong, Noronha & Co., 1921.

- "Hong Kong Report on the Census of the Colony for 1911", *Hong Kong Sessional Papers*, No. 17 of 1911, Hong Kong, Noronha & Co., 1911.

- "Hong Kong Report on the Census of the Colony of Hong Kong, 1931", *Hong Kong Sessional Papers*, No. 5 of 1931, Hong Kong, Noronha & Co., 1931.

- "Hong Kong Report on the Condition and Prospects of Hong Kong, by His Excellency Sir G. William Des Voeux, Governor, & Co.,", *Hong Kong Sessional Papers*, No. 20 of 1889, 31 October 1888, Hong Kong, Noronha & Co., 1889.

- "Meeting of the Legislative Council, Speech of His Excellency the Governor on the Census Return and the Progress of the Colony", *Hong Kong Government Gazette*, 4 June 1881, Hong Kong, Noronha & Co., 1881.

- "Population and Vital Statistics", *Hong Kong Blue Book v. 1931*, Hong Kong, Noronha & Co., 1931.

- "Population and Vital Statistics", *Hong Kong Blue Book v. 1938*, Hong Kong, Noronha & Co., 1938.

- "Population", *Hong Kong Blue Book v. 1844-1852*, Hong Kong, Noronha & Co., 1844-1852.

- "Register of Squatters Licenses, 10 May 1867 to 17 January 1882", Hong Kong Public Record Office, HKRS181-15.

- "Report of the Secretary for Chinese Affairs for the Year 1921", *Hong Kong Administrative Reports v. 1921*, Hong Kong, Noronha & Co., 1921, Appendix C.

- "Report of the Secretary for Chinese Affairs for the Year 1937", Appendix C, *Hong Kong Administrative Reports v. 1937*, Hong Kong, Noronha & Co., 1937.

- "Report of the Secretary for Chinese Affairs for the Year 1938", Appendix C,

Hong Kong Administrative Reports v. 1938, Hong Kong, Noronha & Co., 1938.

- "Report of the Secretary for Chinese Affairs for the Year 1939", Appendix C, *Hong Kong Administrative Reports v. 1939*, Hong Kong, Noronha & Co., 1939.

- "Report on the Census of the Colony for 1901", *Hong Kong Sessional Papers*, No. 49/1901, Hong Kong, Noronha & Co., 1901.

- "Returns from the Registrar General, Connected with the Population and Trade of the Colony" (Government Notification No. 21 of 1863), *Hong Kong Blue Book v. 1862*, Hong Kong, Noronha & Co., 1862.

- "Returns from the Registrar General, connected with the Trade and Population of the Colony", Government Notification No. 87, *Hong Kong Government Gazette*, 14 May 1864, Hong Kong, Noronha & Co., 1864.

- "Returns from the Registrar General, connected with the Trade and Population of the Colony", Government Notification No. 35, *Hong Kong Government Gazette*, 11 March 1865, Hong Kong, Noronha & Co., 1865.

- "Returns from the Registrar General, connected with the Trade and Population of the Colony", Government Notification No. 16, *Hong Kong Government Gazette*, 10 Feb 1866, Hong Kong, Noronha & Co., 1866.

- "Returns from the Registrar General, connected with the Trade and Population of the Colony", Government Notification No. 12 of 1863, *Hong Kong Government Gazette*, 7 Feb 1863, Hong Kong, Noronha & Co., 1863.

- "Returns from the Registrar General, connected with the Trade and Population of the Colony", Government Notification No. 21 of 1858, *Hong Kong Government Gazette*, 6 March 1858, Hong Kong, Noronha & Co., 1858.

- "Returns from the Registrar General, connected with the Trade and Population of the Colony", Government Notification No. 21 of 1859, *Hong*

Kong Government Gazette, 5 March 1859, Hong Kong, Noronha & Co., 1859.

- "Returns from the Registrar General, connected with the Trade and Population of the Colony", Government Notification No. 45 of 1855, *Hong Kong Government Gazette*, 12 April 1856, Hong Kong, Noronha & Co., 1856.

- "Returns of the Census taken in Hong Kong on 20 May last from the Honourable the Registrar General", *Hong Kong Government Gazette*, Government Notification - No. 361, 22 August 1891, Hong Kong, Noronha & Co., 1891.

- Empson, Hal, *Mapping Hong Kong, a Historical Atlas*, Hong Kong, Government Information Services, 1992.

- *Rates Assessment, Valuation and Collection Books*, Hong Kong, Public Record Office, HKRS38-2.

- Parliament of the United Kingdom, "HC Deb 18 December 1946 vol 431 cc1951-2", http://hansard.millbanksystems.com/commons/1946/dec/18/population

2. 工人及社團組織

- 「鐵路海員黨員總登記概況」，廣州，廣東省檔案館館藏，黨團五，1929年成文。

- 香港貨船業總商會網頁：http://www.cvta.com.hk/history.htm。

- 香港華商總會，《香港華商總會月刊》，第一卷至第二卷第四期，香港，香港華商總會，1934 至 1936 年。

- 香港華商總會，《值理會議紀錄》，1929 至 1933 年，香港，香港政府檔案處，檔案編號 HKMS168-1-5 至 HKMS168-1-6。

- 香港華商總會，《華商公局誌事錄（值理會議紀錄）》，1905 至 1914 年，香港，香港政府檔案處，檔案編號 HKMS168-1-1。
- 香港華商總會，《華商總會值理月會議案簿》，1933 至 1941 年，香港，香港政府檔案處，檔案編號 HKMS168-1-7 至 HKMS168-1-11。
- 香港華商總會，《華商總會議案簿（值理會議紀錄）》，1921 至 1929 年，香港，香港政府檔案處，檔案編號 HKMS168-1-2 至 HKMS168-1-4。
- 香港華商總會，《幹事值理會議案簿》，1942 至 1945 年，香港，香港政府檔案處，檔案編號 HKMS168-1-18。
- 倉庫碼頭運輸業職工會，《50 週年會慶特刊》，2009 年。
- 港九工會聯合會，《工聯二週年紀念特刊》，香港，港九工會聯合會，1950 年。
- "Canton: Forwards memo by acting Assistant Colonial Secretary respecting plot to seize the town. Reports action of Colonial Government. Banishment of Sun Wan and Chu Ho ordered", *CO129/271*, 11 March 1896.
- "Correspondence respecting the Police, presented to the Legislative Council by command of His Excellency the Governor, Report by the Acting Captain Superintendent Hong Kong, 21 November 1883", *Hong Kong Sessional Papers*, Hong Kong, Noronha & Co., 1884.
- "Hong Kong Chair and Jinricksha Coolies", *Hong Kong Sessional Papers*, No. 10 of 1902, 31 December 1901, Hong Kong, Noronha & Co., 1901.
- "Hong Kong Report by the Labour Office Mr. H.R. Butters on Labour and Labour Conditions in Hong Kong", *Hong Kong Sessional Papers*, No. 3 of 1939, Hong Kong, Noronha & Co., 1939.
- "Hong Kong Report of the Captain Superintendent of Police for 1888. Presented to the Legislative Council, by Command of His Excellency the Governor", *Hong Kong Sessional Papers*, No. 2 of 1889, Hong Kong,

Noronha & Co., 1889.

- "Hong Kong Report of the Captain Superintendent of Police for 1887. Presented to the Legislative Council, by Command of His Excellency the Governor", *Hong Kong Sessional Papers*, No. 3 of 1888, Hong Kong, Noronha & Co., 1888.

- "Hong Kong Report of the Commissioners Appointed by His Excellency W. H. Marsh, C. M. G., The Officer Administering the Government of Hong Kong, to Enquire into the Circumstances Attending the Alleged Smuggling From Hong Kong into China of Opium and Other Goods, together with an Appendix Containing Minutes of Evidence taken Before the Commission, Official Correspondence, Returns &C. &C. &C. 1883", *Hong Kong Sessional Papers*, Hong Kong, Noronha & Co., 1883.

- "Ordinance 2 of 1902: Private Coolie, Government Dispatch No. 99", *CO129/310*, 23 April 1902, pp.381-383.

- "Report of the Commission Appointed by his Excellency the Governor to Enquire and Report on the Question of the Existing Difficulty of Procuring and Retaining Reliable Chair and Jinricksha Coolies for Private Chairs and Jinrickshas", Government Notification No. 727 of 1901, *Hong Kong Government Gazette*, 30 November 1901, Hong Kong, Noronha & Co., 1901.

- "Report of the Commission Appointed by His Excellency the Governor to Enquire into and Report on the Question of the Existing Difficulty of Procuring and Retaining Reliable Chair and Jinricksha Coolies for Private Chairs and Jinrickshas", *Hong Kong Sessional Papers*, No. 47 of 1901, Hong Kong, Noronha & Co., 1901.

- "Report of the Superintendent of Victoria Gaol for 1885", *Supplement to*

Hong Kong Government Gazette, Government Notification No. 121, 3 April 1886, Hong Kong, Noronha & Co., 1886.

- "The Triad Society-Lends translation of a document that has been sent to Dr Chalmers", *CO129/228*, Hong Kong Despatch 1910, 18 September 1886.
- "The Triad Society", *CO129/228*, 18 September 1886.
- "The Triad Society", Dispatch No. 19710, *CO129/228*, 1 November 1886, pp.292-323.
- Wood, A. E., *Report on the Chinese Guilds of Hong Kong Compiled from Material Collected by the Registrar General*, Hong Kong, Noronha & Co., 1912.

3. 工人運動

- 《循環日報》，1884 年 9 月至 10 月，香港，循環日報館，1884 年。
- 全國總工會省港罷工委員會，《工人之路》（1925 至 1927 年），北京，中國縮微出版物進出口公司，1985 年。
- 何康，《香港勞工運動簡史》，香港，出版者未詳，1985 年。
- 廣東哲學社會科學研究所歷史研究室編，《省港大罷工資料》，廣州，廣東人民出版社，1980 年。
- 鄧中夏，《中國工人狀況及我們運動之方針》，《中共黨史參考資料》（一），昆明，雲南大學歷史系，1976 年。
- 鄧中夏，《中國職工運動簡史》，北京，人民出版社，1949 年。
- "Auction sale of land-MacDonnell Road (Government Notice 143)", *Hong Kong Government Gazette*, 9 March 1901, Hong Kong, Noronha & Co., 1901.
- "Auction sale of land-MacDonnell Road (Government Notice 266)", *Hong Kong Government Gazette*, 4 May 1901, Hong Kong, Noronha & Co., 1901.

- "Auction sale of land-Queen's Road East (Government Notice 386)", *Hong Kong Government Gazette*, 13 July 1901, Hong Kong, Noronha & Co., 1901.

- "Census of Population 1871, Hong Kong No. 41", *CO129/145*, 21 June 1870, pp.77-84.

- "Dispatch No. 158 (Strike)", *CO129/237*, 31 May 1888, pp.521-542.

- "Government Notification No. 8", *Hong Kong Government Gazette*, 26 January 1861, Hong Kong, Noronha & Co., 1861.

- "Hong Kong Ordinance No. 15 of 1860, Government Dispatch No. 137", *CO129/78*, 28 November 1860, pp.325-329.

- "Inflammatory Publications in Certain Chinese Newspapers", Dispatch No. 18738, *CO129/217*, 4 November 1884, pp.378-390.

- "Refusal of Chinese Labourers to Work for French Ships", Dispatch No. 19017, *CO129/217*, 8 November 1884, pp.406-414.

- "Remission of Fines", *CO129/218*, 13 January 1885, pp.155-159.

- "Report of the Secretary for Chinese Affairs for the year 1922", *Hong Kong Administrative Reports v. 1922*, Hong Kong, Noronha & Co., 1922.

- "Report of the Secretary for Chinese Affairs for the Year 1930", *Hong Kong Administrative Reports v. 1930*, Hong Kong, Noronha & Co., 1930.

- "Strike of Cargo Boatmen", *CO129/239*, Dispatch No. 20394, 18 October 1888, pp.30-40.

- "Strike of Coolies", *CO129/206*, 25 March 1895.

- "Strike of Coolies", Dispatch No. 5241, *CO129/266*, 25 March 1895, pp.536-618.

- "Strike of Coolies", Dispatch No. 7713, *CO129/267*, 4 May 1895, pp.15-101.

- "The Recent Riot", Dispatch No. 19555, *CO129/217*, 18 November 1884, pp.414-456.

4. 人物背景

- 《港澳商業分類行名錄》，香港，港澳商業分類行名錄出版社，1941 年。
- 前田寶治郎，《香港概觀》，香港，前田寶治郎，1919 年。
- 科大衛、陸鴻基、吳倫霓霞，《香港碑銘彙編》，第一至三冊，香港，香港市政局，1986 年。
- 香港九龍街坊福利會，《街坊節特刊》(1958-1960 年)，香港，香港九龍街坊福利會，1960 年。
- 鄭紫燦，《香港中華商業交通人名指南錄》，第三冊，香港，鄭紫燦，1915 年。
- "Ngan Wing Chi", *Administrative Bond*, Hong Kong Public Record Office, HKRS143-2-590; HKRS-143-2-1950.

5. 工人的住屋問題及相關措施

- "Bath Houses for the use of Chinese coolies. Re-supplying", Hong Kong Public Record Office, HKRS203-1-22, 7 March 1907.
- "Bye-laws for Licensing and Regulating Common Lodging-houses made under sub-section 12 of section 13 of Ordinance No. 24 of 1887 and sub-section D of section 1 of Ordinance No. 26 of 1890, Approved by the Legislative Council on 23rd May 1891 and on the 9th November 1891.", *Hong Kong Government Gazette*, 19 November 1892, Hong Kong, Noronha & Co., 1892.
- "Correspondences Regarding the Sanitary Condition of Hong Kong", *Hong Kong Sessional Papers*, Hong Kong, Noronha & Co., 1901.
- "Food Supply Commission", *Hong Kong Sessional Papers*, 18 December 1900, Hong Kong, Noronha & Co., 1900.

- "From H.E. the Governor of Hong Kong dated 7 March 1901-Bath Houses for the Use of Chinese Coolies-Resupplying, 7 March 1901", Hong Kong Public Recond Office, HKRS203-1-22-22, HKPRO.

- "Government Notification No. 255", *Hong Kong Government Gazette*, 21 May 1883, Hong Kong, Noronha & Co., 1883.

- "Hong Kong Bubonic Plague in Hong Kong, Memorandum by H.E. The Governor on the Result of the Treatment of Patients in Their Own Houses and In Local Hospitals, During the Epidemic of 1903", *Hong Kong Sessional Papers*, No. 30 of 1903, Hong Kong, Noronha & Co., 1903.

- "Hong Kong Depositions Taken by the Magistrate Sitting as Coroner, and Finding in the Enquiry into the Deaths which Occurred in the Collapsed Houses in Cochrane Street", *Hong Kong Sessional Papers*, No. 36 of 1901, Hong Kong, Noronha & Co., 1901.

- "Hong Kong Medical Report on the Epidemic of Bubonic Plague in 1894", *Hong Kong Sessional Papers*, No. 16 of 1895, Hong Kong, Noronha & Co., 1895.

- "Hong Kong Plague Cases Treated in the Kennedy Town Hospital", *Hong Kong Sessional Papers*, No. 31 of 1903, Hong Kong, Noronha & Co., 1903.

- "Hong Kong Report of the Commissioners Appointed by His Excellency Sir G. William Des Voeux, K.C.M.G., Governor and Commander-in-Chief of the Colony of Hongkong and its Dependencies, and Vice-Admiral of the same, to Enquire into the Cause of the Fever Prevailing in the Western District together with the Minutes of Evidence taken before the Commision, etc.", *Hong Kong Sessional Papers*, 13 August 1888, Hong Kong, Noronha & Co., 1888.

- "Hong Kong Report of the Committee Appointed to Consider and Make

Suggestions for Dealing with the Cubical Question", *Hong Kong Sessional Papers*, No. 38 of 1907, 10 August 1907, Hong Kong, Noronha & Co., 1907.

- "Hong Kong Report of the Secretary, Sanitary Board, for 1896", *Hong Kong Sessional Papers*, No. 24 of 1897, Hong Kong, Noronha & Co., 1897.

- "Hong Kong Report on the Condition and Prospects of Hong Kong, by His Excellency Sir G. Willian Des Voeux, Governor, & C.", *Hong Kong Sessional Papers*, No. 20 of 1889, 31 October 1889, Hong Kong, Noronha & Co., 1889.

- "Hong Kong Sanitary Superintendent's Report for the Year 1895", *Hong Kong Sessional Papers*, No. 22 of 1896, Hong Kong, Noronha & Co., 1896.

- "Hongkong Report of the Housing Commission 1935", *Hong Kong Sessional Papers*, No. 12 of 1935, Hong Kong, Noronha & Co., 1938.

- "Hongkong Report of the Housing Commission", *Hong Kong Sessional Papers*, No. 10 of 1923, 4 October 1923, Hong Kong, Noronha & Co., 1923.

- "Medical Report on the Epidemic Plague in 1894", *Hong Kong Sessional Papers*, No. 16 of 1895, Hong Kong, Noronha & Co., 1895.

- "Medical Report on the Prevalence of Bubonic Plague in the Colony of Hong Kong during the years 1895 and 1896 which was laid before the Legislative Council on the 31st Ultimo", *Hong Kong Government Gazette*, 5 June 1896, Hong Kong, Noronha & Co., 1896.

- "Report from the Registrar General for 1891, which was laid before the Legislative Council on the 25th ultimo", *Hong Kong Government Gazette*, 7 May 1892, Hong Kong, Noronha & Co., 1892.

- "Report of the Acting Medical Office of Health on the Epidemic of Plague in the Colony of Hong Kong During the Year 1904", *Hong Kong Government*

Gazette, 2 June 1905, Hong Kong, Noronha & Co., 1905.

- "Report of the Commission Appointed by His Excellency the Governor to Enquire into and Report the Administrative of the Sanitary and Building Regulations Enacted by the Public Health and Building Ordinance, 1903, and the Existence of Corruption among the Official Charged with the Administration Office Aforesaid Regulations", *Hong Kong Sessional Papers*, No. 10 of 1907, Hong Kong, Noronha & Co., 1907.

- "Report of the Head of the Sanitary Department", *Hong Kong Administrative Reports v. 1909*, Hong Kong, Noronha & Co., 1909.

- "Report of the Superintendent of Victoria Gaol for 1885", *Supplement to Hong Kong Government Gazette*, Government Notification No. 121, 3 April 1886, Hong Kong, Noronha & Co., 1886.

- "Report on the Question of the Housing of the Population of Hong Kong", *Hong Kong Sessional Papers*, No. 28 of 1902, 14 May 1902, Hong Kong, Noronha & Co., 1902.

- "Sanitary Report. Mr Chadwick's Report to the Crown Agents for the Colonies", *CO882-4*, 18 July 1882.

- "The Public Health Bill", *Hong Kong Hansard*, 22 December 1894.

- Abercrombie, Patrick, *Hong Kong Preliminary Planning Report*, London, 1948.

6. 海港發展與貨物運輸行業

- 中央印務館，《香港商業手冊》，香港，經濟導報社，1960 年。
- 余棨謀等修，《開平縣志》，卷三十四（人物），出版地不詳，出版者不詳，1933 年。
- 南北行公所，《南北行公所新廈落成暨成立八十六週年紀念特刊》，香港，南北行公所，1954 年。

- 區少軒，《香港華僑團體總覽》，香港，國際出版社，1947 年。

- 梁廷枏（清）纂，袁鐘仁校注，《粵海關志校注本》，廣州，廣東人民出版社，2002 年。

- 陳大同、陳文元，《百年商業》，香港，光明文化事業公司，1941 年。

- 陳伯陶等纂修，《民國東莞縣志》，卷三十四、三十五（前事略），上海，上海書店，1933 年。

- 陳鏸勳，《香港雜記》(1894 年)，香港，出版者未詳，1987 年。

- 賴連三著，李龍潛點校 (1931 年)，《香港紀略》，廣州，暨南大學出版社，1997 年。

- "Imports and Exports", Chapter Letter R, *Hong Kong Blue Book v. 1879-1901*, Hong Kong, Noronha & Co., 1879-1901.

- "Imports and Exports", Chapter Letter S, *Hong Kong Blue Book v. 1902 -1938*, Hong Kong, Noronha & Co., 1902-1938.

- "Imports and Exports", *Hong Kong Blue Book v. 1844-1878*, Hong Kong, Noronha & Co., 1844-1878.

- "Shipping", Chapter Letter S, *Hong Kong Blue Book v. 1879-1901*, Hong Kong, Noronha & Co., 1879-1901.

- "Shipping", Chapter Letter T, *Hong Kong Blue Book v. 1902 -1938*, Hong Kong, Noronha & Co., 1902-1938.

- "Shipping", *Hong Kong Blue Book v. 1844-1878*, Hong Kong, Noronha & Co., 1844-1878.

- Bernard, William Dallas, *Narrative of the Voyage and Services of the Nemesis, from 1840 to 1843 : and of the Combined Naval and Military Operations in China: Comprising a Complete Account of the Colony of Hong Kong, and Remarks on the Characters and Habits of the Chinese from Notes of W. H. Hall;*

with Personal Observations, London, Colburn, 1844.

- Charles, Henry Sirr, *China and the Chinese: Their Religion, Character, Customs and Manufactures*, London, Orr, 1849.

- Dennys, N. B., *The Treaty Ports of China and Japan: A complete guide to the open ports of those countries, together with Peking, Yedo, Hongkong and Macao*, Cambridge, Cambridge University Library, 1867.

- Eitel, E. J., *Europe in China: The History of Hong Kong from the Beginning to the Year 1882*, Taipei, Cheng-wen Publishing Company, 1968 (Original edition published in 1895).

- *Historical and Statistical Abstract of the Colony of Hong Kong, 1841-1930*, Hong Kong, Noronha & Co., 1932.

- Mayers, William Frederick, *The Treaty Ports of China and Japan: A Complete Guide to the Open Ports of Those Countries, together with Peking, Yedo, Hong Kong and Macao 1867*, London, Trübner and Co., 1867.

- McPherson, Duncan, *Two years in China, Narrative of Chinese expeditions from its formation in April, 1840, to the treaty of peace in August, 1842, with an appendix, containing the most important of the general orders & despatches published during the above period*, London, Saunders and Otley, 1843.

- Scott, Francis, *Statements and Suggestions regarding Hong Kong, from the collection The Taeping Rebellion in China: it's origin, progress, and present condition: in a series of letters addressed to the "Aberdeen Free Press" and the "London Daily News"* , School of Oriental and African Studies (Reproduced from London Missionary Society/Council for World Mission Archives), 1850.

- Smith, George, *A narrative of an exploratory visit to each of the consular cities of China, and to the islands of Hong Kong and Chusan, in behalf of the Church Missionary Society, in the years 1844, 1845, 1846*, London, Seeley, Burnside

& Seeley [etc.], 1846.

- *The Beginnings of Hong Kong, the Englishman in China during the Victorian Era as Illustrated in the Career of Sir Rutherford Alcock, K.C.B., D.C.L. Many Years Consul and Minister in China and Japan by Alexander Michie, Author of 'The Siberian Overland Route' 'Missionaries in China' etc.*, Vol. 1, Edinburgh and London, William Blackwood and Sons, 1900.

- Wylie, Alexander, *Memorials of Protestant Missionaries to the Chinese : Giving A List of Their Publications, and Obituary Notices of the Deceased, with Copious Indexes*, Shanghae, American Presbyterian Mission Press, 1867.

7. 法例

- 馬沅聰，《香港法律彙編》，香港，華僑日報社，1953 年。
- "[L.S.] R.E. Stubbs, Governor. Societies Ordinance, 1920", Notification No. 63-65, *Hong Kong Government Gazette*, 8 February 1922, Hong Kong, Noronha & Co., 1922.
- "An Ordinance enacted by the Governor of Hongkong, with the advice of the Legislative Council thereof, for the Suppression of the Triad and other unlawful Societies and for the Punishment of the Members thereof. (No. 8 of 1887)", *Hong Kong Government Gazette*, 16 April 1887, Hong Kong, Noronha & Co., 1887.
- "An Ordinance enacted by the Governor of Hongkong, with the advice of the Legislative Council thereof, to regulate the carrying and possession of arms. (No. 6 of 1887)", *Hong Kong Government Gazette*, 19 March 1887, Hong Kong, Noronha & Co., 1887.
- "An Ordinance enacted by the Governor of Hongkong, with the advice of the Legislative Council thereof, dividing the City of Victoria into District,

and for the better Registration of Householder and Chinese Servants in the Colony of Hongkong (No. 7 of 1866)", *Hong Kong Government Gazette*, 25 August 1866, Hong Kong, Noronha & Co., 1866.

- "An Ordinance enacted by the Governor of Hongkong, with the advice of the Legislative Council thereof, to consolidate and amend the laws relating to merchant shipping, the duties of the Harbour Master, the control and management of the waters of the colony, and the regulation of vessels navigating the same (No. 8 of 1879)", 30 December 1879, Hong Kong, Noronha & Co., 1879.

- "An Ordinance enacted by the Governor of Hongkong, with the advice and consent of the Legislative Council thereof, entitled The Regulation of Chinese Ordinance, 1888 (No. 13 of 1888)", *Hong Kong Government Gazette*, 21 March 1888, Hong Kong, Noronha & Co., 1888.

- "An Ordinance enacted by the Governor of Hongkong, with the advice of the Legislative Council thereof, to regulate the carrying and possession of arms (No. 6 of 1887)", *Hong Kong Government Gazette*, 19 March 1887.

- "An Ordinance enacted by the Governor of Hongkong, with the advice of the Legislative Council theresof, for the more effectual Prevention of Crime (No. 11 of 1887)", *Hong Kong Government Gazette*, 23 April 1887, Hong Kong, Noronha & Co., 1887.

- "An Ordinance enacted by the Governor of Hongkong, with the Advice of the Legislative Council therefore, for amending the Laws relating to Public Health in the Colony of Hong Kong. (No. 24 of 1887)", *Hong Kong Government Gazette*, 2 June 1888, Hong Kong, Noronha & Co., 1888.

- "An Ordinance enacted by the Governor of Hongkong, with the advice of the Legislative Council thereof, for the Suppression of the Triad and other unlawful Societies and for the Punishment of the Members thereof. (No. 8 of 1887)", *Hong Kong Government Gazette*, 16 April 1887, Hong Kong, Noronha & Co., 1887.

- "An Ordinance for the promotion of the Health, Safety, convenience and general welfare of the community by making provision for the systematic preparation and approval of plans for the future lay-out of existing and potential urban areas as well as for the types of building suitable for erection therein. (No. 20 of 1939)", *Hong Kong Government Gazette*, 23 June 1939, Hong Kong, Noronha & Co., 1939.

- "An Ordinance for the Registration and Regulation of Boatmen and others employed in Licensed Cargo Boats, and for the Survey of such Boats", *Hong Kong Government Gazette*, No. 47, 24 November 1860, Hong Kong, Noronha & Co., 1860.

- "An Ordinance to amend No. 1 of 1845, entitled An Ordinance for the Suppression of the Triad and other secret Societies in the Island of Hongkong and its Dependencies. (No. 12 of 1845)", A. J. Leach, *The Ordinances of the Legislative Council of the Colony of Hongkong, commencing with the year 1844, Compiled for the Government of Hongkong*, Hong Kong, Noronha & Co., 1890-1891.

- "An Ordinance to declare and amend the law relating to illegal strikes and lock-outs, to amend the law relating to intimidation and to breaches of contracts of service in certain special cases, to promote the independence to trade unions established within the Colony, and for purposes connected with the aforesaid purposes. (No. 10 of 1927)", *Hong Kong Government Gazette*, 8 July 1927, Hong Kong, Noronha & Co., 1927.

- "An Ordinance to Prevent Unreasonable Eviction of Tenants, and to Make

Provision as to the Rent and Recovery of Possession of Premises in Certain Cases, and for Purposes in Connexion Therewith. (Ordinance No. 6 of 1938)", *Hong Kong Government Gazette*, 3 June 1938, Hong Kong, Noronha & Co., 1938.

- "An Ordinance to provide for the licensing and control of places where persons are lodged for hire. (No. 23 of 1917)", *Hong Kong Government Gazette*, 12 October 1917, Hong Kong, Noronha & Co., 1917.

- "An Ordinance to repeal Ordinance No. 16 of 1844, and to establish a Registry and Census of the Inhabitants of the Islands of Hong Kong. (Ordinance No. 18 of 1844)", 13 November 1844.

- "Boarding House Ordinance 1917 (No. 23 of 1917), the 18th day of October, 1917", Notice No. 464, *Hong Kong Government Gazette*, 19 October 1917, Hong Kong, Noronha & Co., 1917.

- "Bye-laws for Licensing and Regulating Common Lodging-houses made under sub-section 12 of section 13 of Ordinance No. 24 of 1887 and sub-section D of section 1 of Ordinance No. 26 of 1890", *Hong Kong Government Gazette*, 23 May 1891, Hong Kong, Noronha & Co., 1891.

- "Chinese Version of the Illegal Strikes Bill", *Supplement to Hong Kong Government Gazette*, 25 June 1927, Hong Kong, Noronha & Co., 1927.

- "Minimum Wage Ordinance. (No. 28 of 1940)", *Hong Kong Government Gazette*, 19 August 1940, Hong Kong, Noronha & Co., 1940.

- "No. 47 of 1911, To Provide for a More Effectual Control Over Societies and Clubs. (Societies Ordinance 1911)", Alabaster, Chaloner Grenville, *The Laws of Hong Kong*, prepared under Ordinance No. 19 of 1911 (1912 edition), pp.2045-2061.

- "Order made by the Governor in Council under section 10 of the

Travelers' Restriction Ordinance, 1915, Ordinance No. 19 of 1915, on the 28th of February, 1922", *Hong Kong Government Gazette*, 28 February 1922, Hong Kong, Noronha & Co., 1922.

- "Order made by the Governor in Council under the Societies Ordinance, 1920, Ordinance No. 8 of 1920, on the 7th day of March 1922", *Hong Kong Government Gazette*, 7 March 1922, Hong Kong, Noronha & Co., 1922.

- "Order made by the Officer Administering the Government in Council under section 10 of the Travelers Regulation Ordinance, 1915, Ordinance No. 19 of 1915, on the 16th day of January, 1919", *Hong Kong Government Gazette*, 17 January 1919, Hong Kong, Noronha & Co., 1919.

- "Ordinance No. 7 of 1866", *Hong Kong Government Gazette*, 25 August 1866, Hong Kong, Noronha & Co., 1866.

- "Registration of Inhabitants Ordinance (No. 16 of 1844)", 21 August 1844, A. J. Leach, *The Ordinances of the Legislative Council of the Colony of Hongkong, commencing with the year 1844*, Hong Kong, Noronha & Co., 1890-1891.

- "Rents Ordinance 1922 (No. 14 of 1922)", *Hong Kong Government Gazette*, 16 June 1922, Hong Kong, Noronha & Co., 1922.

- "Resolution of the Sanitary Board fixing, pursuant to Bye-law 17 of the 21st July 1892, the day on which certain Bye-laws for licensing and regulating Common Lodging-houses shall Come into Force.", *Hong Kong Government Gazette*, 8 December 1894, Hong Kong, Noronha & Co., 1894.

- "Rules made by the Governor in Council under Section 44 (I) of the Asiatic Emigration Ordinance, 1915, Ordinance No. 30 of 1915, and Section 3 of Boarding House Ordinance, 1917, Ordinance No. 23 of 1917, this 18th day of October, 1917", Notice No. 464, *Hong Kong Government Gazette*, 19

October 1917, Hong Kong, Noronha & Co., 1917.

- "Rules made by the Governor in Council under Section 44 (I) of the Asiatic Emigration Ordinance, 1915, Ordinance (No. 30 of 1915)", Notice No. 341, *Hong Kong Government Gazette*, 4 Aug 1916, Hong Kong, Noronha & Co., 1916.

- "The Closed Houses and Insanitary Dwellings Ordinance (No. 15 of 1894)", *Hong Kong Government Gazette*, 5 January 1895.

- "The Harbour and Coasts Ordinance Hongkong 1866 (No.6 of 1866)", *Hong Kong Government Gazette*, 18 August 1866.

- "The Public Health and Building Ordinance (Ordinance No.1 of 1903)", Chaloner Grenville Alabaster, *The Laws of Hong Kong, Prepared under Ordinance No. 19 of 1911* (1912 edition), Hong Kong, Noronha & Co., 1912.

- "The Public Health Ordinance (Ordinance 24 of 1887)", Chaloner Grenville Alabaster, *The Laws of Hong Kong, Prepared under Ordinance No. 19 of 1911* (1912 edition), Hong Kong, Noronha & Co., 1912.

- "The Societies Ordinance (No. 47 of 1911)", Chaloner Grenville Alabaster, *The Laws of Hong Kong, Prepared under Ordinance No. 9 of 1911* (1912 edition), Hong Kong, Noronha & Co., 1912.

- "The Societies Ordinance (No.8 of 1920)", *Hong Kong Government Gazette*, 25 June 1920, Hong Kong, Noronha & Co., 1920.

- "Trade Boards Ordinance (No.15 of 1940)", *Hong Kong Government Gazette*, 21 June 1940, Hong Kong, Noronha & Co., 1940.

8. 工人與革命

- 中央陸軍軍官學校特別訓練班編，《中國國民黨黨史》，廣州，中央陸軍軍官學校，1937 年。

- 陳錫祺，《孫中山年譜長編》，上、下冊，北京，中華書局，1991 年。
- 馮自由，《中國革命運動二十六年組織史》，載《民國叢書》，上海，上海書店，1990 年。
- 馮自由，《中華民國開國前革命史》，上、中編，載《民國叢書》，上海，上海書店，1990 年。
- 馮自由，《中華民國開國前革命史續編》，上卷，載《民國叢書》，上海，上海書店，1990 年。
- 馮自由，《革命逸史》，第一至四集，台北，台灣商務印書館，1969 年。
- 楊拔凡 (楊衢雲後人)，《楊衢雲家傳》，香港，新天出版，2010 年。
- "Canton, Dispatch No. 42", *CO129/271*, 13 April 1896, pp.438-448.
- "Plot to Seize Canton, Dispatch No. 22134", *CO129/269*, 12 December 1895, pp.425-446.

9. 日佔時期史料

- 《南華日報》，1941 至 1944 年 4 月，香港，南華日報，1941 至 1944 年。
- 《香港日報》，1943 至 1945 年，香港，香港日報社，1943 至 1945 年。
- 「香港で募兵　神州日報十月二十六日」，昭和 16 年 (1941 年) 10 月 29 日，日本國立公文書館藏。
- 陸軍省南支那派遣波第 8111 部隊，「香港ニ於ケル下層小市民及労働者階級ノ状態」，昭和 16 年 11 月 03 日－昭和 16 年 11 月 03 日 (1941 年)，日本國立公文書館藏。

10. 考察及口述歷史

- 「勞働同德總工會先友義塚」，粉嶺和合石墳場西安墓園。
- 中西區三角碼頭盂蘭勝會，辛卯年 (2011 年) 農曆七月廿四至七月廿六。
- 沈炳銳先生 (2011 年中西區三角碼頭盂蘭勝會值理)，辛卯年 (2011 年)

中西區三角碼頭盂蘭勝會。

- 香港大學「香港口述歷史檔案」，2001 年至 2004 年，香港，香港大學圖書館與亞洲研究中心合作編彙成《香港口述歷史檔案庫》。
- 香港潮人盂蘭勝會紀念特刊編輯委員會，《香港潮人盂蘭勝會紀念特刊》，香港，香港潮屬社團總會，2011 年。
- 梁榮佳先生 (倉庫碼頭運輸業職工會理事長、海港運輸業總工會主席)，海港運輸業總工會會址 (九龍佐敦渡船街 28 號 5 樓)，2012 年 3 月 30 日。
- 劉智鵬、周家健，《吞聲忍語：日治時期香港人的集體回憶》，香港，中華書局 (香港) 有限公司，2009 年。

11. 報刊

- 《大公報》，香港，大公報社，1948 至 1970 年。
- 《工商日報》，香港，工商日報有限公司，1932 至 1972 年。
- 《申報》(合訂本)，1872 至 1887 年，台北，台灣學生書局，1965 年。
- 《東方報》，香港，東方報社，1906 至 1907 年。
- 《述報》(合訂本)，1884 至 1885 年，台北，台灣學生書局，1965 年。
- 《香港華字日報》，香港，華字日報有限公司，1895 至 1940 年。
- 《華僑日報》，香港，華僑日報有限公司，1944 至 1970 年。
- 《遐邇貫珍》，香港，英華書院，1853 至 1856 年。
- Barrett, T.H., *China: From the Illustrated London News 1853-1909*, London, Illustrated London News, 1853-1909.
- *The China Mail*, Hong Kong, A. Shortrede, 1866-1941.
- *The Friend of China and Hong Kong Gazettes*, Hong Kong, Richard Oswald, 1841-1848.
- *The Hong Kong Daily Press*, Hong Kong, H. J. Murrow, 1870-1941.

貳、主要參考書

中文參考書

- 丁新豹，《香港早期之華人社會 1841-1870》，香港大學哲學博士論文，1988 年 9 月。
- 王心揚，〈美國新社會史的興起及其走向〉，《新史學》，第六卷第三期，1995 年 9 月，頁 157。
- 王賡武，《王賡武自選集》，上海，上海教育出版社，2002 年。
- 可兒弘明，《香港艇家的研究》，香港，香港中文大學新亞書院研究所東南亞研究室，1967 年。
- 全漢昇，《中國行會制度史》，天津，百花文藝出版社，2007 年。
- 何佩然，《地換山移：香港海港及土地發展一百六十年》，香港，商務印書館，2004 年。
- 何佩然，《築景思城：香港建造業發展史》，香港，商務印書館，2010 年。
- 杜正勝，〈什麼是新社會史〉，《新史學》，第三卷第四期，1992 年 12 月，頁 95 至 116。
- 周奕，《香港工運史》，香港，利訊出版社，2009 年。
- 施其樂著，宋鴻耀譯，《歷史的覺醒》，香港，香港教育圖書公司，1999 年。
- 香港中文大學中國文化研究所文物館、香港中文大學歷史系合編，《買辦與近代中國》，香港，三聯書店 (香港) 有限公司，2009 年。
- 高添強、唐卓敏編，《香港日佔時期 1941 年 12 月－ 1945 年 8 月》，香港，三聯書店 (香港) 有限公司，2002 年。
- 梁寶霖，《香港與中國工運回顧》，香港，香港基督教工業委員會，1982 年。

- 莫世祥，《中山革命在香港》，香港，三聯書店（香港）有限公司，2011 年。
- 陳明銶，《中國與香港工運縱橫》，香港，香港基督教工業委員會，1986 年。
- 陳翰笙，《華工出國史料滙編》，第一、二輯，北京，中華書局，1981-1985 年。
- 湯普森著，錢乘旦譯，《英國工人階級的形成》，南京，譯林出版社，2001 年。
- 劉玉遵、黃重言、桂光華、吳風斌，《豬仔華工訪問錄》，廣州，中山大學東南亞歷史研究所，1979 年。
- 蔡榮芳，《香港人之香港史》，香港，牛津大學出版社，2001 年。
- 黎霞，〈民國武漢碼頭勞工糾紛及其影響：1927-1937 年〉，載《中南民族大學學報（人文社會科學版）》，第 27 卷第 4 期，頁 81-85。
- 黎霞，〈近代上海的搬運工人〉，載《周口師範學院學》，第 27 卷第 6 期，2010 年 11 月，頁 84-87。
- 黎霞，〈近代武漢碼頭工人群體的形成與發展〉，《江漢論壇》，2008 年第 10 期，頁 79-85。
- 黎霞，〈碼頭工人群體與近代武漢社會〉，《武漢文史資料》，2010 年第 12 期，頁 54 至 57。
- 盧權、禤倩紅，《省港大罷工史》，廣州，廣東人民出版社，1925 年。
- 謝永光，《三年零八個月的苦難》，香港，明報出版社，1994 年。
- 顏清湟，〈香港、中國與海外華人〉，《亞洲文化》，第十五期，1991 年 6 月，頁 24-29。
- 顏清湟，《海外華人史研究》，新加坡亞洲研究學會，1992 年。
- 顏清湟，《從歷史角度看海外華人社會變革》，新加坡，新加坡青年書局，2007 年。
- 顏清湟著，粟明鮮、賀躍夫譯，《出國華工與清朝官員》，北京，中國友誼出版社，1990 年。

- 關禮雄，《日佔時期的香港》，香港，三聯書店（香港）有限公司，1993年。

英文參考書

- Blake, Robert, *Jardine Matheson: Traders of the Far East*, London, Weidenfeld & Nicolson, 1999.

- Chai, Jung-fang, *Hong Kong in Chinese history: community and social unrest in the British Colony, 1842-1913*, New York, Columbia University Press, 1993.

- Chan, Ming Kou, *Labor and empire: the Chinese labor movement in the Canton delta, 1895-1927*, PhD thesis, Stanford University, 1975.

- Chan, Wai Kwan, *The Making of Hong Kong Society*, Oxford, Clarendon Press, 1991.

- Chesneaux, Jean, translated by H. M. Wright, *The Chinese Labour Movement 1919-1927*, California, Stanford University Press, 1968.

- Chiu, T. N., *The Port of Hong Kong: a Survey of its Development*, Hong Kong, Hong Kong University Press, 1973.

- Christopher, Charles Munn, *Anglo-China : Chinese people and British rule in Hong Kong, 1841-1870*, Hong Kong, Hong Kong University Press, 2009.

- Fairbank, John King, *Trade and Diplomacy on the China Coast, The Opening of the Treaty Ports 1842-1854*. Stanford, Stanford University Press, 1969.

- Fung, Chi Ming, *Reluctant Heros: Rickshaw Pullers in Hong Kong and Hong Kong, 1874-1954*, Hong Kong, Hong Kong University Press, 2005.

- Hayes, James, "Hong Kong Island before 1841", David Faure, *Hong Kong: A Reader in Social History*, Hong Kong, Oxford University Press, 2003.

- Ho, Pui-yin, *The Administrative History of the Hong Kong Government*

Agencies 1841-2002, Hong Kong, Hong Kong University Press, 2004.

- Ho, Pui-yin, *Water for a Barren Rock: 150 Years of Water Supply in Hong Kong*, Hong Kong, The Commercial Press, 2001.

- Morgan, W. P., *Triad Societies in Hong Kong*, Hong Kong, Government Press, 1960.

- Perry, Elizabeth J., *Shanghai on Strike: The Politics of Chinese Labor*, California, Stanford University Press, 1993.

- Roux, Alain, *Le Shanghai Ouvrier Des Annees Trente: Coolies, Gangsters et Syndicalistes*, Paris, Editions L'Harmattan, 1993.

- Sayer, G. R., *Hong Kong 1841-1862: Birth, Adolescence and Coming of Age*, Hong Kong, Hong Kong University Press, 1980.

- Sayer, G. R., *Hong Kong, 1862-1919: Years of Discretion: A Sequel to Hong Kong-Birth, Adolescence, and Coming of Age*, Hong Kong, Hong Kong University Press, 1975.

- Sinn, Elizabeth, "The Strike and Riot of 1884-A Hong Kong Perspective", *Journal of the Royal Asiatic Society Hong Kong Branch*, Vol. 22, 1982, pp.65-98.

- Smith, Carl T. and Hayes, James, "Hung Hom: An Early Industrial Village in Old British Kowloon", *Journal of the Royal Asiatic Society Hong Kong Branch*, Vol. 15, Royal Asiatic Society Hong Kong Branch, 1975, pp.318-324.

- Smith, Carl T., "Revd. Carl T. Smith's Notes on the So Kon Po Valley and Vallage", *Journal of the Royal Asiatic Society Hong Kong Branch*, Vol. 23, Royal Asiatic Society Hong Kong Branch, 1983, pp.12-17.

- Smith, Carl T., "The Chinese Settlement of British Hong Kong", *Chung Chi Bulletin*, Vol. 48, May 1970, pp.26-32.

- Smith, Carl T., *Chinese Christians: Elites, Middlemen, and the Church in Hong Kong*. Hong Kong, Hong Kong University Press, 2005.
- University of Hong Kong Libraries, *Hong Kong and the West until 1860*, Hong Kong, University of Hong Kong Libraries website: http://bamboo.lib.hku.hk/HKWest/HKWest.htm
- Wong, Aline K., *The Kaifong Associations and Society of Hong Kong*, Asian Folklore and Social Life Monographs, Vol. XXXXIII, Taipei, The Orient Cultural Service, 1972.

鳴謝

香港社會重視學歷和財富的價值觀，就像籠罩着人們生活和工作的一片天，無論是在過去或現在，學歷和財富既是人們拼搏的原因，也可能是他們努力的「成果」。這片天是一種由漫長歷史所營造的氛圍，自開埠之初被努力維繫的繁榮和安定，是香港社會發展的基礎，也不知不覺地產生了排斥性的氛圍，但，是不是誰都享有繁榮的成果呢？作者成長於本地的基層家庭，親身體驗在這片天之下，往往得不到應有的尊重和在社會上向上流動的機會，付出的勞力和應有的生活條件不相稱，甚至連自己都看不起自己。基層的下一代要擺脫生活困境和在社會上重拾尊嚴，得靠跨過高等教育的門檻。作為出身自本地基層的香港史研究生，理應運用歷史研究之所長，追認基層在香港歷史上應有的位置。

從籌備到完成寫作，本研究歷時四年，在基層原始史料頗缺的條件下，雖倉卒但尚算完滿勾畫出本地碼頭工人群體發展的輪廓，實有賴以下人士及機構的支持和協助。感謝論文導師何佩然博士給予本研究的指導、建議和鼓勵，老師在過往十四年於學術和處事方面的提醒和指教，使作者終身受用，無言感激。香港中文大學歷史系葉漢明教授、蒲慕洲教授、蔡志祥教授、張瑞威教授及邱澎生教授；香港浸會大學歷史系鍾寶賢教授，為修改本文主題、架構、理論及內容等各方面也提供了甚具參考價值的評論和建議，謹致衷心的謝意。

感謝口述歷史受訪者「十一哥」及梁榮佳主席，為本文提供了不少關於碼頭運輸行業的詳情，以及各籍屬群體的狀況等，都是沒有文獻紀錄能代替的珍貴資料。感謝香港政府檔案處，歷史檔案館、香港中央圖書館、廣東省檔案館、香港中文大學圖書館、香港大學圖書館、佛教三角碼頭盂蘭勝會慈善有限公司、海港運輸業總工會及三聯書店（香港）有限公司提供的協助。

感謝為養育作者成人而用勞力拼搏了三十年的父母，您們是構思這項研究的靈感來源。研究的尾聲適值臨盆，感謝丈夫的支持和分擔所有大小事務，造就本研究如期完成和女兒順利誕生。